U0798973

中国系列丛书

能源中国

ENERGY CHINA

李明福——主编
翁培奋 黄冬梅——副主编

上海教育出版社

图书在版编目（CIP）数据

能源中国 / 李明福主编. — 上海:上海教育出版社, 2020.9
ISBN 978-7-5444-9960-6

Ⅰ. ①能… Ⅱ. ①李… Ⅲ. ①能源发展 – 研究 – 中国
Ⅳ. ①F426.2

中国版本图书馆CIP数据核字(2020)第167840号

责任编辑　邹　楠
封面设计　郑　艺

能源中国 NENG YUAN ZHONG GUO
李明福　主编

出版发行　上海教育出版社有限公司
官　　网　www.seph.com.cn
地　　址　上海市永福路123号
邮　　编　200031
印　　刷　昆山市亭林印刷有限责任公司
开　　本　700×1000　1/16　印张 17.25　插页 2
字　　数　300 千字
版　　次　2020年9月第1版
印　　次　2020年9月第1次印刷
书　　号　ISBN 978-7-5444-9960-6/T·0028
定　　价　68.00 元

如发现质量问题，读者可向本社调换　电话：021-64377165

主　　编　李明福

副 主 编　翁培奋　黄冬梅

参编人员　李琦芬　欧阳元煌　曾芬钰

仇中柱　任洪波　孔庆宝

张贵红　张周胜

目　录

前言

本书为全面贯彻落实党的十九大精神和习近平新时代中国特色社会主义思想，深入落实全国高校思想政治工作会议精神的一次尝试。为了更好地贯彻立德树人的根本任务，切实提升人才培养水平与质量，全面落实国家和上海教育改革要求，将思想政治工作贯穿教育教学全过程，实现全程育人、全方位育人，上海电力大学集聚优势教学资源，开设了中国系列课程——“能源中国”，我们聚焦能源领域中与我国发展息息相关的核心问题，立足能源行业背景，体现时代性、前沿性和鲜活性；通过挖掘能源电力发展背后蕴含的人文情怀、德育元素，引导学生爱国、爱校、爱专业。

经过两年多的课程实践，我们紧紧围绕学校立德树人大势和教育综合改革大局，勇于创新，加强协力共建共享，与思政课同向同行合力育人，课程在校内外引起很大的关注。我们将各主题的内容进行加工修改，形成了本书。《能源中国》的内容框架由能动世界、能源布局、能源安全、能源创新、能源与环境、能源合作、能源利用、能源强国等八个主题组成，基本涵盖了能源发展与中国发展现状的主要核心问题。

希望本书的出版，能够有助于完善“课程思政”选修课教学成果，充分发挥思想政治理论课主渠道作用，逐步扩大课程思政改革的辐射效应，有效落实全员全过程全方位育人。

第一章　能动世界——世界奇在能源上

历史经验表明，科技革命总是能够深刻改变世界发展格局。16、17世纪的科学革命标志着人类知识增长的重大转折。18世纪出现了蒸汽机等重大发明，成就了第一次工业革命，开启了人类社会现代化历程。19世纪，科学技术突飞猛进，催生了由机械化转向电气化的第二次工业革命。

——习近平：《为建设世界科技强国而奋斗——在全国科技创新大会、两院院士大会、中国科协第九次全国代表大会上的讲话》(2016年5月30日)

人类社会的发展离不开能源，火能技术的利用开启了人类文明；蒸汽机的使用让人类步入了煤炭工业时代；内燃机的普及则使石油成为工业的血液。如今，全球能源结构处于一个不断转型的时代。对低碳的追求和对技术进步的要求，共同推动了能源结构的转型。未来世界，谁掌握了能源发展的方向，谁就掌握了未来。

本章将从能源与人类生活、能源与经济、能源与政治和中国能源强国梦等方面，分析能源如何改变世界发展的历史进程，诉说我们中国人如何追求能源强国梦。

一、自然能源如何改变人类生活

(一) 能源与人类生活息息相关

能源是提高人民生活水平的重要物质基础。生产离不开能源，生活离不开能源；生活水平越高，对能源的依赖越强。人们对火的利用首先源自生活，从此，生活水平的提高就与能源密不可分了。能源促进生产发展，为人们提供更多的物质产品。生活水平提高依赖于可利用能源质与量的提升。能源依来源可分为三大类：一是来源于太阳，如太阳辐射能、煤炭、石油、天然气、生物质能、水能、风能、海洋能等；二是来源于地球，如地下热水、地下蒸气、干热岩体和原子能等；三是来源于天体对地球的引力，如潮汐能。当今世界，煤炭、石油、天然气、水力和核裂变能是世界五大支柱能源。

（二）火能改变了人类的生存状态

火能是人类最早使用的能源，火能的利用标志着人类文明正式开始。火不仅为人类提供熟食、照明和取暖，还提供了冶炼、制陶、制砖和玻璃制作等技术的能源供给，火能是人类文明开始阶段最重要的技术。远古神话、传说中，人类把火能提高到非常重要的地位。普罗米修斯将火种带给了人类，与众神结下仇恨，人类学会用火，才在自然界有如此重要地位。学会生火前，人类就学会了用火，但是，人类起初对火充满恐惧，后来逐渐学会了回避和利用。人类对火灾的早期控制是人类文化进化中的一个转折点，这使得人类可以用火来烹调食物并获得温暖和保护。生火也使得人类的活动扩展到深夜的黑暗和寒冷的时间，并为人类提供了针对天敌和害虫的保护。人类对火的认识、使用和掌握，是人类认识自然、利用自然，改进生产、改善生活的第一次实践。火的应用，在人类文明发展史上有极其重要的意义。从 100 多万年前的元谋人，到 50 万年前的北京人，都留下了用火的痕迹。人类最初使用的是自然火，人工取火让原始人掌握了这种强大的自然力，促进了人类社会的发展，最终把人与动物分开。人类发展史告诉我们，火是人类获取自由的征途上一件划时代的大事，它开创了人类改造自然的新纪元，火在人类对自然的改造中发挥着巨大作用。

第一，人类用火来狩猎。第二，人类用火加工武器和工具，例如木矛用火烧后再冷却，它的尖部变得坚硬。第三，人类借助火，扩散至未曾生活过的地区。第四，人类借助火发明了陶器。人类在用火的过程中，发现焙烧后的泥土坚固而不透水，还可依照需要烧成各种器皿，陶器由此产生。第五，火的使用促使原始农业发展。原始农业粗放，“刀耕火种”对人们定居起到重要作用。人类最原始的用火方式就是篝火。以火熟食、以火驱寒、以火阻兽，我们的祖先用的就只是篝火，当篝火给了人们以温饱和安全后，社交娱乐的需求就自然而然地出现，这就是为什么会围着篝火载歌载舞。

火能作为人类历史上使用最久的能源，是自然界提供的一种直接能源。此外，水能和风能也属于类似的直接能源，可统称为“自然能源”。水能和风能的利用，属于原动机的一种类型，按照技术史学家的分析，原动机一共包括五种，对应着人类动力技术进步的五个阶段，分别为：人类体力的使用、马和骆驼（畜力）的使用、水能和风能的使用、蒸汽机的使用，以及原子能的利用。[①] 第一个阶段从远古到文明社会初

---

① 辛格，霍姆亚德，霍尔，等.技术史（第二卷）[M].潜伟，译.上海：上海科技教育出版社，2004 年，第 421 页.

期，第二个阶段为文明社会开始到罗马帝国后期，第三个阶段始于罗马帝国后期，到工业革命中的1850年，这一年蒸汽机产生的能量超过了水磨和风车。第三个阶段的标志是水磨的大规模使用。

(三) 水能成为世界经济动力

奴隶制时代，奴隶是最主要的动力来源。家畜虽已普及，却没有代替人力的使用。配套工具的缺陷使得家畜的能量难以发挥。例如牛适合拉重物和大车，马力虽15倍于人力，但只能发挥出人力的4倍。故一匹马相当于4个奴隶，但一匹马的食量不少于4个人。此外，古代也没有马掌，因此一直把人作为主要原动力，直到水磨的出现。

水不仅可以直接被人类利用，它还是能量的载体。太阳能驱动地球上水循环，使之持续进行。地表水的流动是重要的一环，在落差大、流量大的地区，水能资源丰富。河流、潮汐、波浪以及涌浪等水运动均可被利用。也有部分水能用于灌溉。水的落差在重力作用下形成动能，从河流或水库等高位水源处向低位处引水，利用水的压力或者流速冲击水轮机，使之旋转，从而将水能转化为机械能。

水磨，又可称为水车，是一种使用流动的水作为动力的磨。它使用水轮或水涡轮机以驱动机械运作，例如研磨、滚动或锤击。可以完成许多产品工艺，包括磨面粉、切割木材、造纸、纺织和许多金属制品等工艺。因此，水车可用于锯材厂、造纸厂、纺织厂、锤磨机、轧钢机与拉丝厂等地方。水车的分类主要是通过转轮的垂直或水平放置的方向，前者为垂直水车通过一个齿轮来带动机械，而后者则配有水平水车。前一种类型可以进一步划分，取决于水击打拨片的位置。另一种分类方式为按照水车的位置来划分，例如：潮水车为在大潮中移动的水车，船舶水车在船上使用。

水车最早出现在公元前3世纪古希腊的波拉考拉轮，最早的书面记录是在希腊工程师菲罗(Philo，公元前280—220)的论文中。水平水车出现在公元前3世纪上半叶作为希腊殖民地的拜占庭，而垂直水车出现于公元前240年托勒密时期的亚历山大。希腊地理学家斯特拉波在他的地理学报告中指出，水动力的谷物磨已经存在于公元前71年之前的小亚细亚宫殿中。同时，在公元元年前后的文学作品中，也出现了水磨(水车)。[①]

在1086年左右，仅仅在英国就有约5 624个水车，其中只有2%被现代考古调

---

① 辛格，霍姆亚德，霍尔，等.技术史(第二卷)[M].潜伟，译.上海：上海科技教育出版社，2004年，第423页.

查所发现。后来的研究人员估计，英国当时约有 6 082 个水车，这个数字相对比较保守。其原因是英格兰北部的状况从来没有被正确地记录下来。1300 年，这个数字已经上升到 10 000 到 15 000。

船舶厂和潮汐磨坊也在 6 世纪出现了。近年来，一些新的考古发掘已经发现了目前为止最早的潮汐水磨，这些就是发现在公元 6 世纪的爱尔兰海岸小镇沃特福德。一种在公元 630 年左右使用的双水槽水平轮式的潮汐磨，在另一个小岛屿被发现。

(四) 历史上应用广泛的风能

2 000 多年前，中国、巴比伦、波斯等国就已利用古老的风车提水灌溉、碾磨谷物。12 世纪以后，风车在欧洲迅速发展，通过风车利用风能提水、供暖、制冷、航运与发电等。我国是最早使用帆船和风车的国家之一，至少在 3 000 年前的商代就出现了帆船。唐代有"乘风破浪会有时，直挂云帆济沧海"的诗句，可见那时风帆船已广泛用于江河航运。中国最辉煌的风帆时代是明代，15 世纪初叶中国航海家郑和七下西洋，庞大的风帆船队功不可没。明代以来，风车得到了广泛的使用，宋应星的《天工开物》一书中记载有"扬郡以风帆数扇，俟风转车，风息则止"，这是对风车的一个比较完整的描述。我国风帆船的制造长期以来领先于世界。方以智著的《物理小识》记载有"用风帆六幅，车水灌田，淮阳海皆为之"，描述了当时人们已经掌握了利用风帆驱动水车灌田的技术。中国沿海沿江地区的风帆船和用风力提水灌溉或制盐的做法，一直延续到 20 世纪 50 年代，仅在江苏沿海利用风力提水的设备就曾达 20 万台。

公元 7 世纪，在西亚(大概在叙利亚)，建造了第一批风车。这个地区经常有强风，几乎总是朝着相同的方向吹，因此人们就面向风而建造了一些早期的风车。它们看上去不像如今所见到的风车，而是有着竖式轴和横排的翼，与旋转木马装置上排列的木马很相似。

12 世纪末，西欧出现了第一批风车。有些人认为，在巴勒斯坦参加十字军东征的士兵们回家时带回了关于风车的信息。但是，西方风车的设计与叙利亚的风车迥然不同，因而它们可能是独立发明出来的。典型的地中海风车有着圆形石塔和朝向盛行风安装的垂直翼板。它们至今仍用于磨碎谷物。16 世纪，荷兰人利用风车排水、与海争地，在低洼的海滩地上建国立业，逐渐发展成为一个经济发达的国家。今天，荷兰人将风车视为国宝，北欧国家保留的大量荷兰式的大风车，已成为人类文明史的见证。西方风车的不同之处在叶片环绕着垂直面而转动。因为风在欧洲比在西亚较为变化不定，所以风车还另有一个机械装置，以使翼板面对着风来的方向转动。在丹麦圣瑞斯的埃洛岛上，现代风车已经能与发电机相连。

在蒸汽机出现之前，风力机械是动力机械的一大支柱，其后随着煤、石油、天然气的大规模开采和廉价电力的获得，各种曾经被广泛使用的风力机械，由于成本高、效率低、使用不方便等，无法与蒸汽机、内燃机和电动机等相竞争，渐渐被淘汰。近现代以来，风车已很少用于磨碎谷物，但作为发电的一个手段正在获得新生。

二、化石能源是如何改变世界经济的

（一）能源是经济的发展动力

随着封建社会经济的发展，人类社会对能量与动力的要求越来越高。古代社会中常用的火能、风能与水能，越来越难以满足社会发展的需求，人类在不停地寻找更高效的能源。受到文艺复兴的影响，在科学技术领域，发生着越来越大的变化，科学家已走出神学的影子。他们开始独立思考自然哲学问题，这就使以近代力学为代表的近代物理，和以燃烧学为代表的近代化学得以诞生。近代力学为机械制造提供了理论基础，而近代化学让人类开始重新认识燃烧现象。这两方面都可以看作是能源科学的诞生。同时，人类开始正式将煤炭作为重要的能量来源和燃料，使得人类社会进入了化石燃料时代。以近代科学为基础的，以煤炭、蜡烛与火柴技术的利用为标志的近代能源技术也逐渐形成。

煤炭的大规模开采和利用，标志着化石燃料时代的正式开始。在历史记载中，中国是最早使用煤炭作为燃料的国家，然而煤炭正式作为工业中的重要燃料是在近代的欧洲。随着资本主义的快速发展，对动力燃料的要求越来越高，煤炭逐渐取代了自然燃料，成为最主要的能量来源。

人类社会进入工业化时代后，能源开始广泛而深刻地影响人们的生活和社会的发展。长期以来，经济的增长同能源消费之间有着密切的关系。1973 年爆发的石油危机，让人们开始关注能源与经济增长的关系。经济增长对能源的需求首先体现为对能源总量需求的增长，主要有两种情况：第一，经济增长的速度低于其对能源总量需求的增长，即每增加一个单位的 GDP 所增加的能源需求量，大于原来每一单位 GDP 的平均能耗量；第二，经济增长与其对能源总量需求的增长同步。综观人类社会发展史，我们不难发现经济增长对能源总需求增长的同时，其对能源产品需求的品种或结构也日益扩展。首先，从一次能源中占主体地位的品种来划分，经济增长对一次能源的需求，经历了从薪柴到煤炭，又从煤炭到石油的发展，而且品种数量日益增加。目前，各国积极寻找替代石油的能源，这反映了经济增长对能源品种的需求。其次，即使对同一能源产品，也有不同的品种需求（如石油产品、煤基产品）。品种需求在某些方面也包含着质量需求。质量需求的直接动力来自追求更高的效率。因此，获得高质量的能源产品是提高能源利用率及其经济效益的重要前提条件。能源是经济增长的推动力量，并限制经济增长的规模和速度。

能源投入的多少直接制约着本国经济运转的规模和程度，因为物质资料的生产必须依赖能源为其提供动力；能源使用形式的变革会影响人类的生产、生活；人类生产工具、交通工具的革新，都是在“能源革命”的推动下实现的。如火车的发明和使用源于煤炭的开发和利用。人民生活水平的提升也离不开能源，生活水平越高，对能源的依赖性就越大。事实上，人类经历了原始文明、农业文明和工业文明，目前正从工业文明向生态文明转变，每一次变化都与能源息息相关。

20 世纪 50 年代以来，各发达国家的劳动生产率平均每年增长 3%左右，其中 3/4 就是依靠新技术的采用。生产部门不仅积极采用先进的科学研究成果，而且大力支持基础研究和应用研究，使“科学—技术—生产”三者的关系更为密切。科学技术的发展，促进了劳动生产率的持续增长，并成为促进整个国民经济增长的重要因素。

（二）煤炭和蒸汽能引发第一次工业革命

1. 煤炭的发现和使用

人类利用能源是从薪柴、风力、水力和太阳能等可再生能源开始，后来才发现了煤炭和石油。中国大约在春秋末期（公元前 500 年左右）开始利用煤炭作燃料，但是直到 13 世纪英国开采煤矿，才把煤炭推上了能源的主角地位。18 世纪瓦特发明蒸汽机，英国进行产业革命，大量的动力机械逐渐替代了手工业生产方式，交通运输业也迅速发展，使世界能源结构发生了重大变革。煤炭能源时期以煤为主要能源，它是利用煤燃烧反应所释放的热能。18 世纪 60 年代从英国开始的产业革命，使能源结构发生第一次革命性变化，从生物质能转向了矿物能源，即由木炭转向了煤炭。至今煤炭仍是人类最重要的能源之一。煤炭是不可再生能源，分布广、储量大，开发和利用难度不大，但发热量和燃烧效率不高，输送和使用不方便，灰渣、粉尘多，易污染环境。

12 世纪末开始，煤开始进入人们的社会生活，尤其是在英格兰和苏格兰，煤在海岸地区碳系地层暴露的地方被发现并引起人们注意力。基于这种情况，煤的原始名称可能是“海煤”。诺森伯兰海滨和福思湾海岸的条件特别适于早期煤的开采。它们的煤层暴露于地表，很容易获取并且运输至市场，历史记录表明这些地区是煤炭贸易的发源地。从那时起，煤已经进入人们日常生活中并成为一种商品。13世纪开始，煤的开采和使用多了起来。爱德华一世统治结束以前，煤的开采已经成为国家的普遍活动。14世纪北方的煤田开始进入开发阶段，尤其是泰恩河沿岸，这里有进行煤炭贸易的有利条件。

这一时期的采煤技术还处于起步阶段，一般是矿坑或平坑，这种设计简单且有效，采用自由排水的方式是这个时代的开采特色。立井上方有一个人力操作的小绞车或类似起重机的机械，用于从采掘面排水，这两者结合起来产生一种自然通风，对于早期这些有限且狭窄的采掘面是有效的。直到14世纪末期为止，虽然煤炭贸易已经相当活跃，但是采煤业仍然只是一个规模有限，技术、管理简单的原始工业，它的发展有待于需求的进一步刺激。

煤炭开采技术包括生产技术和安全技术。开采技术主要包括生产煤炭的几个关键环节，从开采方式、运输以及提升、筛选等工艺的发展历程入手，认识近代英国煤炭生产技术的发展过程，可以更好地理解煤炭工业推动英国工业化进程。

开采方法是一种综合性的技术，这种技术不但包括全矿坑道的系统布置和采煤的工艺过程，而且与运输、通风、排水、机械、动力、安全以及组织管理等技术有密切的联系。

19世纪初开采的基本方式有一些变化。这一工程的艰辛及其劳动的高强度刺激着人们对机械的向往。火药已经用于凿井和开发水平巷，虽然它是一种很有效的方法，但是在使用过程中会有明显的危险，采用它产生的末煤也很多。

煤炭运输方式的革命性进步是铁轨的应用。到1767年，除了使用小铁片加固轨道连接处外，英国所有的铁路轨道几乎都是木制的，但这种轨道容易退化，铁的广泛应用推动了人们对铁轨道的试验。铁轨道被铺在木制轨道之上，人们发现这种铁轨具有很大的优势，因此开始以相同方式对所有轨道进行改造，到18世纪末铁路的建设已经具有相当的规模。19世纪中期，煤炭地下运输技术获得了极大的进步。煤炭生产过程中的地下运输环节在前一个阶段的发展基础上进一步完善和革新。19世纪下半叶到20世纪初，煤矿生产技术进步的一个显著特征就是机械化。它表现在开采、运输、通风等煤炭生产及安全的各个环节中。

2. 蒸汽机的发明与应用

早期的蒸汽汽轮机设备是在1606年发明出来的，是为了从被淹没的矿井中进行排水。丹尼斯·帕潘，一个胡格诺难民，做了一些蒸汽技术的有益工作，他于1679年首次使用了活塞，并在1690年后逐渐被采用。此后，工程师苏默塞脱发明了蒸汽提水装置，并开始在布拉兰堡得到实际应用，但机器结构的图样没有留下。前面提到的装置都是利用蒸汽压力做功的装置。到了17世纪，很多学者和发明家都在考虑如何利用蒸汽遇冷凝结，形成真空，而使大气压力做功的难题。

军事工程师出身的托马斯·萨弗里积极进行了蒸汽排水机的研究。1698年他制成了这种机器。随后他写了一本名叫《矿工之友》的小册子，分送给各矿主，介绍他这部“用火来提水”的机器。萨弗里机器的特点是把蒸汽压力和大气压力的利用结合起来。将锅炉产生的蒸汽导入汽箱，利用蒸汽把水从另一管压出，达到提水的目的。萨弗里的机器在一些矿井上得到应用，也曾用于城市或私人住宅供水，但是用于排除深井积水时却遇到困难。要排除深井积水就必须加大锅炉的蒸汽压力。

第一个较为实用的蒸汽机是英国铁匠纽可门于1705年制成的。这台机器吸取了巴本和萨弗里机器的优点。最大的改进在于他在气缸里装了一个冷水喷射器，这样冷凝速度和热效率大为提高。同时他的机器是靠大气压力作用，不存在高压蒸汽的危险性，使用效果良好。

瓦特花了好几年时间对纽可门蒸汽机进行改进，终于在1769年制造出了带有分离冷凝器的蒸汽机，显著提高了热效率，并且获得了他的第一项专利。1784年，瓦特以其带有飞轮、齿轮联动装置和双向装置的高压蒸汽机的综合组装取得了他的第四项专利，无可动摇地确立了他作为广泛应用的蒸汽机的发明者的地位。1788年，瓦特发明了独创性的离心调速器和节气阀，当机器到达一定速度时，该阀门能自动关闭——它通过机器本身的反馈工作，使整个系统自我调节，起到了动力自动化的决定性作用。1790年，瓦特又发明了气缸示功器。至此，从28岁到54岁，通过长达26年的不懈努力，瓦特终于完成了集原始创新、集成创新、引进消化吸收再创新于一体的定型蒸汽机发明的全过程。后来，瓦特还发明了根据输出功率的需要来控制输入蒸汽的调速器，瓦特的调速器也是历史上最早的一种自动控制装置。

瓦特蒸汽机制造出来以后，人类决定性地脱离了人力、水能和风能的长期限制。蒸汽发动机以无生命的动力源代替有生命的动力源，通过利用机器——迅速、有规律、精确、不知疲劳的机器——变热为功，使得经济增长变得更具“集约性”，人均收益以及在个人层次上的物质福利都有所提高。1750—1850年，英国的煤产量提高了9倍。19世纪20年代，操纵动力织机的人，其产量20倍于一个手工工人，而一台动力驱动的“骡”(即纺纱机)具有200台手纺车的能力。1870年英国的蒸汽机的动力约为 400 万马力，这相当于 4 000 万个男人所能产生的力。

蒸汽机的发明与珍妮纺纱机之类有着根本性的区别：它带来的不是一个领域内的革命，而是整个工业领域的革命。其根本原因是蒸汽机所生产出的不是某一种能吃穿用的具体产品，而是能量。能量对于机器，就像食物对于人一样，是最基本的需要。1824 年法国人萨蒂·卡诺观察了一台正在运转的蒸汽机后感慨："如果今天把英国的蒸汽机拿走，就相当于抢走英国的钢铁和煤炭，枯竭她的财富源泉，毁灭她的繁荣手段，摧毁她的伟大力量。"因为创造财富的动能不同，尽管 1830 年中国制造业产量占整个世界份额的 29.8％，远远高于英国 9.5％的份额，但中国的生产不能形成剩余财富，也就不能扩大再生产。

19 世纪后半叶，蒸汽动力已渗透到西方世界经济生活的方方面面。动力技术与其他发明携手并进，在欧洲和世界其他部分之间"挖开"了一道"鸿沟"。在此之前，欧洲几乎没有任何优势，欧洲需要从亚洲获取很多东西，而亚洲从欧洲获取的东西却不多。欧洲人发现，除黄金以外，他们几乎没有什么东西可运往亚洲。16 世纪后，因为胡椒、生姜、肉桂和丁香等香料贸易的发展，从欧洲运往东亚的金银就更多了。为了筹措资金以满足对亚洲产品的不断增长的需求，欧洲人必须经常补充他们的金银储备。

有了蒸汽机后，不但老机器有了新作用，还催生出大量新机器，使原有的机器发挥出更大的威力。例如，蒸汽机发明之后，原来的水力纺纱机和水力织布机都可以采用蒸汽机来做动力了，这比水力不知要强多少倍。众所周知，水力虽然有力又廉价，但它有个致命的毛病，一到枯水季节就不能用了，而且工厂必须建在靠近河流且水流湍急的地方，这些地方大都在偏僻乡村甚至深山老林，交通不便，大大增加了建工厂的难度，也提高了产品成本。有了蒸汽机之后，这两个问题都迎刃而解了。以前按季节运行的水力纺纱机和织布机现在能一年到头不停地织出质优价廉的布匹，销往世界各地，为工业的进一步革命积累了大量资本。

（三）蒸汽机如何改变世界格局

19 世纪中期，蒸汽机在轮船和火车机车上的应用极大地扩大了世界贸易版图，大幅提高了货运的速度和能力，降低了成本，使轮船逆流而上几乎和顺流而下一样轻松，而且一年到头都可以在海上航行，在时间、空间和商品化的概念上引起了一场革命。1815—1850 年，横越大西洋的大部分货物，每磅运费下降了 80％，1870—1900 年又下降了 70％，累计下降了近 95％。铁路、蒸汽轮船的发展带来了繁荣的景象，甚至超越了前现代时期梦想家们对此最大胆的想象。随着时间、距离的阻隔消失，买家、卖家之间的中间人被打入冷宫，制造商和金融资本家的地位开始凌驾于贸易商之上。全球超级市场开始形成，奢侈品不再是长途贸易最重要的商品。阿根廷、乌拉圭、美国的牛羊肉，澳洲、美国、印度的小麦，养活了欧洲人。一场由蒸汽推动的交通工具的革命，很快满足了城市工人对食品和必需品的日益增长的需求，同时也能运送其他国家的剩余农产品和原材料，来满足英国发展的需要。总之，蒸汽机不只决定了利润、损失、贸易量，还开启了今天称之为商品化、全球化的革命。

1802 年，特莱维西克制造出第一台成型的蒸汽机车，在机车点火烧汽的时候，特莱维西克却离开现场去喝水了，待他返回时锅炉已烧得通红，水早已烧干，结果机车被烧毁，实验失败。1804 年，特莱维西克又造了一台名叫“新城堡号”的机车，这是世界上第一台行驶在铁轨上的蒸汽机车。1828 年，乔治·斯蒂芬森和他的儿子罗伯特·斯蒂芬森改进研制出新型的蒸汽机车——“火箭号”，不断突破机车行驶速度的纪录，在蒸汽机科技发展史上意义重大。“火箭号”获得如此成功，归功于斯蒂芬森父子攻克了关键技术：使用了管式锅炉，并把气缸改装在锅炉侧面。由于有了优越机车“火箭号”，1830 年，斯蒂芬森支持投入运营的曼彻斯特到利物浦的铁路成为世界上第一条完全依靠蒸汽动力运输的铁路线，此后 20 多年间，铁路运输在欧美各国迅速发展起来，形成铁路网。据统计，到了 1900 年，全世界的铁路总长已达 80 万千米。

使蒸汽机船得到社会认可，成为一种全新的具有实用价值的运输工具的当推美国发明家罗伯特·富尔顿。1807 年富尔顿回国后制造成功的第一艘蒸汽机船在纽约哈德逊河下水了。这艘船的蒸汽机的功率只有 14.7 kW，用以驱动装在两舷的明轮；船身全长 45 米，宽 4 米，装有高大的烟囱。这艘备受揶揄的“富尔顿傻瓜”号就是名扬后世的“克莱蒙脱”号蒸汽机船。从此，人们接受了蒸汽机船这一新生事物，内河蒸汽机船运输也迅速发展起来了。富尔顿一生在建造蒸汽机船上曾历尽艰辛和挫折，但他百折不挠，不但建造成功实用型的蒸汽机船，而且不断改进；他一生曾建造 17 艘蒸汽机船。由于他在建造蒸汽机船上作出的巨大贡献，他被世人公认为蒸汽机船的发明者，也有人称他为“轮船之父”。

蒸汽机船最初用于内河航运，不久海运也开始用蒸汽机船了。美国发明家约翰·史蒂文斯是最早以蒸汽机船作海上航行的人。1802 年，他建成第一艘用螺旋桨推进的蒸汽机船。一年后，经改进的双螺旋桨蒸汽机船制造成功，并在哈德逊河上顺利航行。1809年,史蒂文斯建成了长达30米的“凤凰”号蒸汽机船,但由于富尔顿已获得在哈德逊河上航行的垄断权,他只好将“凤凰”号由海路驶往费城,蒸汽机船在海上航行就是由此而始的。1819年,美国人M.罗杰斯建造的“萨凡纳”号蒸汽机船用27天时间横渡了大西洋。“萨凡纳”号实际上是一艘蒸汽机帆船。它在横渡大西洋的整个航程中,只有60小时是用蒸汽机推进的,其余时间都利用风力。

(四) 石油与内燃机加快世界发展进程

能源结构的变迁历史上,伴随着新的化石能源的发现和大规模开采与应用,世界的能源消费结构经历了数次变革。18世纪以煤炭替代柴薪,到19世纪中叶煤炭已经逐渐占主导地位。20世纪20年代,随着石油资源的发现与石油工业的发展,世界能源结构发生了第二次转变,即从煤炭转向石油与天然气。到20世纪60年代,石油与天然气已逐渐成为主导能源,动摇了煤炭的主宰地位。但是,20世纪70年代以来两次石油危机的爆发,也动摇了石油在能源中的支配地位。

动力机按工作方式可以分为内燃机和外燃机两大类。凡是燃料直接在气缸内燃烧,燃烧时产生的气体推动活塞或转子,将热能转化为机械功的动力机,称为内燃机。内燃机又可分往复式和转动式两类,其中往复活塞式应用最为广泛。凡是燃料在气缸外燃烧,然后将产生的蒸汽导入气缸做功的动力机,称为外燃机。外燃机也可分往复式(蒸汽机)和转动式(汽轮机)两类。

内燃机的概念比活塞式蒸汽机的概念还要古老。在17世纪后半叶,荷兰科学家惠更斯就对用大气压力来产生有用的动力很感兴趣。他设计了一台机器,让少量火药在一个气缸里燃烧,以提升一个平衡活塞。当气体又冷却下来时,大气压力便将活塞向下推,按预想就是靠这个向下的冲程来做功。惠更斯的实验由帕潘继续进行了下去,但是直到蒸汽的膨胀力取代了燃烧火药所产生的膨胀力之后,可行的发动机才正式问世。但是,在惠更斯首先提出的真空活塞式火药内燃机在实践中遭到挫折后,直到1859年之前,除了蒸汽机以外,没有出现可以在工业环境下连续工作的其他任何发动机。

内燃机沉默了100年后,到18世纪末,人们又开始对内燃机进行了新的探索。内燃机的发展,从采用燃料上看,经历了从火药机到煤气机、到汽油机、到煤油机、到柴油机的演变;从燃料的化学能转化为机械功的方式来看,走过了从真空机到爆发机、到有压缩机、到四冲程点燃机、到四冲程压燃机的历程。

最初的内燃机都是用煤气作燃料的,但煤气的热值低,需要庞大的煤气发生炉和管道供应系统，占用体积大。随着社会化大生产的发展，交通运输业需要轻便的动力机，这个燃料系统就成了巨大的包袱。19 世纪末，随着石油工业的蓬勃发展，用石油产品取代煤气作燃料已成为必然的趋势。

1873 年，维也纳的霍克获得了最早的燃油发动机的专利。同一年，费城的布雷顿发明了一种有两个气缸的发动机，其中一个用于压缩混合气体，另一个用于做功。1890 年，出现了一种改进很大的布雷顿型发动机。这是单作用式的发动机，是以奥托循环方式来进行工作的，经济性较好。1886 年，登特和普里斯特曼获得了一项关于使用重油蒸气的发动机专利。这种发动机是以奥托循环方式工作的。当时制造的这种发动机有卧式和立式两种，立式发动机的功率高达 100 马力。1892 年，出生于巴黎的德国机械工程师狄塞尔发明了柴油机，它是一种结构更简单、燃料更便宜的内燃机。他采用更大的压力来压缩气缸里的空气，使得单靠压缩产生的热就能点着燃料。柴油机的结构必须造得更加结实，这就使它比汽油发动机笨重得多。在 20 世纪 20 年代研制成适用的燃油喷射系统之后，柴油机开始广泛应用于卡车、拖拉机、公共汽车、船舶及机车，成为重型运输工具中无可争议的原动机。狄塞尔内燃机的问世，标志着往复活塞式内燃机的发明基本完成了。1889 年戴姆勒取得了一项关于 V 型双缸发动机的专利，这种发动机具有两个呈 15 度夹角安装的相互倾斜的气缸，这两个气缸的两根连杆是连在一根公共的曲柄上的。由于欧洲大陆的几个制造商在汽车上采用了这种发动机，所以后来它被大量制造并销售。它还被当作固定式发动机使用，同样也被用作摩托艇的动力装置。由此之后，转速越来越快的汽油内燃机应用越来越广泛。

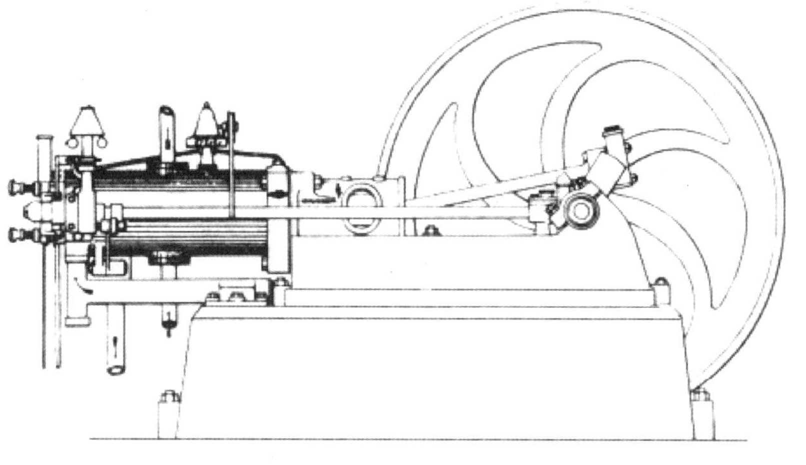

图 1-1 奥托的卧式燃气发动机(约 1878 年)

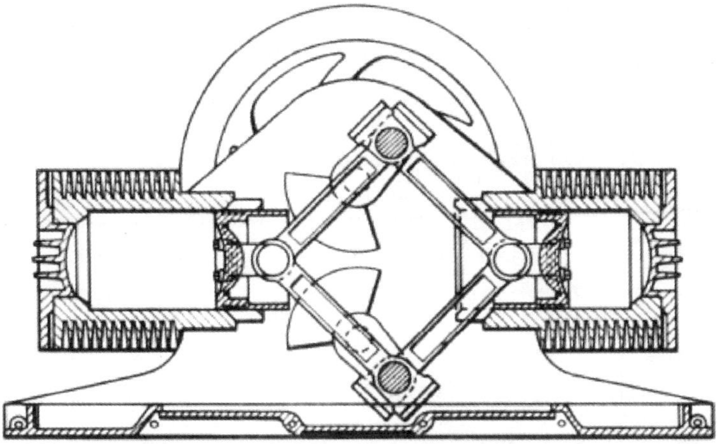

图 1-2 双缸的兰彻斯特发动机的平衡方法(约 1897—1904 年)

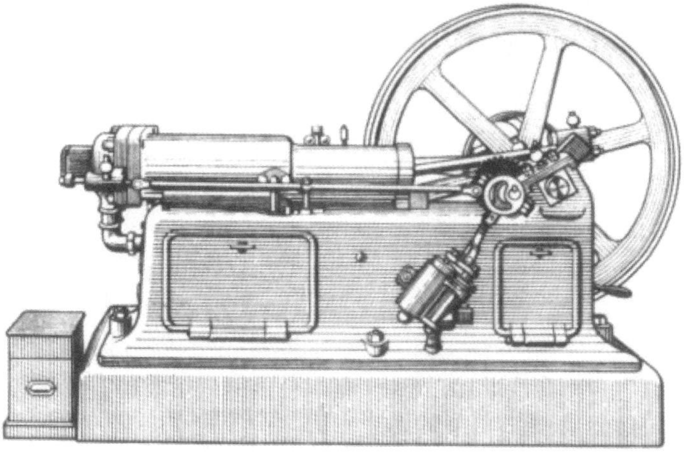

图 1-3 登特和普利斯特曼的燃油发动机(约 1886 年)①

(五) 第一能源的变迁

直到 20 世纪 50 年代中期,煤依然是世界上最重要的燃料,但石油的消耗量增长迅速。1973 年能源危机和 1979 年能源危机爆发后,媒介开始注重对石油采供情况进行报道。这也使人们意识到石油是一种有限的资源,最后会耗尽。不过至今石油都没有用尽,所以也有人对这个讨论表示不以为然。石油的未来至今尚无定论。2004 年一篇《今日美国》的新闻报道说地下的石油还够用 40 年。有些人认为,由于

① 图 1-1,1-2,1-3 均选自辛格《技术史》。

石油的总量是有限的，因此迟早会被耗尽。也有人认为随着技术的发展人类总是能够找到足够的、便宜的碳氢化合物的来源的。地球上还有大量焦油砂、沥青和油母页岩等石油储藏，它们足以提供未来的石油来源。目前已经发现的加拿大的焦油砂和美国的油母页岩就含有相当于所有目前已知的油田的石油。

今天 90％的运输能量是依靠石油获得的。石油运输方便、能量密度高，因此是最重要的运输驱动能源。此外它是许多工业化学产品的原料，因此它是目前世界上最重要的商品之一。在许多军事冲突（包括第二次世界大战和海湾战争）中，争夺石油资源是一个重要因素。

从寻找石油到利用石油，大致要经过四个主要环节，即寻找、开采、输送和加工，这四个环节一般又分别称为“石油勘探”“油田开发”“油气集输”和“石油炼制”。“石油勘探”有许多方法，但地下是否有油，最终要靠钻井来证实。一个国家在钻井技术上的进步程度，往往反映了这个国家石油工业的发展状况。

从 19 世纪末到 20 世纪 30 年代，随着内燃机的出现，对油料提出了迫切的要求。这个阶段技术上的主要标志是以利用天然能量开采为主。石油的采收率平均只有 15％—20％，钻井深度不大，观察油藏的手段只有简单的温度计、压力计等。

从 20 世纪 30 年代末到 50 年代末，形成油田开发的理论体系。主要内容是：形成了作为钻井工程理论基础的岩石力学；基本确立了油藏物理和渗流力学体系，普遍采用人工增补油藏能量的注水开采技术。在苏联广泛采用了早期注水保持地层压力的技术，使石油的最终采收率从 30 年代的 15％—20％，提高到 30％以上，发展了以电测方法为中心的测井技术和钻 4 500 米以上的超深井的钻井技术。美国和苏联在矿场集输工艺中广泛地应用了以油气相平衡理论为基础的石油稳定技术，基本建立了与油气田开发和开采有关的应用科学和工程技术体系。

从 20 世纪 60 年代开始，以电子计算机和现代科学技术广泛用于油、气田开发为标志，开发技术迅速发展。主要方面有：① 建立的各种油层的沉积相模型，提高了预测储油砂体的非均质性及其连续性的能力，从而能更经济有效地布置井位和开发工作；② 把现代物理中的核技术应用到测井中，形成放射性测井技术，与原有的电测技术，加上新的生产测井系列，可以用来直接测定油藏中油、气、水的分布情况，在不同开发阶段能采取更为有效的措施；③ 对油气藏内部在采油气过程中起作用的表面现象及在多孔介质中的多相渗流的规律等，有了更深刻的理解，并根据物理模型和数学模型对这些现象由定性进入定量解释（见油藏数值模拟），试验和开发了除注水以外提高石油采收率的新技术；④ 以喷射钻井和平衡钻井为基础的优化钻井技术迅速发展，钻井速度有很大的提高，可以打各种特殊类型的井，包括丛式井，定向井，甚至水平井，加上优质泥浆，使钻井过程中油层的污染降到最低限度；⑤ 大型酸化压裂技术的应用使很多过去没有经济价值的油、气藏，特别是致密气藏，可以投入开发，大大增加了天然资源的利用程度，对油井的出砂、结蜡和高含水所造成的困难，在很大程度上得到了解决(见稠油开采，油井防蜡和清蜡，油井防砂和清砂，水油比控制)；⑥ 向油层注蒸汽，热采技术的应用已经使很多稠油油藏投入开发；⑦ 油、气分离技术和气体处理技术的自动化和电子监控，使矿场油、气集输中的损耗降到很低，并能提供质量更高的产品。

海上油气开发与陆地上的没有很大的不同，只是建造采油平台的工程耗资要大得多，因而对油气田范围的评价工作要更加慎重。要进行风险分析，准确选定平台位置和建设规模，避免由于对地下油藏认识不清或推断错误而造成损失。20 世纪 60 年代开始，海上油田的采油量已达到世界总采油量的 20%左右。形成了整套的海上开采和集输的专用设备和技术。平台的建设已经可以抗风、浪、冰流及地震等各种灾害，油、气田开采的水深已经超过 200 米。

当今世界上还有不少地区尚未勘探或充分勘探，深部地层及海洋深水部分的油气勘探刚刚开始不久，还会发现更多的油气藏，已开发的油气藏中应用提高石油采收率技术可以开采出的原油数量也是相当大的；这些都预示着油、气开采的科学技术将会有更大的发展。

19 世纪 90 年代，石油对于美国经济而言并不重要。早在内战时期(1861—1865 年)，美国就以煤电和水电为动力启动了它的工业化。到 1900 年，美国已是世界上最大的煤炭生产国。所以，在石油成为重要的能源之前，美国已经实现了工业化，也已在加勒比海地区和菲律宾建立了自己的势力范围。但是，从大约 1900 年起，主要能源开始从煤炭变成了石油。1900 年，煤炭占美国能源消耗的 3/4，但石油的崛起迅速改变了这种状况。世界上许多地方都发现了石油，但世界石油生产的绝大部分来自 15 个大油田，尤其是超大的波斯湾油田，其次是西伯利亚油田。

20 世纪初，美国实际上已经引领世界的石油生产。从在世界石油生产中所占的份额来看，美国第一，俄国次之，委内瑞拉第三。在石油生产领域，美国开发了大多数相关的技术。这些技术进步主要发生在得克萨斯州，因为世界上最具生产能力的油田就在该州的东南部。就石油生产来说，俄克拉何马和加利福尼亚在美国历史上也非常重要。加利福尼亚过去也产油，但现在已经所剩无几。从 20 世纪 70 年代开始，阿拉斯加成为美国主要的石油产地。另外，无论是用油罐还是用管道，石油都很容易运输。于是，美国人就很容易地把石油从产地运到位于东北部和大湖区的工业核心地带。从地理位置上讲，美国并不特别幸运，因为其石油产地远离工业和人口中心。但这并不紧要，因为石油相对来说易于运输，也比较便宜，尤其是利用管道运输。

正是依靠石油，美国建设了自己的第二个全国运输体系。要想建立全国性的经济，就需要四通八达的运输基础设施。在19世纪初，美国建设了运河网，但它只覆盖了很小一部分国土。第一个全国性运输体系是铁路。但直到20世纪20年代，它还是以木材和煤炭为动力的，此后不久就过渡到用柴油做燃料。第二个全国运输系统是公路以及小汽车和卡车。这个运输系统的建成无疑促进了美国经济的进一步发展。

在美国建立以石油为核心的运输基础设施体系的时候，它同时也建立了世界上第一个以汽车为中心的经济。1912年，美国开始在装配线上大规模生产汽车，但真正成规模是在20世纪20年代，因为只有在20年代，汽车才便宜到一般家庭都可以拥有的程度。这对钢铁业、玻璃和橡胶业，以及一切与汽车和卡车有关的产业都具有非常重要的意义，也产生了非常深远的影响。可以说，20年代以后的美国工业化是建立在从得克萨斯到底特律的这条轴心线上的。大家知道，底特律是美国汽车工业的中心。所以，美国经济的轴心线是从石油工业的中心到汽车工业的中心。从20世纪20年代到60年代，这是美国经济成长的关键时期，而这一时期的成长显而易见是以廉价的石油为基础的。总之，美国经济在20世纪的繁荣，在很大程度上是建立在石油以及围绕石油建立起来的基础设施和运输体系基础上的。在这个意义上，我们可以说，美国的经济繁荣依靠的是石油提供的能源优势。

石油也可以直接应用于美国的军事发展，就像煤炭直接用于英国的军事一样。美国迅速利用了石油的潜在优势，创建了自己的新型军事机器。这种变化可以分为两个阶段。第一阶段就是打造以石油为动力的海军。对海军舰船来说，石油比煤拥有更多优势，因为单位重量的石油蕴藏的能量更多。它可以推动舰船在不用补给燃料的情况下扩大活动范围，同时还减少了船上必须携带的人员数量，因为石油可以用压力注入发动机，而煤需要人用铲子填进锅炉。实际上，虽然英国没有发现石油，但英国早在1912年就成为第一个吃螃蟹的国家，皇家海军率先在舰艇上使用了石油。不过，美国很快就赶了上来。第二阶段是美国在1942年建立了自己的军事和工业复合体。在1941年12月日本偷袭珍珠港时，美国的军事力量非常弱小。但在1942年，美国建成了巨大的军事机器，其核心是在加利福尼亚、西雅图、弗吉尼亚以及底特律等地建立了海军造船厂。底特律还制造了数以万计的卡车、坦克和飞机。在短短的几个月内，所有的汽车厂都摇身一变转产军事设备。这是一个非常了不起的成就，其核心是创建了一个完全以石油为燃料的军事机器和包括空中力量、海上力量和陆上的机动性等三方面内容的先进军事体系。显然，这是一个能源密集的军事体系，它让美国在第二次世界大战中变得高效而强大。

日本和德国难以做到这一点，因为它们都缺乏必不可少的石油。日本之所以选择在 1941 年袭击美国，一个原因是出于对 30 年代的石油地缘政治的思考和判断。日本在中国陷入苦战的一个瓶颈就是，它没有足够的石油维持它的空军、坦克和海军的正常运转。其海军一部分是石油驱动，一部分是燃煤驱动，而空军则完全依赖石油燃料。日本的石油进口大部分来自加利福尼亚。所以，如果日本想实现在东亚建立帝国的梦想，就必须有稳定可靠的石油供应。日本在中国打仗越多，美国就反对得越厉害。为了反制日本的侵略，美国曾威胁要卡断日本的石油供应，而且在 1940 和 1941 年也确实采取了行动。日本受此刺激要大赌一把，袭击荷兰东印度，以满足其石油需求。日本也很明白，如果要征服和占领荷兰东印度，就一定会和美国开战。于是，日本就先发制人，偷袭了美国。在整个第二次世界大战期间，同盟国享有极大的优势，独享来自美国的源源不断的石油供应，而轴心国自己缺乏石油，不得不设法征服其他石油产地。抢夺能源是二战态势发展的一个很重要的原因。

1945 年以后，石油仍然是工业化经济和现代军事发展的关键。美国仍然享有非常有利的地缘政治优势，因为它自己拥有强大的石油生产能力，也因为在 40 年代后期美国与世界上最大的能源供应基地波斯湾的统治者达成了利用石油的共识。但是，到了 20 世纪 60 年代中期，情况发生了很大变化。美国变成了石油净进口国，起初主要从委内瑞拉进口，后来主要从波斯湾进口。与此同时，美国经济对石油更加依赖，美国军事依然完全依赖石油。对美国来说，石油不再是一个优势，而是变成了脆弱性的表现。如果国际石油贸易中断了，美国的军事机器就会完全瘫痪，民用经济也会承受非常严重的损失。例如，如果没有汽油，美国农民使用的农用机械就不能运转，农民就不能收获自己的庄稼。用美国前总统乔治·W.布什的话说，“美国人对使用石油已经上瘾了”。其实，这种倾向早就已经开始了。

从 60 年代中期开始，美国发现自己处在一个非常脆弱的位置上，而这种脆弱性在一定程度上左右着美国对外政策的制订。这就是为什么美国要在它的外交政策中小心翼翼地维持一种平衡的原因。美国不但竭力不去冒犯那些强大的石油生产商，而且还要进一步确保自己在强大的石油生产商中拥有可靠的支持者。20 世纪

50年代初，为了把伊朗变成美国的盟国，美国在伊朗扶植了一个亲美国的统治者。但在1979年伊朗革命后，美国不得不转向其他国家。其实美国早已介入了沙特王国，尤其是在1979年后，美国介入得更深，因为它别无选择。美国在1991年发动海湾战争的一个重要原因是，希望确保科威特和沙特能继续向世界市场顺利供应石油。这不但对美国，也对它的欧洲盟国和日本都是至关重要的，从这一点上也可以看出为什么这些国家愿意为战争提供人力和金钱支持。2003年发动伊拉克战争的一个原因（并非唯一原因）是，美国感觉沙特似乎不再可靠。如果美国能在伊拉克扶植一个可靠的盟友，那么从中东获得石油将是非常安全的。这些事例说明，美国的外交政策实际上受制于它现在的石油供应的脆弱性。

在以石油为基础的经济和地缘政治发生问题的时候，美国为什么不能及时对能源进行更新换代呢？美国遇到了和英国同样的问题。美国对以石油为中心的经济投入很多，在石油基础设施上出现了技术闭锁，这就让美国很难转向下一个新的能源体（Energy Regime）。美国拥有世界上最好的石油技术，仍有动力要求把石油作为世界主要燃料来使用。现在美国确实需要转向使用新能源，需要改变把资金投向石油工业的模式，但是如果谁在这时提出这个建议，他在政治上会得不到承认。因此，这种转向现在肯定不会在美国发生。但从长远来看，如果美国追求的是自己的战略经济利益，就必须把投资从旧能源迅速转向新能源。

三、新能源的开发如何改变世界政治

20世纪能源科学技术的发展使人类社会发生了翻天覆地的变化。20世纪前，人类就已掌握了使用煤、石油、水力能、太阳能和生物质能的基本技术；在20世纪中，进一步在电力、石油、天然气、煤炭、核能、水能、大规模电力系统、高效燃烧技术、风能、潮汐能、太阳能利用技术等方面取得重大进展。进入20世纪，科学对生产和技术的指导作用越来越明显，这一情况集中体现在人类史上最具威力的能源之上——原子能。

（一）新能源的兴起

1905年，20世纪最伟大的科学天才爱因斯坦在他26岁时创立了狭义相对论，提出了不同于经典物理学的崭新的时空观和质（m）能（E）关系式 $E=mc^2$（此处光速 $c=3\times10^8$ 米/秒），在理论上为原子能的应用开辟了道路。

关于 $E=mc^2$，即物体贮藏的能量等于该物体的质量乘以光速的平方，这个数量大到令人难以想象的程度。我们不妨打个比方，1 克物质全部转化成的能量，相当于常规状态下燃烧 36 000 吨煤所释放的全部热能；或者说，1 克质量相当于 2 500 万度的电能。

1915 年，爱因斯坦又创立了广义相对论，深刻揭示了时间、空间和物质、运动之间的内在联系——空间和时间是随着物质分布和运动速度的变化而变化的。它已经成为现代物理学的基础理论之一。

从 1923 年开始，爱因斯坦用他的后半生致力于统一场论的探索，企图建立一个既包括引力场又包括电磁场的统一场理论，虽然他没有取得成功，但是杨振宁和米尔斯于 20 世纪 50 年代创立了“杨-米尔斯场方程”，发展了所谓“规范场”的理论，使爱因斯坦梦寐以求的统一场论可望在规范场的基础上得以实现。

1900 年，普朗克创立了量子论，提出能量并非无限可分、能量的变化是不连续的新观念。1905 年，爱因斯坦提出了光量子论，揭示了光的“波粒二象性”。1913 年，玻尔把量子化概念引进原子结构理论。1923 年，德布罗意提出物质波理论。1925 年，海森堡和薛定谔分别建立矩阵力学和波动力学。1928 年，26 岁的狄拉克提出电磁场中相对论性电子运动方程和最初形式的量子场论，使包括矩阵力学和波动力学在内的量子力学取得了重大的进展。

量子力学的建立，是继 1905—1915 年相对论建立之后对经典物理学的又一次革命性的突破，它成功地揭示了微观物质世界的基本规律，加速了原子物理学和固体物理学的发展，为核物理学和粒子物理学的诞生准备了理论基础，同时也促进了化学键理论和分子生物学等的产生。因此，量子力学可以说是 20 世纪最多产的科学理论，迄今仍具有强大的生命力。

随着射线的发现，用实验的方式研究原子的结构变为现实。其中，循踪被发射粒子的实验方法发现当被发射粒子和原子相撞时，粒子轨道的偏离程度有时远比预期的大，会产生原子力，而核动力就是基于这种简单的原子模型发展起来的。20 世纪初至今，铀浓缩技术、反应堆、商业发电技术、核武器技术成为原子能利用的四种主要方式。

铀是自然界中一种稀有化学元素，具有放射性。天然矿石中铀的三种同位素共生，其中作为核燃料的铀 235 的含量非常低，只有约 0.7%。为了能够最大限度地提取铀 235，铀浓缩技术随之产生。

1919 年，林德曼和阿斯顿已提出用离心法来分离同位素。1939 年，美国海军资助弗吉尼亚大学用离心分离法来浓缩铀。当曼哈顿计划形成时，对这种方法仍寄予很大的希望，甚至在1942年橡树岭厂址被选定后，对于究竟是建造离心分离工厂还是气体扩散工厂也还有疑虑。但是鉴于建造材料和可用技术方面的原因，这一技术被搁置。

1940年，美国国家标准局开始了对热扩散工艺的研究，目的是获得浓缩铀燃料，满足推进潜艇的动力反应堆之需，并在橡树岭建造了工厂，投入实际使用，该方法应当是最早用于实际使用的铀浓缩技术，但是由于耗费时间长，效率低，“二战”之后就被抛弃。

20世纪40年代初，美国在曼哈顿计划中最早使用了电磁同位素分离技术，以分离出武器级高浓度铀，用于原子弹的制造，但是由于其能耗巨大，相当于稍晚出现的气体扩散技术的十倍，因此，这种方法随即被放弃。

除此之外，浓缩铀提炼技术还包括化学分离法、等离子体分离法等，但迄今为止，只有气体扩散法和气体离心法达到了商业成熟程度。由于离心技术的能耗远低于气体扩散技术，因此目前的发展趋势是离心技术将逐渐取代气体扩散技术在市场上的地位。目前世界上在建的商业铀浓缩厂使用的均是离心技术。在不远的未来，气体扩散技术将从商业市场上完全消失。激光浓缩技术目前仍处于研究阶段，只是一种未来技术，距离商业应用还有一定距离。

（二）原子能如何成为政治力量

利用原子核裂变或聚变反应瞬时释放的巨大能量，产生爆炸作用，并具有大规模毁伤破坏效应的武器，主要包括裂变武器（第一代核武器，通常称为原子弹）和聚变武器（亦称为氢弹，分为两级及三级式）。核武器也叫核子武器或原子武器。

核武器的出现，是20世纪40年代前后科学技术重大发展的结果。1939年初，德国化学家发表了关于铀原子核裂变现象的论文。几个星期内，许多国家的科学家验证了这一发现，并进一步提出有可能创造这种裂变反应自持进行的条件，从而开辟了利用这一新能源为人类创造财富的广阔前景。但是，同历史上许多科学技术新发现一样，核能的开发也被首先用于军事目的，即制造威力巨大的原子弹。从1939年起，由于法西斯德国扩大侵略战争，欧洲许多国家开展科研工作日益困难。同年9月初，丹麦物理学家从理论上阐述了核裂变反应过程，并指出能引起这一反应的最好元素是同位素铀235。1940年夏，移居英国的法国物理学家J.F.约里奥-居里与以英国物理学家J.查德威克为首的科学家小组，赴美国参加由理论物理学家

J.R.奥本海默领导的原子弹研制工作。1939 年 8 月，爱因斯坦写信给罗斯福总统建议研制原子弹。他的建议当即得到美国政府的重视。1942 年 8 月，美国政府正式启动名为“曼哈顿工程”的核弹研制计划，动用了 60 万名工程技术人员，耗资 200 亿美元，经过历时 3 年的努力，终于在第二次世界大战结束前研制出了 3 枚原子弹。

美国是世界上第一个拥有核武器的国家，也是迄今为止唯一使用过核武器的国家。美国于 1945 年研制出的 3 枚原子弹分别被命名为“大男孩”“小男孩”和“胖子”。“大男孩”是一枚钚弹，重约 5 吨，当量为 1.9 万吨 TNT；“小男孩”是一枚铀弹，重 5 吨，当量为 1.4 万吨 TNT；“胖子”是一枚钚弹，重 4.54 吨，当量为 2 万吨 TNT。1945 年 8 月其中两颗分别投掷在日本的广岛和长崎，给这两座城市带来了空前惨烈的毁灭性灾难。1954 年 3 月 1 日，美国试爆了氢弹。1963 年，美国又宣布研制成功了中子弹。

在美国研制原子弹的同时，英国、法国和德国也在开展核弹的研制工作，但因这些国家受第二次世界大战的严重战争影响，而未能在第二次世界大战结束前完成原子弹的研制工作。

苏联物理学家赫廖罗夫和佩特扎克也发现了铀原子核的自发裂变现象。1941 年卫国战争爆发后，这一工作被迫中断。1943 年初，苏联的核武器研制工作得到了全面的恢复。1945 年第二次世界大战结束时，苏联也基本上掌握了原子弹的研制和生产技术。1946 年苏联拨款 50 亿卢布用于核武器的研究工作，并建立了第一座原子能反应堆。1949 年 8 月，苏联在阿拉尔海附近的哈萨克试验场爆炸了第一颗试验性原子装置，从而打破了美国的核垄断地位。1953 年 8 月，苏联又进行了以固态氘化锂-6 为热核燃料的第一颗氢弹试验。1952 年 5 月 15 日，英国在澳大利亚蒙特贝洛岛进行了首次原子弹试验。1957 年 5 月 15 日，在太平洋圣诞岛进行的首次热核试验则表明英国也掌握了氢弹的生产技术。

法国在核武器研制方面也不甘落后，继 1960 年 2 月试爆了第一枚原子弹后，1968 年 8 月又试爆了第一枚氢弹。其后又进行了中子弹的试验。

为了打破世界大国的核垄断，1964 年 10 月 16 日，我国在罗布泊成功地爆炸了第一枚原子弹，同时我国政府明确宣布中国研制核武器完全是出于自卫，并公开承诺中国不首先使用核武器，不对无核国家使用核武器，最终目标是全面销毁核武器。随后，我国又进行了数次核试验。1967 年 6 月 17 日，我国的第一颗氢弹爆炸成功。1969 年 9 月 23 日，中国首次进行地下核试验爆炸和坑道自封闭技术试验获得成功。这是中国首次进行的地下核试验。1978 年 10 月 14 日，中国首次竖井核爆炸试验成功。中国所进行的各次核试验都是在周密的安全防护下进行的,没有造成任何放射性伤害。1996 年 7 月 30 日,中国政府宣布从当日起,中国开始暂停核试验。同年 9 月 24 日,中国等 16 个国家在纽约联合国总部首批签署了全面禁止核试验条约。

为了获得强大的核威慑力量,不少国家投入了大量人力、物力和财力进行核武器的研制工作,其中更直接地投入则是为了研制核武器而进行的各种类型的核试验。对于非核国家或核武器技术不够先进的国家来说,核试验往往是检验其核武器成功与否的必要途径。

核武器的问世对战后国际关系的影响是极为深远的,它加剧了美苏之间的紧张关系,成为冷战起源的一个重要因素。美苏在加紧进行核军备竞赛、争夺战略优势的同时,双方也展开了旷日持久的核军备控制谈判,以防止核战争的发生。既激烈争夺又谋求谈判,构成了东西方冷战的显著特征。

(三) 能源的地缘政治

现代能源地缘政治将能源与地缘政治争夺紧密联系在一起进行研究,被称为能源地缘政治学。在能源地缘政治学中,"世界能源心脏地带"是一个非常重要的概念,包括世界能源供应心脏地带和世界能源消费心脏地带。其中,在世界能源地缘政治版图上,形成一个从北非马格里布到波斯湾、里海、俄罗斯西伯利亚和远东地区的大型区域。这个区域油气资源极其丰富,被称为世界能源供应心脏地带。

世界能源需求主要来自"能源供应心脏地带"的外围区域,分为两个地带:其一为"内需求月型地带",包括东亚、东南亚、南亚和欧洲大陆;其二为"外需求地带",主要包括北美、撒哈拉以南非洲和南太平洋等地区。

中东、中亚—俄罗斯、亚太、非洲以及拉美等五个地区是世界主要地区能源地缘。中东地区地理位置十分优越,石油资源极为丰富且油层埋藏深度适中,生产成本低。该地区内部地缘政治因素复杂,存在潜在的地缘危机:一是美国对伊朗的经济制裁或军事打击以及伊朗对美国的间接报复;二是由来已久的宗教、种族冲突引发的大规模武装冲突乃至战争。世界上主要大国都高度重视中东地区,加强了在这一地区的能源地缘政治博弈。其中,美国推进大中东"颜色革命",试图推翻反美政权;保持适当军事存在,威慑伊朗等国,确保油气供应和通道安全;谨慎推进阿以和解,确保以色列利益。俄罗斯加强与伊朗等国合作;巩固与土耳其能源合作关系;与美国在战略上进行博弈。欧盟强化了与中东地区油气合作,确保安全稳定供应;军事上加强部署,确保通道安全。日本以援助换石油供应,瞅准美沙分歧,获得能源利益;顶住美国压力,继续与伊朗合作。印度不顾美国压力,与伊朗开展全面合作;加大能源贸易,建设能源输送网和能源港。

四、电能成为最重要的终端能源

19 世纪至今,科学最重要的特征是它比任何时代都更鲜明地证明科学对生产的重要推动作用,即科学技术是第一生产力的著名论断。有机化学理论的创立,使得 19 世纪建立了以煤焦油的利用为核心的有机化工;无机化学的发展,使化学基础工业出现了蓬勃的生机。热力学的成熟使蒸汽机日益完善并促成了内燃机的诞生。电磁学理论的建立,大大推动了电力技术的发展,从而形成了发电工业、电机工业、电灯、电话、电报等一系列电气产业。电气化时代的到来使整个工业和人类的社会生活发生了广泛而深刻的变化,而这些变化又由于电科学的继续发展获得了不断完善和提高。

(一) 电学的兴起印证知识就是力量

1800 年以前,电的来源是使用玻璃圆筒或者玻璃板的摩擦起电机。人们借助这样的装置做了许多工作,特别是在电化学方面和创立静电学的一种基本理论方面。

17 世纪初,吉尔伯特对静电现象的观察与研究虽然引起了人们对静电现象的关注,但他只是提出了问题,并未能开拓近代电学发展的道路。从 17 世纪初到 18 世纪末的近两个世纪之内,近代电学的发展是比较缓慢的。

1731 年格雷发表了静电传输实验报告,1734 年杜菲在格雷实验的基础上发现了同电相斥异电相吸的原理。到了 18 世纪 40 年代初,人们对于静电知识便日益丰富起来,从格里凯起电机在 1660 年发明,经过 80 余年的积累和发展,早期静电学终于初具实验与理论基础。

普里斯特利是最早对电流的化学效应进行系统研究的人之一。但由于摩擦起电机产生的放电是难以控制的,因此,尽管在 18 世纪末以前,这一直是人类唯一可以得到的电能源,并在实验室里得到了广泛的应用,但是仍然不能进行商业应用。

意大利生物学家伽伐尼通过不断的实验,不仅初步证实了“动物电”的存在,更重要的是,它导致了电流的最初发现,直接推动了电学的发展,特别是导致了电化学的诞生,而伏特即是电化学的伟大开拓者。

亚历山德罗·伏特是18世纪末19世纪初杰出的实验电学家之一,1762年起,17岁的他就开始致力于电学研究。1775年,他在格里凯起电机的基础上,发明了一种新的起电盘,并通过不断的实验,使用不同的金属串联起来,形成了一种能够得到持续而稳定电流的新电源,即"伏打电池"或者"伏打电堆"。

1820年4月,奥斯特在课堂上偶然发现了通电导线使磁针偏转的现象。奥斯特的发现震动了整个欧洲的科学界。法国科学院院士安培在此基础上继续实验,提出了著名的安培力公式与安培定律,并将电磁学纳入牛顿力学的框架,把电流的相互作用叫做电动力,把1820至1827年间提出的理论叫电动力学。

在安培等人探索用磁感应出电途径的道路上,时任英国皇家研究院实验室主任的法拉第经过十多年的努力,于1831年获得重大突破,发现了电磁感应现象。1851年,他对电流的磁感应定律作了较完善的表述:形成电流的力量正比于切割的磁力线数,并创造了电力线和磁力线的新概念。

电磁学在19世纪得到了显著的发展,逐渐构成了完善的体系。已经确立了库仑定律、高斯定律、安培定律、法拉第定律,提出了场和力线的概念。在理论上,1828年格林提出了势的概念,对电磁学的数学理论作出重大贡献;1845年诺依曼借助于势的理论,导出了电磁感应定律的数学形式。1846年韦伯指出,两个电荷之间的作用力不仅取决于它们之间的距离,而且还与它们的相对速度和相对加速度有关。1847—1853年,汤姆逊提出了铁磁质内磁场强度和磁感应强度的定义,导出了磁能密度和载流导线的磁能公式。这一切为英国物理学家麦克斯韦电磁场理论的创立准备了必要的条件。1861年,麦克斯韦在对感应电动势作深入分析时,意识到变化的磁场会在空间激发出"涡旋电场"。这一年的年底他提出了另一个十分重要的假定,即"位移电流"的概念。这两条假定成为麦克斯韦创造新理论的核心和基石。1864年,麦克斯韦在皇家学会宣读了著名的论文《电磁场的动力理论》。

电磁场理论始于法拉第,最终由麦克斯韦完成。它是第一个场论,成为狭义相对论和现代场论的先导,是科学认识上的一次重大变革。麦克斯韦将经典物理学理论推到高峰。自戴维之后,电化学取得了迅速的进步,而实验电学即以电化学和由法拉第等人开创的电磁学为双翼,旋即高高地飞腾起来。

(二)电力推动第二次工业革命出现

在1831年法拉第宣布他发现了电磁感应现象后,皮克西于1832年在巴黎公开展出了第一台手摇驱动的、由磁铁和线圈组成的永磁发电机。以商业规模制造这些早期发电机的是法国人克拉克。1834 年他制造了能按照用户的要求来改变输出电压的发电机，其电压高于一般电池组。早期的这类发电机都是手摇驱动的，因此，在医疗等方面比较实用。从 1843 年起，莱比锡的施特尔制造了一系列改进型的发电机。如改变磁铁形状和数量等。1841 年已出现了用蒸汽推动的发电机，可以连续工作，为其他用电器提供电力。1856 年，霍姆斯发明了一种多极发电机。发电机 5 尺见方，重 2 吨，用蒸汽推动，每分钟 600 转，发电功率 1.5 kW。一家灯具厂买走了这台发电机，使它成为第一台商用发电机。1862 年，霍姆斯又制成了功率为 2 kW 的发电机。

1863 年，英国的威尔德发明了磁电激磁式发电机，他使发电机的研制进入了一个新阶段。1870 年，巴黎的格拉姆制成了环形电枢的直流发电机，电枢用软铁做铁芯，并用沥青绝缘以防止涡流。这项成就取得很大成功，广泛地用于灯塔和工厂供电。1872 年，德国的阿尔特涅克发明了鼓式电枢，到 19 世纪 70 年代，电机已具备了近代电机的基本结构。

1888 年，南斯拉夫科学家尼古拉·特斯拉成功地发明了交流发电机和传输系统。1888 年 5 月 16 日，一直默默无闻的特斯拉被邀请到美国电气工程师协会做演讲。演讲的题目是“交流电动机和变压器的新系统”(A New System of Alternate Current Motor and Transformers)，他还结合演讲展示了两台小型交流电动机。这场演讲让特斯拉在科学界一举成名。

由于电机技术日趋成熟，加上早期的电力照明的需求，人们开始考虑用工业方法集中生产电力。最早兴建的是燃煤的火力发电厂，而后才有水力发电站产生。

1875 年，巴黎建成北火车站电厂，这是世界上第一个发电厂，生产的电力专供弧光灯照明。1881 年，美国在威斯康星州建成了爱迪生发电厂，其功率只能为 250 盏电灯供电。1882 年，在纽约市建成了爱迪生珍珠街电厂，共有 6 台直流发电机，总功率达到 600 kW。

交流发电厂建成稍晚，1886 年在美国建成的第一座交流发电厂，输出功率仅有 6 kW。但到 1890 年，在德国出现了较大规模的交流发电厂，使用 2 台 1 250 马力的柴油机拖动发电机发电，工作电压为 5 000 伏，还有 4 台更大的交流发电机，分别由 10 000 马力的蒸汽机拖动，工作电压高达 10 000 伏。19 世纪 90 年代以后才出现三相交流发电厂。

从一开始，世界上的工业先进国家就十分注意开发水力发电厂。因为水电站的发电成本低，还可以综合开发利用水资源。1882 年，爱迪生在威斯康星州创建了第一座水电站。同年德国也建成了一座功率 1.5 kW 的水电站。上述水电站均是试验性的小水电站。较大型的水电站产生于 19 世纪 90 年代，例如 1892 年美国建成的尼亚加拉水电站，共安装了 11 台 4 000 kW 的水电轮发电机。到 20 世纪，水电站得到了巨大的发展。

电能的出现是现代科学工业新纪元的开端。相对于第一次工业革命，以电气科技的发展为主要特点的第二次工业革命，给大多数西欧和美国居民的生活带来了更加直接和有益的影响。劳动力因为电力和机械的广泛应用而从笨重的劳动中解脱出来，日落而息的起居制度因廉价的人工电力照明而终结，科技的新发展给人们的生活带来多样化的同时也带来了实用。

（三）电能帮助美国实现强国梦

电能技术的进步主要在 19 世纪与 20 世纪之交，这恰巧是现代陆空运输开始、重型电器行业突飞猛进、商业发报机开始发展，以及新的机械电力机迅速取代统治一个世纪之久的往复式蒸汽发动机的时候。尽管这些进展还没有对当时社会产生重大影响，但它们的技术基础已经在这一时期得到牢固确立。电力科技的出现及发展可以说是 19 世纪最有影响力的技术革命。一方面，电机技术的发展为人类提供了一种高级能源，即电能。另一方面，电力技术又带动了一系列用电技术的发展，例如电灯、电话和电报，从而出现了一系列新材料和新加工方法，形成了庞大的电气工业技术体系。这一切为 19 世纪末和 20 世纪人类进入电气时代奠定了基础。在这场科技竞争中，美国人走在了前列，成为世界级的强国。

在美国，最早同电气照明有关的人士之一是布拉什。他在 1878 年就能供应直流发电机和弧光灯了。1845 年，美国人斯塔研制出两种供幻灯机使用的电灯。真正实用化的白炽灯是美国发明家爱迪生发明的，他使人类跨入了电灯的时代。1878 年，他通过对弧光灯的分析认识到白炽灯必须采用低压并联运行，以确保使用者的安全。由于采用并联电路电灯的电流相对较小，就要求灯丝具有高电阻。他从 1 600 种材料中选出炭化棉丝作为灯丝。1879 年，他完成了白炽灯的发明，当时电灯的寿命只有 45 小时，他还设计了灯座、室内布线、地下电缆系统等成套设备。到 1880 年末，这种电灯大约售出了 80 000 盏。从 1885 年到 19 世纪末，白炽电灯的制造技术一直在稳步发展，而且最初很高的生产成本也逐渐降了下来。1898 年，煤气灯白炽罩的发明者韦尔斯巴克成功地发明了铁丝电灯。接着在 1905 年出现了钽灯丝，几年后又出现了钨灯丝，这就是今天常用的钨丝白炽灯。

20 世纪电力取代蒸汽动力而成为工业发展最重要的动力。爱迪生开创了一个时代，在这个时代里，电力逐渐取代蒸汽动力，成为经济发展的新能源，给美国的经济发展带来了强劲的动力。由电力使用引发的一系列技术革命，被称为“第二次工业革命”。

在这一时期，一些发达资本主义国家的工业总产值超过了农业总产值，工业重心由轻纺工业转为重工业，出现了电气、化学、石油等新兴工业部门。

以电为能源的产品迅速被发明出来，如电灯、电车、电报、电话以及电焊技术等。电的广泛使用，造成对电力的需求大增。于是有了法国人马·德普勒关于远距离送电技术的发明，美国发明家爱迪生建成了第一座火力发电站，将输电线路结成了网络。

以爱迪生为代表的美国众多发明家们的发明，改变了人们的生活，并成为创造财富的源泉。而依靠强大的科技实力，美国在 19 世纪末迅速赶上并超过了在此前两个世纪里一直走在前面的欧洲强国。

1894 年，美国的工业总产值跃居世界之首，成为世界第一经济强国。这一年，距离这个新国家的诞生仅仅 118 年，距离这片新大陆被发现也只有 400 年。400 年来，它从欧洲汲取营养，发展自己；118 年来，它创造了自己的发展模式，这种模式正是以科技进步为第一驱动力的经济发展模式。

阅读材料：中国早期电力工业的发展

开埠以前的上海，居民的照明用品，在室内是油灯，所用之油主要为豆油或菜油，在室外，有钱人家行路用灯笼，内燃蜡烛。一般居民、客商行路则在黑暗中摸索。个别繁盛之处设有“天灯”，但所照范围极为有限，故入夜以后便漆黑一片。西人寓沪以后，始用火油灯。用火油灯照明，较之豆油灯，不但价廉，而且光亮，一盏火油灯可相当于四五盏豆油灯。租界辟设之初，西人燃点街灯的燃料也是火油，街灯远近疏密相间，“悉以六角玻璃为之，遥望之灿若明星”。

1864 年 3 月，上海第一家煤气公司“大英自来火房”(Shanghai Gas Co., Ltd.)开张，厂址初设汉口路，后迁新闸路。上海照明设施进入一个新的阶段，这就是煤气阶段。英美租界其他主要街道陆续装上煤气灯。外滩南京路一带率先使用煤气灯照明，因其管道从地下接气送出，时称“自来火”和“地火”，但是私人用户仅 58 家，但用于“燃点街灯”公用照明十分普遍。租界普遍点上煤气灯，这给上海城市面貌带来很大变化。入夜以后，火树银花，光同白昼，上海成了名副其实的不夜城。19 世纪 70 年代，上海人评沪北即租界十景，其中之一就是“夜市燃灯”。有人以诗咏此一景:“电火千枝铁管连,最宜舞馆与歌筵。紫明供奉今休羡,彻夜浑如不夜天。”随着时间的推移,上海城内居民也纷纷在城内设置街灯,随后又追逐文明发展的脚步,将煤气灯引入古老的上海城区。

1873 年的维也纳万国博览会上,展出了一台用瓦斯原动机拖动的发电机,带动一台水泵运转,引起了参观者的极大兴趣。这是世界上电力开始在工业上应用的前奏。1879 年美国旧金山一个小型实验厂开始发电。上海是西方文明在中国最敏感的地区,当世界上最早的发电设备在英美诸国刚刚出现时,也立即引起了在上海的外国人使用电灯的兴趣。

率先试验弧光灯的是上海公共租界工部局电气工程师毕晓浦(J. D. Bishop)。1879 年 4 月 12 日,《北华捷报》的记者偶然闯进上海虹口乍浦路的仓库里采访时,发现毕晓浦正在进行弧光灯试验的准备工作。4 月 14 日,记者及时把这消息公布于众,引起社会的极大关注。5 月 28 日,毕晓浦以一台 10 马力(7.46 kW)蒸汽机为动力,带动西门子(Siemens)工厂生产的自激式直流发电机。当锅炉气压达到每平方英寸 30 磅(0.12 兆帕)时,打开蒸汽阀门,蒸汽机开始转动,随即弧光灯碳棒间出现火花,逐渐发出洁白的弧光。最原始的弧光灯试验获得成功。

三年后,1882 年,英国人立德(R. W. Little)买下南京路江西路口老同孚洋行的院落,招股集资 10 万银两成立上海电光公司(Shanghai Electric Company 也译为上海电气公司或上海申光电器公司)。该公司配置了一台每平方英寸 85 磅(0.59 兆帕)的卧管式锅炉、16 马力(11.94 kW)的单缸蒸汽机和可供 16 盏 2 000 支烛光(2 038 坎德拉)弧光灯照明的直流发电机,转速每分钟 800 转,电灯电压 100 伏特。锅炉补给水系统由于没有水源供给,装置了可存放 6 天用水量的储水箱。该公司在南京东路江西中路转角围墙内竖立了第一根电灯杆,沿外滩虹口招商局码头架设了 6.4 千米长的线路,连接着每盏亮度为 2 000 支烛光的 15 盏弧光灯。这 15 盏灯分布如下:美记钟表行(大马路 21 号,今南京东路)1 盏,礼查客寓(今浦江饭店)4 盏,外滩公园 3 盏,福利洋行(今南京东路四川路转角)1 盏,虹口招商局码头下游 4 盏,公司自用 2 盏。5 月 29 日(西历 7 月 14 日),该公司借法国国庆日这天晚上进行试灯,瞬时发出了炫目的灯光。6 月 12 日晚 7 时左右,电厂正式对外供电。夜幕下,15 盏灯一起发光,据说每盏电灯亮度“可抵烛炬二千条”。这是上海第一次亮起电灯,故人们对其赞叹不已,成千上万的市民,带着又惊又喜的心情聚集围观。第二天上海中外报纸都在显要位置报道了电灯发光的消息,产生了广泛的影响。报载,是晚天气晴和,各电灯点亮后,"其光明竟可夺目。美记钟表行止点一盏,而内外各物历历可睹,无异白昼。福利洋行亦然。礼查客寓中弹子台向来每台须点自来火四盏,今点一电灯而各台无不照到。凡有电灯之处,自来火灯光皆为所夺,作干红色。故自大马路至虹口招商局码头,观者来往如织,人数之多,与日前法界观看灯景有过之无不及也"。9 月 15 日,公司与工部局签订承包部分租界街头照明,在沿外滩装灯 10 盏,共计电灯费 1.5 万银两的合同。周日,上海俱乐部(今东风饭店)也用上了电灯。

这座电厂的建成,标志着中国电力工业从这里开始起步。它虽比英国伦敦霍而蓬(Holborn)电灯厂晚了 4 个月,比 1875 年世界上第一个使用弧光灯的法国巴黎北火车站电厂晚了 7 年,但比美国人爱迪生创立的纽约珍珠街(Pearl Street)电厂早 4 个月,比日本东京电灯公司早 5 年。

在上海电光公司创办 8 年后,1890 年华侨商人黄秉常亦试办广州电灯厂,成为中国民族资本第一家电灯公司,随后宁波(1901 年)、奉贤(1902 年)、汉口(1902 年)纷纷建立电力工业,11 年内迅速普及上海、北京、杭州等十几个通商口岸城市,1911 年总发电容量为 2.7 万多 kW(其中民族工业发电总容量达到 1.2 万 kW),大约为 1882 年外资发电容量 12 kW 的 2 000 多倍,到抗战前的 1936 年,全国发电容量为 128.5 万 kW,为 1911 年的 47.6 倍,年发电量 38 亿 kWh,在国内混乱的背景中,这种速度也是相当的快了。

(资料来源:陈宝云.上海公共租界电气事业产权变迁评析[J].兰州学刊,2012,10.)

五、中国如何实现能源强国梦

(一) 我国能源的特色

我国能源资源有如下特点:

第一,我国拥有比较丰富的能源资源,但是人均拥有量少,人均能耗远远低于世界平均水平。

第二,能源分布很不均衡。我国约 60.8%的煤炭探明储量集中在华北,70%的水能资源集中在西南,远离消费中心,数量庞大的石油和液化石油气使铁路运输不堪重负。能源资源、能源生产和经济布局不协调,北煤南运、西电东送、西气东输将是长期的格局。加快西部能源资源开发，实施西电东送、西气东输战略，是实现更大范围资源优化配置的客观要求。虽然“稳定东部，发展西部”取得了很大成效，但西北地区气候恶劣，地质情况复杂，生态环境脆弱，交通、通信基础设施落后，油气开发需要更多的技术和资金投入。

第三，以煤为主的能源结构面临严峻挑战。我国是世界上少数以煤炭为主要能源的国家，与世界能源结构相比，我国严重缺乏石油、天然气，石油和天然气储量的人均值分别仅为世界平均值的11%和4%，我国石油消费的增长速度大大高于石油生产的增长速度，石油供应前景严峻。自1993年起我国已成为石油的净进口国，而受到国力和外汇的限制，我国很难支持大规模的石油进口。在今后几十年内，我国能源需求的增长仍将主要靠煤炭来满足，而大幅度增加煤炭生产和利用将对环境和运输造成越来越大的压力。我国经济的快速发展迫切要求解决石油和天然气的缺口问题。

第四，能源利用率低，单位产值能耗高。中国的能源一方面很紧张，人均能耗低；另一方面，单位产值的能耗又很高，能耗利用率很低，造成能源的极大浪费。

第五，能源消费结构不合理，工业消耗能源占有较大比重。

第六，农村商业能源短缺。所谓商业能源，即商业贸易的能源，主导着能源的舞台。化石燃料石油、天然气和煤，大约占全世界商业性能源需要量的90%。商业能源不包括木材、泥煤和牲畜粪便。我国8.5亿农村居民70%的生活用能中主要依靠生物质能。薪柴消耗超过合理采伐量，造成大面积森林植被破坏，水土流失加剧。而大量秸秆不能还田，导致土壤有机质含量减少，地力下降。

（二）我国未来的能源战略

随着中国能源需求的持续上升，中国能源安全形势将更加严峻。为此，中国应重点加强以下能源建设。

1. 加强与世界各国合作共赢

要适当调整外交政策，既要坚持“韬光养晦”，更应注意“有所作为”，与美国继续建立新型大国关系，继续强调“不对抗、不冲突、互相尊重、合作共赢”理念；巩固与俄罗斯“准同盟”关系；加强与世界主要能源机构、国家的能源合作。

2. 不断推进能源科技创新

要坚持独立自主原则，集中力量推进复杂地质油气资源勘探开发技术、低品位油气资源高效开发技术、洁净煤技术、煤气化及加工转化技术、第三代大型压水堆核电技术、替代能源技术、可再生能源规模化技术、特高压输电技术、电网安全技术等关键技术的进步；要努力提升装备制造水平，包括煤炭综合采掘设备、大型煤化工成套设备、高效清洁发电装备、油气勘探开发钻采、运输设备等。同时要积极与发达国家及国际大型能源公司进行先进技术交流合作。国内能源公司既可以通过参与海外能源市场投资，也可以与国际先进的能源公司合作开发国内资源，从而消化、吸收并创新能源科技与技术。

3. 完善能源发展机制

我国能源结构以煤炭为主，科学有序地发展煤炭工业，高效、清洁、可持续地开发煤炭资源；通过重组、兼并，整合现有煤炭资源，改变长期存在的乱开乱采局面，优化产业结构；建立大型现代化的煤炭生产基地，加快高产、高效矿井建设，有序发展煤炭液化和气化产业，鼓励瓦斯抽采和利用；完善全国煤炭供销体系，建立煤炭市场体系，改革煤炭价格形成机制；建立石油和天然气储备体系，提高储备能力。

4. 发展多元化能源建设

要坚持油气并举，东部油田挖潜稳产，西部油田加快发展，积极拓展海上油田，确保石油产量稳步增长，新增消费主要依靠进口；大力发展天然气产业，加快天然气管网建设，积极拓展和扩大天然气进口渠道，从俄罗斯和中亚进口管道天然气，沿海地区进口液化天然气；要坚持能源多元发展，以大型高效环保机组为重点，优化火力发电，适度发展水电，积极发展核电、智能电网等；大力发展新能源和可再生能源，努力调整能源结构。

（三）如何实现能源强国

经过长期发展，我国已成为世界上最大的能源生产国和消费国，形成了煤炭、电力、石油、天然气、新能源、可再生能源全面发展的能源供给体系，技术装备水平明显提高，生产生活用能条件显著改善。尽管我国能源发展取得了巨大成绩，但也面临着能源需求压力巨大、能源供给制约较多、能源生产和消费对生态环境损害严重、能源技术水平总体落后等挑战。未来必须从国家发展和安全的战略高度，审时度势，借势而为，找到顺应能源大势之道。

能源强国，主要体现在未来能源生产和消费方面，我们要做到四点要求：

第一，推动能源消费革命，抑制不合理能源消费。坚决控制能源消费总量，有效落实节能优先方针，把节能贯穿于经济社会发展全过程和各领域，坚定调整产业结构，高度重视城镇化节能，树立勤俭节约的消费观，加快形成能源节约型社会。燃烧方面，通过甲醇重整，将水中的“氢”提取出来参与燃烧，火焰温度更高、燃烧效率更高。电力方面，甲醇重整制氢、氢通过“燃料电池”发电，整体效率达35%以上，目前技术水平下，综合效率已高于电力配送。

第二，推动能源供给革命，建立多元供应体系。立足国内多元供应保安全，大力推进煤炭清洁高效利用，着力发展非煤能源，形成煤、油、气、核、新能源、可再生能源多轮驱动的能源供应体系，同步加强能源输配网络和储备设施建设。

第三，推动能源技术革命，带动产业升级。立足我国国情，紧跟国际能源技术革命新趋势，以绿色低碳为方向，分类推动技术创新、产业创新、商业模式创新，并同其他领域高新技术紧密结合，把能源技术及其关联产业培育成带动我国产业升级的新增长点。

第四，推动能源体制革命，打通能源发展快车道。坚定不移推进改革，还原能源商品属性，构建有效竞争的市场结构和市场体系，形成主要由市场决定能源价格的机制，转变政府对能源的监管方式，建立健全能源法治体系。

思考题

1. 人类对自然动力的利用经历了哪些阶段？有哪些共同特征？
2. 未来真的会淘汰煤炭吗？
3. 分析蒸汽机技术进步与近代科学革命的关系。
4. 蒸汽机是如何改变世界的？
5. 工业革命的出现是不是由技术引起的？
6. 分析未来的新能源是怎样的。

参考文献与续读书目：

[1] 王鸿生.科学技术史[M].北京：中国人民大学出版社，2011.
[2] 辛格，霍姆亚德，霍尔，等.技术史(第二卷)[M].潜伟，译.上海：上海科技教育出版社，2004.
[3] 巴巴拉·弗里兹.煤的历史[M].时娜，译.北京：中信出版社，2005.
[4] 刘兵.新编科学技术史教程[M].北京：清华大学出版社，2011.
[5] 芬恩.热的简史[M].李乃信，译.上海：东方出版社，2009.
[6] 柏廷顿.化学简史[M].胡作玄，译.北京：商务印书馆，1979.
[7] Freese, Barbara: Coal: A Human History, Perseus Publishing, 2003.
[8] Smith, Duane A.: Mining America: The Industry and the Environment, 1800 - 1980, Lawrence, KS: University Press of Kansas, 1993.

第二章 能源布局——中国大战略

经过长期发展，我国已成为世界上最大的能源生产国和消费国，形成了煤炭、电力、石油、天然气、新能源、可再生能源全面发展的能源供给体系，技术装备水平明显提高，生产生活用能条件显著改善。

——习近平：《在中央财经领导小组第六次会议上的讲话》(2014 年 6 月 13 日)

一、为何能源受到世界各国的重视

能源是一个国家发展的命脉，获得能源是世界各国的重要任务。目前的国际政治格局形态与能源资源之间也存在着千丝万缕的关系。

(一) 能源与世界政治格局

世界能源走向很大程度上受到政治格局的左右，美国发生的页岩气革命深深影响着世界格局，导致原油价格断崖式下跌，冲击着世界石油市场，对于某些经济严重依赖原油、天然气的国家而言，冲击巨大。如，俄罗斯石油公司已经出现巨额财政赤字，一些俄罗斯天然气公司几近破产，委内瑞拉财政出现严重赤字，通货膨胀严重，出现暴乱抗议事件。

对于俄罗斯而言，其经济很大程度上依赖能源的出口，为寻求能源出口的多元化，2014 年俄罗斯与中国签订《中俄东线天然气合作项目备忘录》和《中俄东线供气购销合同》，根据双方约定，从 2018 年起，俄罗斯向中国输气量每年增长，最终实现年供应 380 亿立方米，累计 30 年①。由此可见，政治因素在国与国之间进行能源交易时扮演着重要的角色，甚至决定着最终协议的签订。

---

① 项连武.论中俄能源合作的影响[J].时代报告，2014(6)：161.

(二) 世界能源资源布局

能源资源之所以会引起世界各国的广泛关注,追本溯源,其根本在于世界各国能源资源在空间分布及储量、产量、开发及利用技术、消费量等方面的不均衡。能源的形成与地质、环境等因素有关,因此各类能源在世界各地的分布不均衡,且资源蕴藏量各有千秋。

1. 常规能源布局

(1) 煤炭

世界煤炭资源地区分布广泛且具有不平衡性。全世界拥有煤炭资源的国家约有 80 个。从资源分布来看主要集中于北半球,其中北半球北纬 30°—70°之间是世界上最主要的聚煤带,占世界煤炭资源量的 70%以上。

据 2018 版《BP 世界能源统计年鉴》数据显示,2017 年世界煤炭产量为 77.3 亿吨,中国占世界总产量的 45.6%,产量亿吨以上的国家有 10 个。全球煤炭产量由 6 个国家主导,分别是中国、印度、美国、澳大利亚、印度尼西亚、俄罗斯,即目前煤炭仍以欧洲及欧亚大陆、亚太地区、北美洲地区供应为主。

(2) 石油

原油的分布从总体上来看极端不平衡:从东西半球来看,约 3/4 的石油资源集中于东半球;从南北半球看,石油资源主要集中于北半球;从纬度分布看,主要集中在北纬 20°—40°和 50°—70°两个纬度带内。

2017 年中东的石油储量最高,中南美洲、北美洲次之;全球石油产量较上一年增加了 60 万桶/日,美国(69 万桶/日)和利比亚(44 万桶/日)增产最多,沙特阿拉伯(—45 万桶/日)和委内瑞拉(—28 万桶/日)减产最多。

世界石油储量级别排名

一流级别,2 000 亿桶级别,沙特和委内瑞拉。

二流级别,1 000 亿—2 000 亿桶级别,伊朗、伊拉克、北美地区。

三流级别,500 亿—1 000 亿桶,俄罗斯。

三流开外,500 亿桶以下,中国、中亚、中美洲、尼日利亚、巴西、利比亚等。

(3) 天然气

2016 年全球天然气产量为 3.55 万亿立方米,呈"二大、四小"分布格局,"二大"为欧洲及欧亚大陆和北美,"四小"为中东、亚太、非洲、中南美。世界天然气剩余探明可采储量也呈“二大、四小”分布格局，“二大”为中东和欧洲及欧亚大陆（以俄罗斯和中亚为主）；“四小”为亚太、非洲、北美和中南美。

2017 年全球天然气产量较上一年增加了 1 310 亿立方米，上升 4%。俄罗斯增长最多（460 亿立方米），其次是伊朗（210 亿立方米）。

2. 可再生能源布局

可再生能源的发展受制于自然条件、经济发展水平、各国政策的差异，在全球分布也是极为不平衡的。目前，全球可再生能源的开发和利用主要集中在发达国家和新兴工业国家，如德国一直是世界能源革命的领袖，但是由于法律限制，德国的能源改革主要是能源改造项目，用风能和太阳能替换核电和煤电。再如，世界各国对核电站的建设所持态度不一，尤其是日本福岛核电站事故发生后，引发了新一轮核电安全的讨论，这些因素都在一定程度上决定了世界可再生能源的分布与发展潜力。

（1）核能

在全球范围内已探明的铀资源十分丰富，同时铀矿资源潜力依然巨大。迄今为止，全球范围内已确定的主要铀成矿带约有 24 处：北美洲 4 处、南美洲 3 处、欧洲 2 处、非洲 3 处、亚洲 9 处、大洋洲 3 处；已查明的铀矿资源分布在 43 个国家，其中澳大利亚、哈萨克斯坦、俄罗斯、加拿大、尼日尔等国的铀资源量均在 10 万吨以上，合计超过世界铀资源量的 98%。中国铀矿资源不甚丰富，铀矿探明储量居世界第 10 位之后。

截至 2017 年上半年，世界各国的核电装机容量中，美国的核电占比最高，其次分别为法国、日本和中国。其中，中国核电总装机并网容量为 32.64 GW，占全球核电总装机容量的 8.32%①。

安全的核能利用可以归类于可再生能源，核电技术是一种成熟的低碳技术，近年来，国际上主要开展了第三代及第四代核电技术研究。第三代核电技术日趋成熟，在经济性与安全性方面有很大改进，并逐渐成为世界新建核电机组的主流。同时，为了更彻底地解决经济性、安全性、废物处理、防止核扩散以及提高燃料循环利用率等问题，世界范围内正在深入开展第四代核电技术研究。核能技术今后的发展趋势是提高安全水平和功率，以利于规模经济开发。

（2）水能

世界上水能分布不均。从各大洲水资源的分布来看，年径流量亚洲最多，其次

① 2017—2022 年中国铀资源行业发展调研及投资方法研究报告[OL].中国报告网.2017-05-08.

为南美洲、北美洲、非洲、欧洲、大洋洲。从人均径流量的角度看，全世界河流径流总量按人平均，每人约合 10 000 立方米；在各大洲中，大洋洲人均径流量最多，其次为南美洲、北美洲、非洲、欧洲、亚洲。据统计已探明可开发的水能，我国占第一位，其次为俄罗斯、巴西、美国、加拿大、扎伊尔。

世界上工业发达的国家，普遍重视水电的开发利用。有些发展中国家也大力开发水电，以加快经济发展的速度。世界上水能比较丰富，而煤、石油资源少的国家，如瑞士、瑞典，水电占全国电力工业的 60%以上；水、煤、石油资源都比较丰富的国家，如美国、加拿大，开发的水电已占可开发水能的 40%以上；水能少而煤炭资源丰富的国家，如德国、英国，对仅有的水能资源也尽量加以利用，开发程度很高，已开发的约占可开发的 80%；水、煤、石油资源都很贫乏的国家，如法国、意大利等，开发利用度更高，已超过 90%。委内瑞拉盛产石油，水电比重也占 50%。由此可见，许多国家发展电力工业，都优先发展水电。

（3）太阳能

地球上太阳能资源的分布与各地的纬度、海拔高度、地理状况和气候条件有关。就全球而言，美国西南部、非洲、澳大利亚、中国西藏、中东等地区的全年总辐射量或日照总时数最大，为世界太阳能资源最丰富地区；南北两极为贫乏区。

2016 年，全球光伏市场强劲增长，光伏装机总量超过 300 GW、新增装机量至少达 75 GW，其中中国新增装机量为 34.54 GW，美国为 14.7 GW，日本为 8.6 GW，欧洲约为 6 GW，印度为 4 GW。

（4）风能

地球上的风能资源十分丰富，根据相关资料统计，每年来自外层空间的辐射能为 1.5×10^{18} kWh，其中的 2.5%即 3.8×10^{16} kWh 的能量被大气吸收，产生大约 4.3×10^{12} kWh 的风能。据世界能源理事会估计，在地球 1.07×10^{8} km^2陆地面积中有 27%的地区年平均风速高于 5 m/s(距地面 10 米处)。风能资源受地形的影响较大，世界风能资源大多集中在沿海和开阔大陆的收缩地带，如美国的加利福尼亚州沿岸和北欧一些国家。

据统计，截至 2017 年，全球累计风电装机容量达 539.58 GW，新增装机 52.57 GW。世界各国的风电装机容量中，中国占比最高，累计装机容量达到 188 GW，新增装机容量 19.66 GW，其次分别为美国和德国①。

---

① 全球风能理事会. 全球风电报告 2017[R/OL]. 2018－04－25. https://gwec.net/members-area-market-intelligence/reports/.

综上可知，常规能源方面，世界煤炭供应仍以欧洲及欧亚大陆、亚太地区、北美洲地区为主；世界天然气和石油供应仍以中东地区供应为主。可再生能源方面，核能发展潜力巨大，但其安全性是各国发展核能的关键性问题；水电是各国优先发展的电力工业；太阳能、风能资源丰富，在技术不断成熟、环境高度约束条件下，市场可挖掘潜力巨大。

（三）世界能源资源消费

据最新数据显示：2017 年全球一次能源消费量增长了 2.2%，增速高于 2016 年的 1.2%，为自 2013 年以来的最快增长。除煤炭和水电外的所有燃料增速均高于历史平均水平，天然气是能源消费中最大的增量来源（8 300 万吨油当量），其次是可再生能源（6 900 万吨油当量）和石油（6 500 万吨油当量）。

世界能源消费结构仍以石油、煤炭消费为主，天然气、水电消费占比逐步提升，可再生能源消费占比随各国的重视及技术支持明显提升。

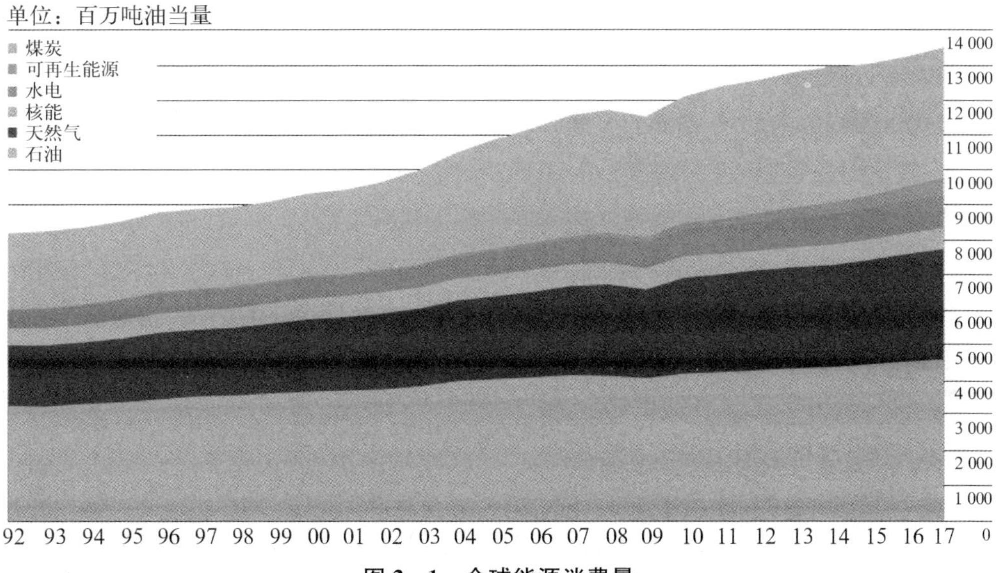

图 2-1　全球能源消费量

（引自：《BP 世界能源统计年鉴 2018》）

就能源消费空间布局来看，石油在非洲、欧洲和美洲仍然是主要燃料，而天然气则是俄罗斯、中东国家的主要燃料，都在各地区能源消费结构中占据超过一半的份额。煤炭是亚太地区的主要燃料。2017 年，煤炭在北美洲、欧洲、独联体国家以及非洲的一次能源中占比降至我们数据序列的最低水平。除亚太、中东及中南美洲以外，其他所有地区一次能源消费量增速均高于历史平均水平。天然气在一次能源消费中的占比逐步提升，其中消费量超过 1 000 亿立方米的国家有：美国（7 395 亿立方米）、俄罗斯（4 248 亿立方米）、中国（2 386 亿立方米）、伊朗（2 144 亿立方米）、日本（1 171 亿立方米）、加拿大（1 157 亿立方米）、沙特阿拉伯（1 114 亿立方米）。

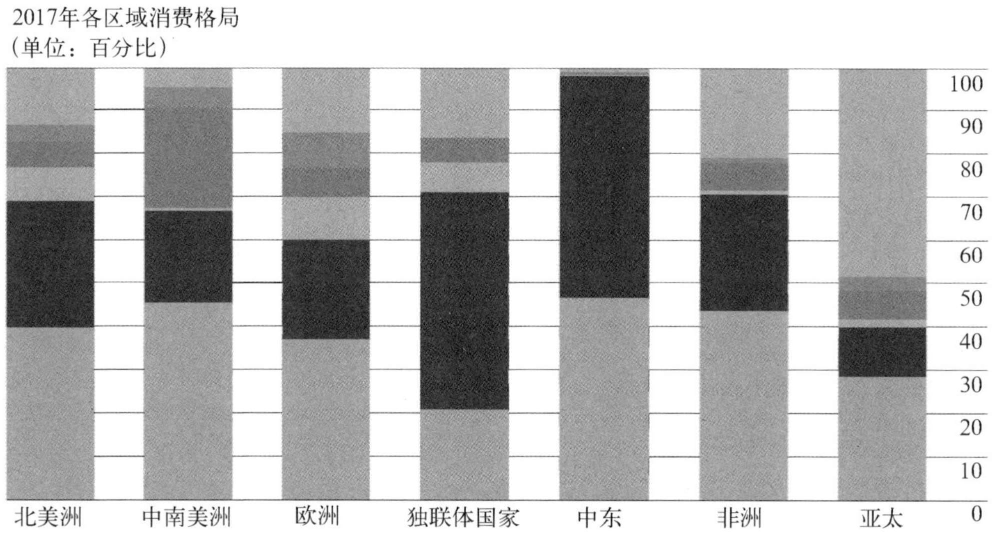

图 2－2　2017 年各区域消费格局

（引自：《BP 世界能源统计年鉴 2018》）

核能方面，相关数据显示，2016 年，全球核能消费量为 2 616.5 TWh，同比增长 1.6%。全球核能发电量增长 1.3%，中国已超越韩国成为第四大核能发电国；欧盟的核能发电量（－2.2%）跌至 1992 年以来的最低纪录。核能在全球一次能源消费中占比为 4.4%。

太阳能光伏方面，相关数据显示，2016 年，全球光伏发电消费量为 333.05 TWh，同比增长 30.0%。中国的新增和累计装机容量均为全球第一，成为全球最大太阳能发电国家。但就人均而言，仍不及德国、日本和美国。

风电方面，相关数据显示，2016 年，全球风电消费量为 959.5 TWh，同比增长 15.9%。中国的风电累计、新增装机容量均居全球第一（累计装机量约是第二名美国的两倍，新增装机量约是美国的四倍），是全球最大风力发电国家。

由此可见，世界各国能源资源消费格局与各国的经济社会发展水平密切相关，主要表现为发达经济体对传统能源消费需求的降低、对可再生清洁能源消费需求的提高，新兴经济体对各种能源的高需求、对可再生能源发展大力支持等。

据最新资料显示，随着高速增长的新兴经济体的日益繁荣，将推动全球能源需求的增长，但增长的幅度将被加速提升的能源效率所抵消。由此，预测至 2040 年，能源需求仅增加约三分之一。

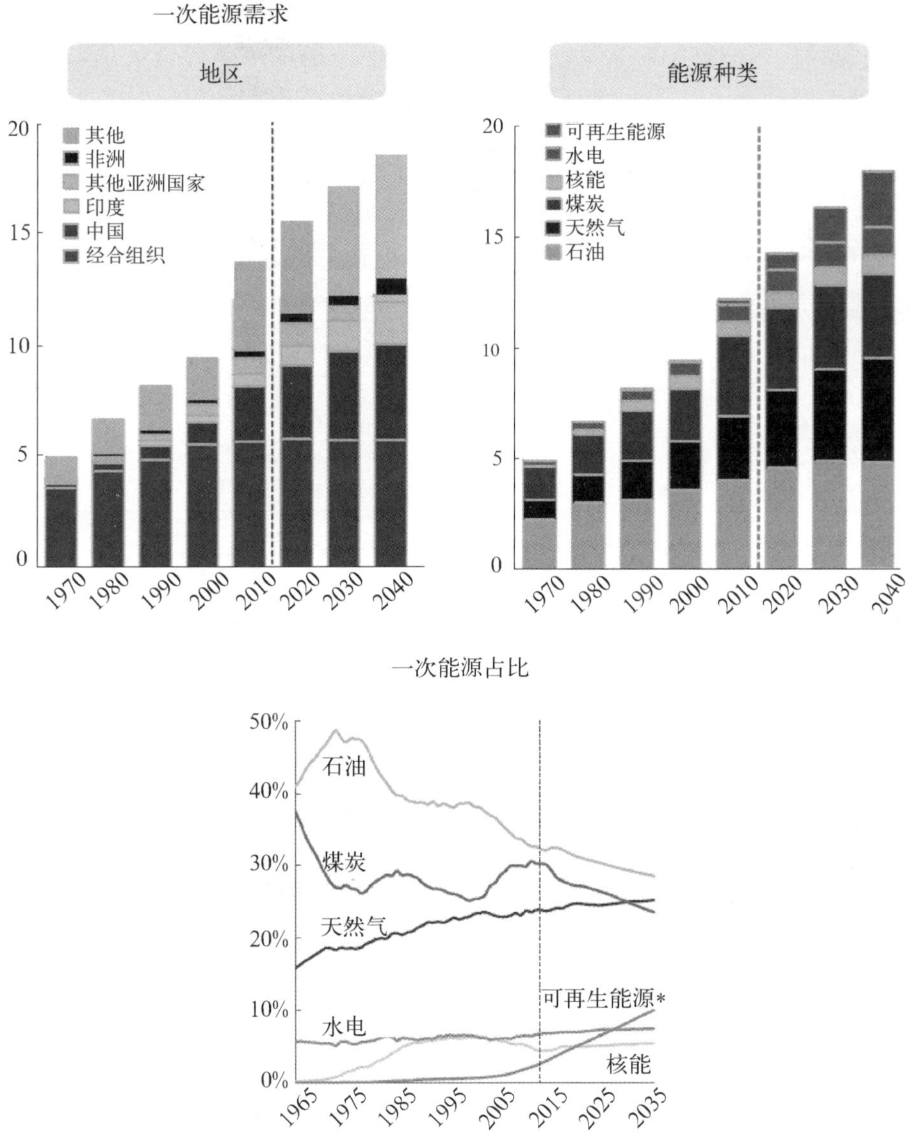

图 2-3 全球一次消费需求预测

（引自：《BP 世界能源统计年鉴 2018》）

从国家及地区能源消费来看，世界能源消费需求的全部增长将来自快速增长的发展中经济体，其中中国和印度占全球能源需求增长的一半。

从能源种类来看，可再生能源增长最快，占一次能源增长的40%；石油和其他液体燃料需求在展望期的大部分时间内保持增长，但增速逐渐降低，并在展望期的后期在高点达到平稳状态；天然气增长强劲，在基础广泛的需求和液化天然气的持续扩张支持下，天然气在全球的可获得性得以提升；煤炭增长停滞，伴随着中国煤炭需求下降，全球煤炭消费增长停滞。由此可见，2040年的能源结构将是有史以来最多元化的能源结构。

(四) 世界能源资源与消费中心时空交互

能源系统是从能源开采、能源生产到能源运输，再到终端消费或储备全过程的系统工程。能源在区域之间的运输促进了世界能源网络的形成，随着时间推移和各种外部因素的变化，能源空间格局也随着发生剧烈的变化。

1. 煤炭

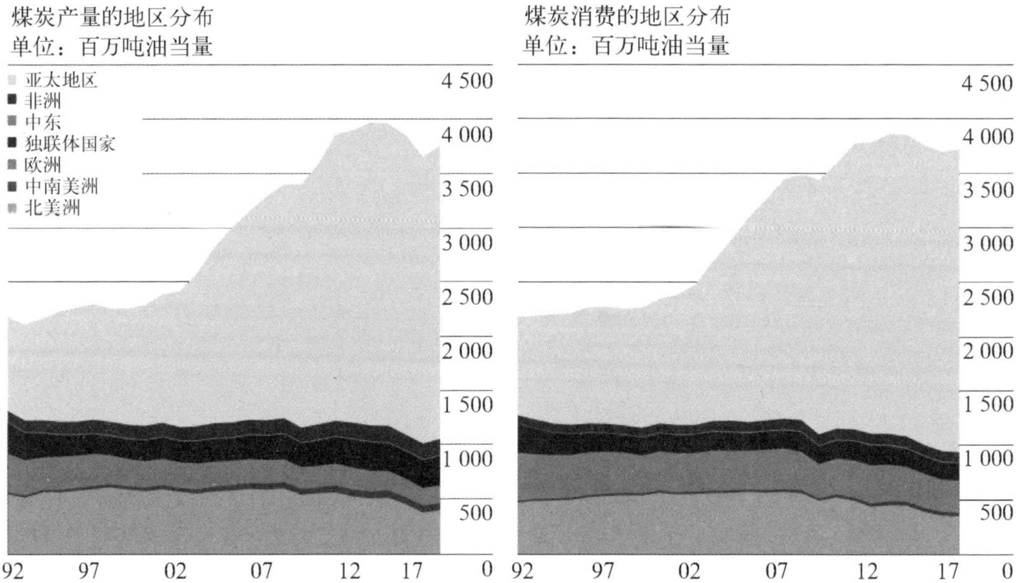

世界煤炭产量增长了3.2%(1.05亿吨油当量)，是自2011年以来最快增长。中国的产量增加了5 600万吨油当量，美国增加了2 300万吨油当量。全球煤炭消费增长了1%，或2 500万吨油当量，是自2013年以来的首次增长。增长主要来自印度（1 800万吨油当量）。中国的煤炭消费在经历了自2014到2016连续三年的下降后也有小幅增长（400万吨油当量）。经合组织国家的需求连续第四年下降（−400万吨油当量）。

图 2－4 全球煤炭产量及消费地区分布

(引自：《BP世界能源统计年鉴2018》)

全球煤炭产地及消费地皆集中于亚太地区，为一直以来全球煤炭消费增量需求的主要地区来源。中国作为全球煤炭消费大国，随着中国经济转型为可持续发展的增长模式、政府政策等促使从煤炭转向清洁低碳的燃料，中国煤炭消费预计将趋于平稳，全球煤炭消费需求将放缓。但在此背景下，中国仍将是世界上最大的煤炭市场，预计 2035 年仍将占全球煤炭消费量的 50%左右。

2. *石油*

在可预测时期内，石油仍是全球主导燃料。一直以来，世界石油产地持续以中东地区为主，世界石油消费地以亚太地区、欧洲和北美洲为主。2017 年，世界石油产量仅增长 60 万桶/日，连续第二年低于历史平均增速，中东和中南美洲的产量均有所下降，但这些减少被北美洲和非洲的增长所抵消。全球石油消费量平均增长 170 万桶/日，连续第三年高于十年平均值(110 万桶/日)，中国和美国是对石油消费量增长贡献最大的国家。

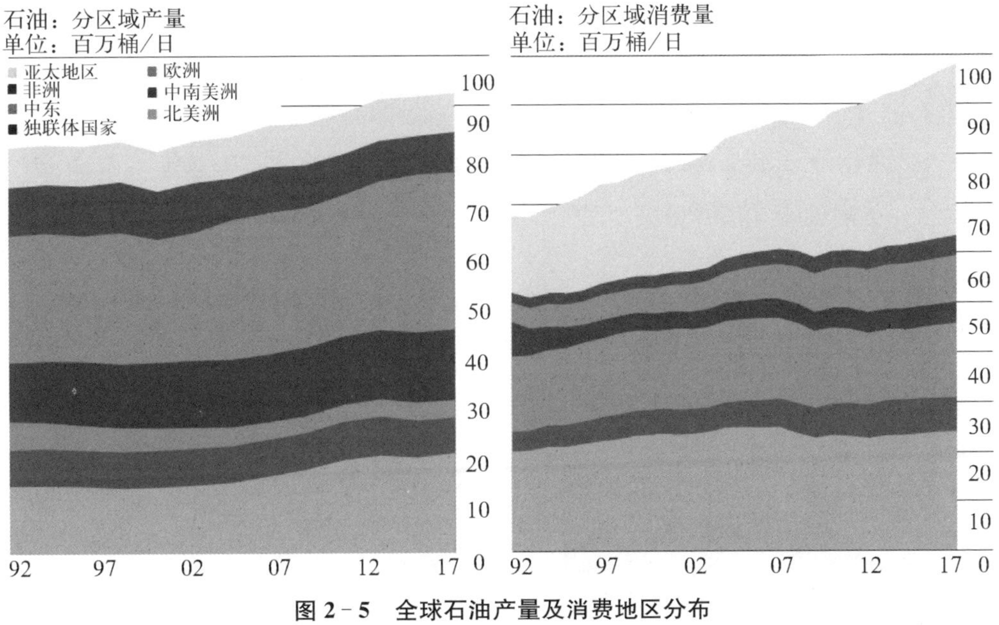

图 2-5　全球石油产量及消费地区分布

(引自：《BP 世界能源统计年鉴 2018》)

3. *天然气*

据相关数据显示，预计到 2035 年，天然气作为一次能源的份额将超过煤炭，成为第二大燃料来源。近年来，世界天然气产地和消费地以北美洲为主，中东地区和亚太地区的产量及消费量处于持续增长状态。

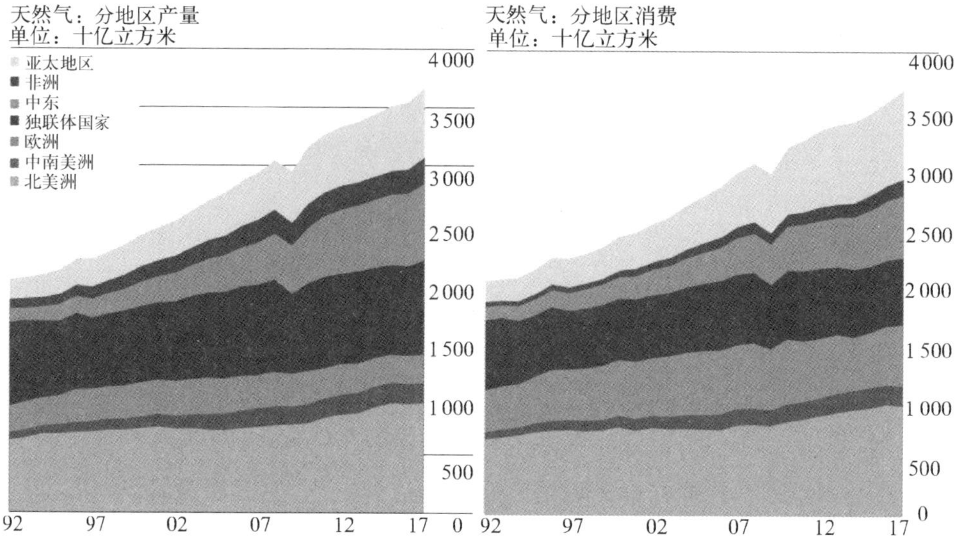

图 2-6　全球天然气产量及消费地区分布

（引自：《BP 世界能源统计年鉴 2018》）

2017 年，全球天然气产量增长了 4%（1 310 亿立方米），几乎是近十年平均增速（2.2%）的两倍。其中，俄罗斯增幅最大，其次是伊朗和澳大利亚。天然气消费量增加了 3%（960 亿立方米），为自 2010 年来最快增速。消费增长主要来自中国、中东和欧洲。美国天然气消费量减少了 1.2%（110 亿立方米）。

4. 可再生能源

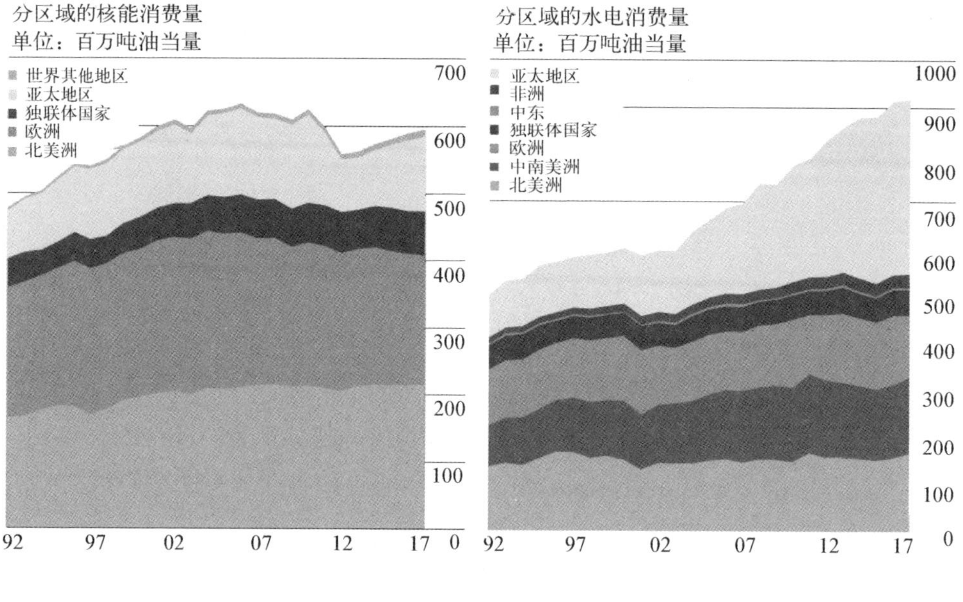

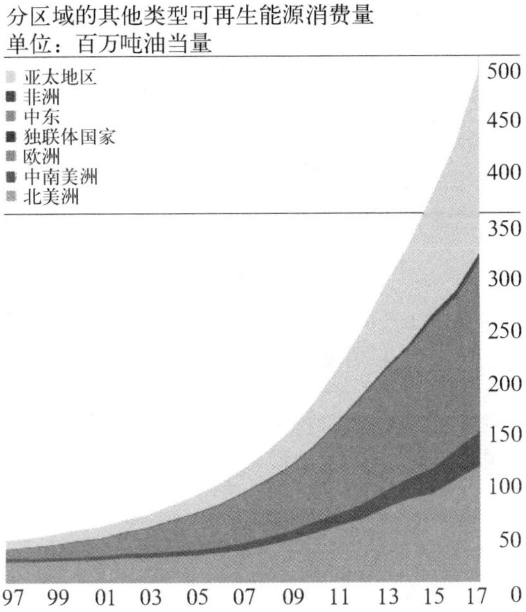

图 2-7　全球可再生能源消费地区分布

（引自：《BP 世界能源统计年鉴 2018》）

由于可再生能源如水能、太阳能、风能等的不可运输性，能源产地已成定局，因此将着重考量世界可再生能源的消费情况。世界核电消费地以北美洲和欧洲为主；水电消费方面，亚太地区消费增速明显；其他可再生能源如太阳能、风能等消费增速在世界各地区均呈显著增长趋势。

2017 年，全球核电增长 1.1%（500 万吨油当量），高于十年平均值（−0.7%）。中国和日本的增长被欧洲下降部分抵消。世界水电增长 0.9%（500 万吨油当量），美国贡献最大增量，中国的增速为自 2011 年以来最低，欧洲下降了 10.5%。

2017 年，可再生能源发电量（不包含水电）增长了 17%，略高于十年平均增速（16.2%），是有记录以来最大增量（6 900 万吨油当量）。可再生能源增量的一半以上来源于风电，虽然太阳能在可再生能源中占比仅 21%，却贡献了超过三分之一的增量。中国的可再生能源发电增长了 2 500 万吨油当量，打破了此前的增长纪录。全球可再生能源在发电结构中占比从 7.4%提升至 8.4%；欧洲更是从 16.5%提高到了 18.3%，再创历史新高。

5. 整体趋势

世界能源的生产主要分布在中东、亚太、独联体国家、北美、中南美和西北非。世界能源消费增长存在波动，高消费量高增长率的区域分布在亚太和新兴经济体，欧洲能源消费放缓，北美、日本、俄罗斯消费出现负增长趋势。

从世界能源运输来看，能源出口集中在独联体国家、中东、西北非洲和中南美洲地区，能源进口集中在亚太及欧美地区；世界能源运输整体流动性增强，中东和北非局部时期存在波动；能源生产国外向中心性不断攀升，亚太和新兴经济体内向中心性增长最快；形成“核心—次核心—节点”的层级结构，欧洲地位下降，亚太作用增强，多元化趋势显现。

经济增长、政治局势、国家关系以及能源开发技术等都对世界能源时空格局产生重大影响，各国也纷纷通过能源来源多样化、双多边合作、能源战略储备、可再生能源开发保证自身能源安全。随着页岩油气开发技术、可再生能源技术的发展普及，尤其是煤炭消费在世界范围的放缓锐减，未来世界能源空间格局也即将发生重大调整。

二、中国能源资源时空布局特征

中国地大物博、人口众多，能源资源分布不平衡，通过了解分析能源资源时空布局的特征，将有利于在诸多约束条件下制定科学的能源发展战略及相关政策，推进国家经济快速稳定发展。如为解决我国能源资源空间分布与消费空间上的不匹配等问题，能源运输系统规划建设为“西电东送、西气东输、北煤南运”等，以实现国家能源的高效利用，促进经济的快速、稳定发展。

(一) 中国能源资源空间分布与地缘特性

中国能源资源分布极不均衡，总体表现为“西多东少、北多南少”。煤炭总资源量北部占 87%，西部占 52%；可采储量北部占 79%，西部占 26%。石油陆上总资源量东北和华北占 52%，西北占 35%；可采储量东北和华北占 50%，西北占 32%。天然气陆上总资源量西北占 43%，华北和东北占 12%；可采储量西北占 52%，华北和东北占 23%。水能资源理论蕴藏量 70%集中在西南，技术可开发水能资源西南占 67.8%，中南占 15.5%。

1. 常规能源

(1) 煤炭

中国煤炭资源分布面积达 60 万平方千米，2016 年煤炭查明资源储量 15 980 亿吨，新增查明资源储量 606.8 亿吨[①]。根据中国煤炭资源聚集和赋存规律，可以天

---

① 中华人民共和国国土资源部.中国矿产资源报告(2017)[M].北京：地质出版社，2017.

山—阴山造山带、昆仑山—秦岭—大别山纬向造山带和贺兰山—龙门山经向造山带为界，将中国划分为东北、华北、华南、西北和滇藏五大富煤区。在此基础上，根据大兴安岭—太行山—雪峰山断裂带将东部三个富煤区划分为六个亚富煤区，即二连—海拉尔富煤亚区和东三省亚区，黄淮海和晋陕蒙宁亚区，华南和西南亚区。

在大兴安岭—太行山—雪峰山一线以西的晋、陕、蒙、宁、甘、青、新、川、渝、黔、滇、藏 12 个省(市、自治区)的煤炭资源量占全国总量的 89%；而该线以东的 20 个省、市、自治区仅占全国的 11%。分布在昆仑山—秦岭—大别山一线以北的京、津、冀、辽、吉、黑、鲁、苏、皖、沪、豫、晋、陕、蒙、宁、甘、青、新 18 个省(市、自治区)的煤炭资源量占全国煤炭资源总量的 93.6%；而该线以南的 14 个省(市、自治区)仅占全国的 6.4%。客观地质条件形成的这种不均衡分布格局，决定了中国“北煤南运、西煤东调”的长期发展态势。由此可见，广泛又相对集中，西多东少、北多南少，是中国煤炭资源地理分布的重要特征。

煤炭作为常规一次性能源，应用途径广泛，涉及煤电行业、冶金行业、化工行业等，其中煤电行业应用量最大。随着我国宏观经济增长的结构调整、煤炭采掘和煤炭下游需求行业供给侧改革力度的加大以及环保压力的提升，可再生能源发电占比逐步增大，煤炭消费量将逐步放缓。

在煤电装机方面，截至 2016 年底，我国煤电总装机 9.43 亿 kW，占电力总装机比例降至 57%，累计完成煤电超低排放和节能改造均超过 4 亿 kW，其中，京津冀地区具备条件的煤电机组已全部完成超低排放改造。累计淘汰小火电机组超过 1 亿 kW，煤电平均供电煤耗降至 315 克标煤/kWh，处于世界先进水平。

为有力有序有效推进防范化解煤电产能过剩风险工作，2017 年国家发改委、工信部、财政部等 16 部委联合印发了《关于推进供给侧结构性改革防范化解煤电产能过剩风险的意见》，提出了从严淘汰落后产能、清理整顿违规项目、严控新增产能规模、加快机组改造提升、规范自备电厂管理、保障电力安全供应等 6 项主要任务，为煤电行业防范化解产能过剩风险、转型升级发展提供了行动指南。《意见》明确“十三五”期间，全国停建和缓建煤电产能 1.5 亿 kW，淘汰落后产能 0.2 亿 kW 以上，实施煤电超低排放改造 4.2 亿 kW、节能改造 3.4 亿 kW、灵活性改造 2.2 亿 kW。具备条件的煤电机组完成超低排放改造，煤电平均供电煤耗降至 310 克/kWh。到 2020 年，全国煤电装机规模控制在 11 亿 kW 以内。

在煤化工方面，因存在水资源消耗大、能耗高和污染重等问题，受到较多争议。其中，水资源的合理利用与石油价格的波动，决定了煤化工产业有序发展的程度。

现阶段，该产业的健康发展需加大环保投入，避免以GDP为指向的盲目规划。

我国为实现经济向可持续发展转型，将严控煤炭消费总量。《能源发展“十三五”规划》指出，2020年煤炭消费总量控制在41亿吨以内。《规划》指出，要开展煤炭消费减量行动。严控煤炭消费总量，京津冀鲁、长三角和珠三角等区域实施减煤量替代，其他重点区域实施等煤量替代。提升能效环保标准，积极推进钢铁、建材、化工等高耗煤行业节能减排改造。全面实施散煤综合治理，逐步推行天然气、电力、洁净型煤及可再生能源等清洁能源替代民用散煤，实施工业燃煤锅炉和窑炉改造提升工程，散煤治理取得明显进展。

（2）石油

2016年石油新增探明地质储量9.14亿吨。全国石油累计探明地质储量381.02亿吨，剩余技术可采储量35.01亿吨，剩余经济可采储量25.36亿吨，储采比为12.7。

中国石油集团经济技术研究院发布的《2017年国内外油气行业发展报告》显示，2017年中国石油全年产量1.92亿吨，同比下降3.1%。

① 我国主要的陆上石油产地

大庆油田：位于黑龙江省西部。1976年原油产量突破5 000万吨成为我国第一大油田。目前，大庆油田采用新工艺、新技术使原油年产量仍然保持在4 000万吨左右。

胜利油田：地处山东北部渤海之滨的黄河三角洲地带，是我国第二大油田。

辽河油田：主要分布在辽河中上游平原以及内蒙古东部和辽东湾滩海地区。已开发建设26个油田，产量居全国第三位。

克拉玛依油田：地处新疆克拉玛依市。40年来在准噶尔盆地和塔里木盆地找到了19个油气田，以克拉玛依为主，开发了15个油气田，建成了792万吨原油配套生产能力，从1990年起，陆上原油产量居全国第四位。

长庆油田：勘探区域主要在陕甘宁地区，勘探总面积约37万平方千米。勘探到油气田22个，其中油田19个，累计探明油气地质储量54 188.8万吨（含天然气探明储量2 330.08亿立方米），目前已成为我国主要的天然气产区，并成为北京天然气的主要输送基地。

华北油田：位于河北省中部的任丘市。目前原油年产量约400万吨。

② 我国主要的海洋石油产地

除陆地石油资源外，我国的海洋油气资源也十分丰富。中国海上油气勘探主要集中于渤海、黄海、东海及南海北部大陆架。

2018年初，据中国石油勘探开发研究院数据，在渤海湾盆地探明储量超亿吨的大油田有36个，数量占全国的49%。其中，海上探明石油储量达8.618 3亿吨，渤海油田是国内油气新增储量的主要阵地。

由于南黄海的特有地质条件，为我国尚未取得油气勘探突破的海域，海域面积30万平方千米，盆地面积18万平方千米。该盆地是一个大型含油气沉积盆地，存在海相中-古生界和陆相中-新生界两套含油气层系，具有油气资源开采潜力，国内三大石油公司在南黄海海域都有矿业权区块。

东海是当前世界上油气勘探最活跃的地区之一，其油气田的原油和天然气储量相当丰富。据估算，东海油气田蕴藏石油约250亿吨。

南海海域更是石油宝库。中国对南海勘探的海域面积仅有16万平方千米，发现的石油储量达52.2亿吨，是世界上尚待开发的大型油藏，其中有一半以上的储量分布在应划归中国管辖的海域。

③ 石油消费及对外依存度

当前国际政治经济形势错综复杂，中国经济发展进入新常态，油气需求增速放缓，市场竞争加剧。从我国原油的进口情况来看，我国原油进口量整体上行，2017年进口量达到41 957万吨，进口量首次突破4亿吨大关，达到历年来的最高值；对外依存度突破67.4%，给中国石油发展与安全带来重大挑战。

依据《能源发展“十三五”规划》，我国石油方面的未来发展将开展成品油质量升级专项行动。加快推进普通柴油、船用燃料油质量升级，推广使用生物质燃料等清洁油品，提高煤制燃料战略储备能力。加强车船尾气排放与净化设施改造监管，确保油机协同升级。

在炼油方面，《规划》指出加强炼油能力总量控制，淘汰能耗高、污染重的落后产能，适度推进先进产能建设。严格项目准入标准，防止以重油深加工等名义变相增加炼油能力。积极开展试点示范，推进城市炼油厂综合治理，加快产业改造升级，延长炼油加工产业链，增加供应适销对路、附加值高的下游产品，提高产业智能制造和清洁高效水平。

(3) 天然气

天然气作为清洁能源，在我国得以大力推广应用，近年来其产量及消费比例快速增长。2017年，中国天然气产量增长超100亿立方米，达1 480.3亿立方米，同比增长8.2%，其中常规天然气产量1 338.7亿立方米，页岩气产量92亿立方米，煤层气地面抽采量49.6亿立方米、利用量44亿立方米，煤制气产量26.3亿立方米。

中国的四大产气区分别为鄂尔多斯、四川盆地、塔里木盆地和海域。其中，鄂尔多斯盆地450亿立方米(煤层气11亿立方米),占全国产量30.5%,连续九年为全国第一大产气区;四川盆地395亿立方米(其中页岩气90亿立方米),占全国天然气总产量26.8%;塔里木盆地370亿立方米,占全国天然气产量25.1%①。

2017年,我国天然气消费量保持快速增长,消费量为2 386亿立方米(不含港澳台地区),同比增长14.8%;天然气对外依存度快速攀升,进口气量从2010年的175亿立方米迅速增至2017年的946亿立方米天,其中LNG进口526亿立方米,进口资源目标国达22个。

表2-1 "十三五"期间天然气行业发展主要目标

(引自:《天然气发展"十三五"规划》)

专栏2 "十三五"天然气行业发展主要指标				
指 标	2015年	2020年	年均增速	属 性
累计探明储量(常规气,万亿方)	13	16	4.3%	预期性
产量(亿方/年)	1 350	2 070	8.9%	预期性
天然气占一次能源消费比例(%)	5.9	8.3—10	—	预期性
气化人口(亿人)	3.3	4.7	10.3%	预期性
城镇人口天然气气化率(%)	42.8	57	—	预期性
管道里程(万千米)	6.4	10.4	10.2%	预期性
管道一次运输能力(亿立方米)	2 800	4 000	7.4%	预期性
地下储气库工作气量(亿立方米)	55	148	21.9%	约束性

国家发改委发布的《天然气发展"十三五"规划》中提出,"十三五"期间天然气占一次能源消费比例达到8.3%—10%,累计探明地质储量16万亿立方米;国内天然气综合保供能力达到3 600亿立方米以上。基础设施方面,新建天然气主干及配套管道4万千米,总里程达到10.4万千米,干线输气能力超过4 000亿立方米/年;地下储气库累计形成工作气量148亿立方米。

《能源发展"十三五"规划》明确指出,拓展天然气消费市场。积极推进天然气价格改革,推动天然气市场建设,探索建立合理气、电价格联动机制,降低天然气综合使用成本,扩大天然气消费规模。稳步推进天然气接收和储运设施公平开放,鼓励

① 国家能源局石油天气司.中国天然气发展报告(2018)[M].北京:石油工业出版社,2018.

大用户直供。合理布局天然气销售网络和服务设施，以民用、发电、交通和工业等领域为着力点，实施天然气消费提升行动。以京津冀及周边地区、长三角、珠三角、东北地区为重点，推进重点城市“煤改气”工程。加快建设天然气分布式能源项目和天然气调峰电站。2020 年气电装机规模达到 1.1 亿 kW。

2. 可再生能源

(1) 核能

中国是一个铀矿资源不甚丰富的国家。铀矿资源分布不均衡，已有 23 个省(区)发现铀矿床，共探明大小铀矿床(田)200 多个，主要集中分布在赣、粤、黔、湘、桂、新、辽、滇、冀、蒙、浙、甘等省(区)，尤以赣、湘、粤、桂四省(区)资源为富，占探明工业储量的 74%。

我国铀矿床分南、北两个大区，北方铀矿区以火山岩型为主，南方铀矿区则以花岗岩型为主。矿床以中小型为主，其中主要的铀矿床有：相山铀矿田、郴县铀矿床、下庄铀矿田、产子坪铀矿田、青龙铀矿田等。已经建成和新建的厂矿有：衡阳铀矿、郴州铀矿、大浦街铀矿、上饶铀矿、抚州铀矿等。

我国的核电站主要建在东南沿海附近。截至 2017 年底，我国投入商业运行的核电机组共 37 台，装机容量达到 35 807 MW，累计发电量为 2 474.69 亿 kWh，比 2016 年上升了 17.6%；累计上网电量为 2 316.42 亿 kWh，比 2016 年上升了 17.8%；核电设备平均利用小时数为 7 108.05 小时，设备平均利用率为 81.1%。

核电是一种非常优质清洁的能源，是中国能源清洁化发展的主要途径之一。目前，我国三代核电发展再获重大突破。“华龙一号”核电站是由中国两大核电企业中国核工业集团公司和中国广核集团在我国 30 余年核电科研、设计、制造、建设和运行经验的基础上，根据福岛核事故经验反馈以及我国和全球最新安全要求，研发的先进百万 kW 级压水堆核电技术。该核电站拥有我国最先进的三代核电技术，其在设计、燃料、设备、制造、运行、维护等多个领域具备自主知识产权，形成了完整的知识产权体系，是目前国内可以用于独立出口、具备三代核技术标准的机型，定位为中国核电“走出去”的旗舰产品。

国家发展改革委、国家能源局印发的《能源发展“十三五”规划》明确指出要安全高效发展核电，在采用我国和国际最新核安全标准、确保万无一失的前提下，在沿海地区开工建设一批先进三代压水堆核电项目。加快堆型整合步伐，稳妥解决堆型多、堆型杂的问题，逐步向先进三代主力堆型集中。积极开展内陆核电项目前期论证工作，加强厂址保护。深入实施核电重大科技专项，开工建设 CAP1400 示范工程，建成高温气冷堆示范工程。加快论证并推动大型商用乏燃料后处理厂建设。适时启动智能小型堆、商业快堆、60 万 kW 级高温气冷堆等自主创新示范项目，推进核能综合利用。实施核电专业人才队伍建设行动，加强核安全监督、核电操作人员及设计、建造、工程管理等关键岗位人才培养，完善专业人才梯队建设，建立多元化人才培养渠道。2020 年运行核电装机力争达到 5 800 万 kW，在建核电装机达到 3 000 万 kW 以上。

（2）水能

中国水资源总量为 2.8 万亿立方米，其中地表水 2.7 万亿立方米，地下水 0.83 万亿立方米，与河川径流不重复的地下水资源量约为 0.1 万亿立方米。

从河流看，我国水电资源主要集中在长江、黄河的中上游，雅鲁藏布江的中下游，珠江、澜沧江、怒江和黑龙江上游，这七条江河可开发的大、中型水电资源都在 1 000 万 kW 以上，总量约占全国大、中型水电资源量的 90%。全国大中型水电资源 100 万 kW 以上的河流共 18 条，水电资源约为 4.26 亿 kW，约占全国大、中型水电资源量的 97%。

按行政区划分，我国水电资源主要集中在经济发展相对滞后的西部地区。西南、西北 11 个省、市、自治区，包括云、川、藏、黔、桂、渝、陕、甘、宁、青、新，水电资源约为 4.07 亿 kW，占全国水电资源量的 78%，其中云、川、藏三省区共 2.947 3 亿 kW，占 57%。而经济相对发达、人口相对集中的东部沿海 11 省、市，包括辽、京、津、冀、鲁、苏、浙、沪、穗、闽、琼，仅占 6%。为满足东部经济发展和加快西部开发的需要，加大西部水电开发力度和加快“西电东送”步伐已经进入了国家层面的部署。

《能源发展“十三五”规划》指出，坚持生态优先、统筹规划、梯级开发，有序推进流域大型水电基地建设，加快建设龙头水电站，控制中小水电开发。在深入开展环境影响评价、确保环境可行的前提下，科学安排金沙江、雅砻江、大渡河等大型水电基地建设时序，合理开发黄河上游等水电基地，深入论证西南水电接续基地建设。创新水电开发运营模式，探索建立水电开发收益共享长效机制，保障库区移民合法权益。2020 年常规水电规模达到 3.4 亿 kW，“十三五”新开工规模 6 000 万 kW 以上。发挥现有水电调节能力和水电外送通道、周边联网通道输电潜力，优化调度运行，促进季节性水电合理消纳。加强四川、云南等弃水问题突出地区水电外送通道建设，扩大水电消纳范围。

（3）太阳能

中国属太阳能资源丰富的国家之一，全国总面积 2/3 以上地区年日照时数大于 2 000 小时，年辐射量在 5 000 MJ/m^2 以上。据统计资料分析，中国陆地面积每年接收的太阳辐射总量为 3.3×10^3—8.4×10^3 MJ/m^2，相当于 2.4×10^4 亿吨标准煤的储量。

根据国家气象局风能太阳能评估中心划分标准，我国太阳能资源地区分为以下四类：

一类地区（资源丰富带）：全年辐射量在 6 700—8 370 MJ/m^2，相当于 230 kg 标准煤燃烧所发出的热量。主要包括青藏高原、甘肃北部、宁夏北部、新疆南部、河北西北部、山西北部、内蒙古南部、宁夏南部、甘肃中部、青海东部、西藏东南部等地。

二类地区（资源较富带）：全年辐射量在 5 400—6 700 MJ/m^2，相当于 180—230 kg 标准煤燃烧所发出的热量。主要包括山东、河南、河北东南部、山西南部、新疆北部、吉林、辽宁、云南、陕西北部、甘肃东南部、广东南部、福建南部、江苏中北部和安徽北部等地。

三类地区（资源一般带）：全年辐射量在 4 200—5 400 MJ/m^2。相当于 140—180 kg 标准煤燃烧所发出的热量。主要是长江中下游、福建、浙江和广东的一部分地区，春夏多阴雨，秋冬季太阳能资源还可以。

四类地区：全年辐射量在 4 200 MJ/m^2 以下。主要包括四川、贵州两省。此区是我国太阳能资源最少的地区。

一、二类地区，年日照时数不小于 2 200 小时，是我国太阳能资源丰富或较丰富的地区，面积较大，约占全国总面积的 2/3 以上，具有利用太阳能的良好资源条件。

截至 2018 年 6 月，全国光伏发电装机容量达到 15 451 万 kW，新增装机 2 430.6 万 kW，其中，光伏电站 11 260 万 kW，新增装机 1 206.2 万 kW，发电量 823.9 亿 kWh；分布式光伏 4 190.3 万 kW，新增装机 1 224.4 万 kW。弃光率为 3.6%，主要集中在新疆和甘肃。2018 年上半年山东、浙江、河南、江苏四省新增装机均超过 100 万 kW，四省分布式光伏新增装机占全国的 52.6%。

《能源发展“十三五”规划》指出，坚持技术进步、降低成本、扩大市场、完善体系。优化太阳能开发布局，优先发展分布式光伏发电，扩大“光伏＋”多元化利用，促进光伏规模化发展。稳步推进“三北”地区光伏电站建设，积极推动光热发电产业化发展。建立弃光率预警考核机制，有效降低光伏电站弃光率。2020 年，太阳能发电规模达到 1.1 亿 kW 以上，其中分布式光伏 6 000 万 kW、光伏电站 4 500 万 kW、光热发电 500 万 kW，光伏发电力争实现用户侧平价上网。

（4）风能

风能资源取决于风能密度和可利用的风能年累积小时数，受地形的影响较大。根据全国 900 多个气象站将陆地上离地 10 米高度资料进行估算，全国平均风功率密度为 100 W/m^2，风能资源总储量约 32.26 亿 kW，可开发和利用的陆地上风能储量有 2.53 亿 kW，近海可开发和利用的风能储量有 7.5 亿 kW，共计约 10 亿 kW。中国风能资源丰富，开发潜力巨大，必将成为未来能源结构中一个重要的组成部分。

中国风能资源主要分布在东南沿海及附近岛屿，新疆、内蒙古和甘肃河西走廊，东北、华北和青藏高原部分地区。

① 北部（东北、华北、西北）地区风能较丰富带

东北三省、河北、内蒙古、甘肃、青海、西藏和新疆等省、自治区近200千米宽的地带风能密度、分布范围较广，是我国连成一片的最大风能资源区。风功率密度在200—300 W/m^2以上，有的可达500 W/m^2以上，可利用的小时数在5 000小时以上，有的可达7 000小时以上。可开发利用的风能储量约2亿kW，约占全国可利用储量的79%。

② 沿海及其岛屿地区风能丰富带

沿海及其岛屿风能丰富带，是我国风能最佳丰富区。我国有海岸线约1.8万千米，岛屿6 000多个，这是风能大有开发利用前景的地区，年有效风功率密度在200 W/m^2以上，风功率密度线平行于海岸线，沿海岛屿风功率密度在500 W/m^2以上，如台山、平潭、东山、嵊泗、马祖、东沙等，可利用小时数约在7 000—8 000小时。这一地区特别是东南沿海，由海岸向内陆是丘陵连绵，风能丰富地区仅在距海岸50千米之内。

③ 内陆局部风能丰富区

在以上两个风能丰富带之外，风功率密度一般在100 W/m^2以下，可利用小时数3 000小时以下。但是在一些地区由于湖泊和特殊地形的影响，风能也较丰富，如鄱阳湖附近较周围地区风能就大，河南的嵩山、山西的五台山、安徽的黄山等也较平地风能大。青藏高原海拔4 000米以上，风速比较大，但空气密度小，同样是8 m/s的风速，在海平面风功率密度为313.6 W/m^2，而在海拔4 000米处只有209.9 W/m^2。这里年平均风速3—5 m/s，风能仍属一般地区。

由于地形复杂、气候类型多样等条件的影响，我国的风能资源开发难度比欧美等国家要大。根据中国风能协会数据，2017年，全国（除港、澳、台地区外）风电新增装机容量1 966万kW，同比下降15.9%；累计风电装机容量达到1.88亿kW，同比增长11.7%，增速放缓。中国六大区域的风电新增装机容量所占比例分别为华北（25%）、中南（23%）、华东（23%）、西北（17%）、西南（9%）、东北（3%）。“三北”地区新增装机容量占比为45%，中东南部地区新增装机容量占比达到55%。

《能源发展“十三五”规划》指出，坚持统筹规划、集散并举、陆海齐进、有效利用。调整优化风电开发布局，逐步由“三北”地区为主转向中东部地区为主，大力发展分散式风电，稳步建设风电基地，积极开发海上风电。加大中东部地区和南方地区资源勘探开发，优先发展分散式风电，实现低压侧并网就近消纳。稳步推进“三北”地

区风电基地建设，统筹本地市场消纳和跨区输送能力，控制开发节奏，将弃风率控制在合理水平。加快完善风电产业服务体系，切实提高产业发展质量和市场竞争力。2020 年风电装机规模达到 2.1 亿 kW 以上，风电与煤电上网电价基本相当。《风电发展“十三五”规划》明确到 2020 年，中东部和南方地区陆上风电新增并网装机容量 4 200 万 kW 以上，累计并网装机容量达到 7 000 万 kW 以上。

（二）中国能源运输通道现状及未来发展——能源消费需求、能源安全与能源运输

1. 中国能源资源与消费空间态势

我国 76%的煤炭资源分布在北部和西北部；80%的水能资源分布在西南部；绝大部分陆地风能、太阳能资源分布在西北部。同时，70%以上的能源需求却集中在东中部（京津冀、长三角、珠三角地区）。能源基地与负荷中心的距离在 1 000 到 3 000 千米。可见，我国的能源资源和消费呈逆向分布且空间距离较远，二者间存在很大的不匹配。在负荷中心区大规模展开能源点建设将会受到周边能源资源情况的制约，因此必须做到全国一盘棋，在全国范围内统筹，不能各省、各地方自行其是，通过规划在空间上实现供需平衡，再依据科学计算的方法，得出能源调度的方向与力度，构建系统的能源输送通道。

2. 中国能源安全与能源进出口、能源运输关系

中国是世界最大能源消费国，而且是过去 20 年世界能源消费增长的最重要来源。中国的能源资源对外依赖程度不断加深，有着深刻的历史背景和现实国情。首先，中国“世界工厂”的分工定位（出口加工为主的“世界组装车间”）使得中国宝贵的自然资源消耗量大幅增加。其次，中国是一个人均自然资源较为匮乏的国家。我国多数矿产资源供需形势严峻，一些关系到国民经济命脉的、用量大的大宗矿产资源中，贫矿和难选矿多，富矿少，质量差，后备储量严重不足，供需矛盾相当突出。最后，中国资源利用效率低。目前，中国面临的最大挑战是因工艺技术落后导致资源利用效率低，与国际先进水平相比，中国资源利用效率明显偏低。

随着中国经济的快速发展，其对能源消费量与质的高需求，将增大对世界能源的依赖性，从而使中国能源安全不稳定因素增多。因此，为实现经济的可持续发展，保障能源安全，我国在能源运输方面先后制定了若干跨区域资源调配方案。根据中国能源消费的空间分布因素，实行“西电东送”“北煤南运”“西气东输”大战略。通过运煤通道、输电通道、油气通道建设，将在未来中国能源整体布局上起到很大的作用，极大地改变因地理因素而导致的能源调度问题。

3. 能源运输通道

通过能源输送通道的建设将克服区域能源生产与区域能源消费需求不匹配的矛盾，解决能源调度问题，促进能源消费时空上的合理布局、协调发展，是实现能源系统高效生产和合理消费的必要条件。

(1) 运煤通道

长期以来，煤炭作为我国的基础能源，在一次能源生产和消费中均占70%以上；虽然国家正采取积极的政策发展清洁能源和可再生能源，以降低煤炭在一次能源中的比重，但煤炭的主导地位在一定时期内不会发生根本性改变。

我国煤炭资源分布的总体格局是北富南贫、西多东少，煤炭的赋存量与经济发展呈逆向分布，"北煤南运""西煤东调"的格局将长期存在。因此，建设畅通的布局合理的运煤通道就成为平衡我国煤炭供需矛盾以及提高煤炭利用效益的关键所在。

① 运煤通道现状

目前，我国有四大运煤通道：

第一大运煤通道：晋北煤炭基地—大秦线—秦皇岛港。传统的第一运煤通道在北煤南运中的重要性有所减弱，煤炭发运量减少。

第二大运煤通道：神朔—朔黄—黄骅港。2015 年添加了准池线，形成了"准池线—朔黄线—黄骅港"运煤通道，随着准池线开通、黄骅港的对外开放以及强大的货源支撑，预计黄骅港煤运市场份额还将扩大。

第三大运煤通道：蒙冀铁路线正在加快建设。随着首列伊泰万吨运煤火车顺利进入国投曹妃甸港接卸，包括伊泰等多家内蒙古煤炭企业正在与蒙冀铁路和曹妃甸港进行洽谈，增加下水运量，将为第三运煤通道增加煤炭运量发挥作用。

表 2-2 "十三五规划"煤炭运输通道

(引自：《煤炭工业发展"十三五"规划》)

专栏3 煤炭运输通道
晋陕蒙外运通道：由北通路(大秦、朔黄、蒙冀、丰沙大、集通、京原)、中通路(石太、邯长、山西中南部、和邢)和南通路(侯月、陇海、宁西)三大横向通路和焦柳、京九、京广、蒙西至华中、包西五大纵向通路组成，满足京津冀、华东、华中和东北地区煤炭需求。 **蒙东外运通道：**主要为锡乌、巴新横向通路，满足东北地区煤炭需求。 **云贵外运通道：**主要包括沪昆横向通路、南昆纵向通路，满足湘粤桂川渝地区煤炭需求。 **新疆外运通道：**主要包括兰新、兰渝纵向通路，适应新疆煤炭外运需求。 **水运通道：**由长江、珠江—西江横向通路、沿海纵向通路、京杭运河纵向通路组成，满足华东、华中、华南地区煤炭需求。 **进出口通道：**由沿海港口和沿边陆路口岸组成，适应煤炭进出口需要。

第四大运煤通道：蒙华铁路。"十三五"期间规划投产的重要煤运铁路是蒙华铁路，规划设计输送能力为2亿吨/年，是世界上一次建成最长的重载煤运铁路。作为专用的动力煤输送通道，蒙华铁路的建成将对我国能源布局产生较大影响，同时能有效缓解华东地区缺电的问题。

② 运煤通道的安全问题

长距离的运输通道面对极端天气时无以为继，比如2008年南方遭遇罕见的低温雨雪冰冻灾害，受灾地区运煤通道受阻，电煤供应频频告急，近百座电厂存煤低于警戒线，近20个省市出现大面积拉闸限电。所以要从大输煤转变为向大电网输电，推进煤电一体化，加强坑口电厂建设。

运煤系统的布局既与上游的煤矿企业产煤能力相关，也与下游的用煤需求相关，需要统筹协调，既不造成输运通道的闲置，也不能引起用煤企业用煤短缺。

③ 运煤通道未来发展

《煤炭工业发展"十三五"规划》指出，预计2020年，煤炭调出省区净调出量16.6亿吨，其中晋陕蒙地区15.85亿吨，主要调往华东、京津冀、中南、东北地区及四川、重庆；新疆0.2亿吨，主要供应甘肃西部，少量供应四川、重庆；贵州0.55亿吨，主要调往云南、湖南、广东、广西、四川、重庆。煤炭调入省区净调入19亿吨，主要由晋陕蒙、贵州、新疆供应，沿海、沿江地区进口部分煤炭。

"十三五"期间，煤炭铁路运力总体宽松，预计2020年，全国煤炭铁路运输总需求约26亿—28亿吨。考虑铁路、港口及生产、消费等环节不均衡性，需要铁路运力30亿—33亿吨。铁路规划煤炭运力36亿吨，可以满足"北煤南运、西煤东调"的煤炭运输需求。西部地区煤炭外调量较快增长。煤炭铁路运输以晋陕蒙煤炭外运为主，全国形成"九纵六横"的煤炭物流通道网络。

(2) 油气管道

鉴于中国石油天然气资源的分布状况、消费状况，以及未来的消费进口走向，国家实施了一系列的重大工程，包括了西气东输工程、中外三大陆路原油进口跨国通道等，旨在保障国家经济的安全、能源安全，降低运输成本，合理分配一次化石能源。

① 油气管道现状

A. 国内油气管道现状

《石油发展"十三五"规划》数据显示，"十二五"期间国内新投运原油长输管道总里程5 000千米，新投运成品油管道总里程3 000千米。截至2015年底累计建成原油长输管道2.7万千米、成品油管道2.1万千米，基本满足当前国内原油、成品油资源调配需求。“十三五”期间建设目标为：建成原油管道约 5 000 千米，新增一次输油能力 1.2 亿吨/年；建成成品油管道 12 000 千米，新增一次输油能力 0.9 亿吨/年。预计到 2020 年，将累计建成原油管道 3.2 万千米，形成一次输油能力约 6.5 亿吨/年；成品油管道 3.3 万千米，形成一次输油能力 3 亿吨/年。

B. 中外油气管道现状

- **中缅油气管道**

中缅油气管道包括原油管道和天然气管道，可以使原油运输不经过马六甲海峡，从西南地区输送到中国，对保障中国能源安全有重大意义。

中缅油气管道原油管道起点位于缅甸西海岸皎漂(Kyaukpyu)港东南方的微型小岛马德岛，天然气管道起点在皎漂港。经缅甸若开邦、马圭省、曼德勒省和掸邦，从云南瑞丽进入中国，将在贵州安顺实现油气管道分离，而曾一度被“油荒”困扰的重庆，将成为原油管道的末站。天然气管道，则将南下到达广西。其中，原油管道国内全长 1 631 千米；天然气管道国内全长 1 727 千米。该管道每年能向国内输送 2 200 万吨原油、120 亿立方米天然气。

- **中亚天然气管道**

中亚天然气管道是连通中亚多国与中国的重要能源通道，管道途经乌兹别克斯坦、哈萨克斯坦，经新疆霍尔果斯口岸入境，与中国国内的西气东输 2 线和 3 线相连，全长 1 833 千米，可保证沿线 4 亿人口的生活燃料供应，约占全国同期消费总量的 15%以上。2018 年上半年，中亚天然气管道向中国输气 1 635.6 万吨，累计监管进口天然气 15 937.2 万吨，占进出口货运量的 99.74%，同比增加 18.75%。

- **中俄东线天然气管道**

2015 年 6 月 29 日，中俄东线天然气管道境内段在黑龙江省黑河市正式开工建设，标志着连接中国和俄罗斯两国的大型陆上能源通道全线启动建设。中俄东线天然气管道境内段起自黑龙江省黑河市中俄边境，止于上海市，途经黑龙江、吉林、内蒙古、辽宁、河北、天津、山东、江苏、上海 9 个省市区，拟新建管道 3 170 千米。俄罗斯将通过中俄东线向中国供气，供气量逐年增长，最终达到每年 380 亿立方米。

中俄东线天然气项目是迄今为止中俄两国最大的合作项目，也是世界上最大的能源合作项目之一。同时，该项目运输管道是目前口径最大、压力最高的长距离天然气输送管道。管道建成后，将形成东北方向陆上天然气进口战略通道，对于提高油气资源进口的多元化水平，保障国家能源安全，减少大气污染，促进能源结构调整等具有重要意义。

② 油气通道的安全问题

我国缺油少气，进口量巨大，海上运输通道存在巨大隐患，陆上输运管道也受各方掣肘。一方面需要大力勘探、开发我国油气资源，另一方面寻求各种替代品，比如页岩气、可燃冰，以及推进生物质能开发利用。

③ 油气通道的未来发展

按照海陆并举、内外衔接的要求，加强西北、东北和西南三大陆路进口油气战略通道建设，重点建设中亚、中缅油气管道，积极推进中俄天然气管道工程；加快建设西气东输一线至五线，煤制气输送管线；加快 LNG 接收站和配套转输管网建设。

A. 推进原油管道建设

统筹原油管道与炼化基地、储备基地协同发展，保障炼厂原油供应、储备基地收储和动用。

拓展陆上原油进口通道。建成中俄原油管道二线和中缅原油管道国内段，研究完善中哈原油管道增输配套设施，开展中哈原油管道延伸到格尔木项目前期工作。

优化和提升海上原油接转能力。优化码头布局，提高东部沿海原油码头接卸能力，配套建设外输管道。统筹长江经济带管网布局，加快建设沿江主干管道，配套输配体系和仓储设施，开展大亚湾—长岭原油管道项目前期工作。鼓励新取得进口配额的原油加工企业通过管道输送进口原油，规划配套新建管道。

推进其他原油管道建设。统筹国内资源开发，配套新建国内原油输送通道。与规划建设的炼化基地、炼油项目、国储基地等配套新建管道。

实施管道隐患治理及改造。以东北、华北、华南等地区老旧管道为重点，加快实施以新代老、隐患治理等管道改造整改工程。

表 2-3　“十三五”时期原油管道重点项目表

（引自：《石油发展“十三五”规划》）

专栏 4　原油管道重点项目
陆上进口通道：中俄原油管道二线，中哈原油管道增输配套、中缅原油管道（国内段）及配套。开展中哈原油管道延伸到格尔木项目前期工作。 **长江经济带海上原油进口通道：**仪长复线仪征—九江段、日仪增输、连云港—仪征原油管道。开展大亚湾—长岭原油管道项目前期工作。 **其他海上进口通道：**日照—濮阳—洛阳、董家口—齐鲁—东营、日照港—沾化、董家口—潍坊—鲁中鲁北原油管道。 **改造整改工程：**临邑—济南原油管道复线（以新代老）、廉江—茂名原油管道（以新代老）、庆铁三四线站场改造、铁大线（铁岭—鞍山段）增输、铁大线（鞍山—大连段）改造、鲁宁线安全隐患整治等。

续 表

项目分类		管道名称	长度	管径	设计输量	备注
			千米	毫米	万吨/年	
陆上进口通道及配套	1	中俄原油管道二线	941	813	1 500	在建
	2	中缅原油管道(国内段)及安宁支线	658	813/610	1 000	在建
	3	铁大线改造(鞍山—大连段)	362	813/711	2 000	在建
海上进口通道及配套	1	董家口—齐鲁—东营	364	762/508	1 500	
	2	仪长复线仪征—九江段	560	864/559	2 000	在建
	3	日照—濮阳—洛阳	782	914/813	1 800	
	4	廉江—茂名	75	711	2 000	
	5	连云港—仪征	400	813	2 000	
	6	日照港—沾化	485	700	1 000	
	7	董家口—潍坊—鲁中鲁北	311	700 双线	3 800	在建
	8	大亚湾—长岭	1 100	813	2 000	

说明：大亚湾—长岭原油管道视炼厂项目建设和市场发展情况适时建设。

B. 加快成品油管道建设

就近供应、区域互联。推进东北到华北华中、华南到西南等跨区管道建设，解决油品资源不平衡和运输瓶颈问题。加快布局云南等西南地区、山西等华北地区成品油管道，提高区域成品油管输供应。依托长三角炼化基地集群和沿江炼厂，加快完善长江经济带管网布局，减少长江水路运输。与规划建设的炼油及升级改造项目、煤制油项目、成品油中转库和储备库、航油油库等配套新建管道。统筹军事需求，根据军队油料需求计划和分输地要求，在管道适当位置预留分输口或结合已有站场建设分输设施，改扩建格尔木—拉萨成品油管道。

结合不同运输方式在石油运输中的优势和特点，加强管道运输与公路、铁路、水运等运输方式的高效衔接，提升油品周转效率。在满足管道输送能力规模和经济性的前提下，鼓励建设替代现有水运、公路、铁路的管道项目。落实管道第三方公平开放，优先考虑利用现有管道向目标市场输送资源，鼓励企业间油品资源串换。提升管道运输技术与运行管理自动化水平，提高油品顺序输送能力。

表 2-4 “十三五”时期成品油管道重点项目表

（引自：《石油发展“十三五”规划》）

专栏 5 成品油管道重点项目

东北到华北、华中：锦州—郑州成品油管道。
长江经济带：樟树—株洲成品油管道。
西南和华南：湛江—北海成品油管道。改扩建格尔木—拉萨成品油管道及配套。
华北和华中等其他地区：洛阳—三门峡—运城—临汾、三门峡—西安、永坪—晋中成品油管道。适时推进蒙西、蒙东煤制油外输管道建设。（见附表）

项目序号	管道名称	长度	管径	设计输量	备注
		千米	毫米	万吨/年	
1	锦州—郑州	1 646	660/610/559	1 300	在建
2	樟树—株洲	300	406	450	
3	洛阳—三门峡—运城—临汾	480	508/323	600	
4	三门峡—西安	230	323	300	
5	永坪—晋中	360	406	320	
6	湛江—北海	210	457	500	
7	格尔木—拉萨成品油管道扩(改)建	1 110	323(156)	80(15)	

说明：

1. 格尔木—拉萨成品油管道扩（改）建工程方案抓紧研究论证，2020 年前工程完工。

2. 结合区域生态环境现状和特点、煤制油实际发展规模深入论证蒙东、蒙西煤制油外输管道规模的环境合理性，视煤制油项目进展情况适时建设。

C. 天然气管网通道

完善四大进口通道。西北战略通道重点建设西气东输三线（中段）、四线、五线，做好中亚 D 线建设工作。东北战略通道重点建设中俄东线天然气管道。西南战略通道重点建设中缅天然气管道向云南、贵州、广西、四川等地供气支线。海上进口通道重点加快 LNG 接收站配套管网建设。

提高干线管输能力。加快向京津冀地区供气管道建设，增强华北区域供气和调峰能力。完善沿长江经济带天然气管网布局，提高国家主干管道向长江中游城市群供气能力。根据市场需求增长安排干线管道增输工程，提高干线管道输送能力。

加强区域管网和互联互通管道建设。进一步完善主要消费区域干线管道、省内输配气管网系统，加强省际联络线建设，提高管道网络化程度，加快城镇燃气管网建设。建设地下储气库、煤层气、页岩气、煤制气配套外输管道。强化主干管道互联互通，逐步形成联系畅通、运行灵活、安全可靠的主干管网系统。

表 2-5 "十三五"期间天然气主干管道规划表

（引自：《天然气发展"十三五"规划》）

专栏 5 长输管道重点项目

"十二五"结转项目： 西气东输三线（中段）、闽粤支干线、西气东输四线、中俄东线天然气管道、新疆煤制气外输管道、陕京四线、楚雄—攀枝花天然气管道、青藏天然气管道。

完善四大进口通道： 中亚 D 线、西气东输五线。

干线管网建设： 川气东送二线、鄂尔多斯—安平—沧州管道、青岛—南京管道、国家主干管道向长江中游城市群供气支线等。

区域管网和互联互通管道： 建成中卫—靖边、濮阳—保定、东仙坡—燕山、武清—通州、海口—徐闻、建平—赤峰、杭锦旗—银川、重庆—贵州—广西、威远—荣昌—南川—涪陵等天然气管道；加强省内供气支线建设，扩大市场覆盖范围。

储气库、煤层气、页岩气、煤制气外输管道： 文 23—豫鲁支干线、陕 43—靖边配套管道，适时启动蒙西、蒙东煤制气配套管道。

序号	管道名称	长度	管径	设计输量	设计压力	备注
		千米	毫米	亿方/年	兆帕	
1	西三线	3 807				
	东段干线（吉安—福州）	817	1 219/1 016	150	10	在建
	中段干线（中卫—吉安）	2 062	1 219	300	12	
	闽粤支干线	575	813	56	10	
	中卫—靖边支干线	353	1 219	300	12	
2	西四线（伊宁—中卫）	2 431				
	伊宁—吐鲁番段	760	1 219	300	12	
	吐鲁番—中卫段	1 671	1 219	300	12	
3	西五线（乌恰—中卫）	3 200				
	乌恰—连木沁段	1 495	1 219	300	12	
	连木沁—中卫段	1 705	1 219	300	12	
4	中亚 D 线（含境外段）	1 000	1 219	300	12	

续　表

序号	管　道　名　称	长度	管径	设计输量	设计压力	备注
		千米	毫米	亿方/年	兆帕	
5	陕京四线	1 274	1 219	300	12(10)	
6	中俄东线					
	黑河—长岭(含长春支线)	737/115	1 422/1 016	380	12	
	长岭—永清	1 110	1 422/1 219	150	12	
	安平—泰安	321	1 219	200	10	
	泰安—泰兴	715	1 219	200	10	
7	楚雄—攀枝花管道	186	610	20	6.3	
8	新疆煤制气外输管道	8 972	1 219/1 016	300	12(10)	
9	鄂尔多斯—安平—沧州管道	2 422	1 219/1 016	300	12(10)	
	濮阳—保定支干线	443	1 016	100	10	
10	青岛—南京管道	553	914	80	10	
11	川气东送二线管道	550	1 016	120	10	
12	蒙西煤制气外输管线	1 200	1 219	300	12	
13	琼粤海口—徐闻管道	265	914	100	10	
14	青藏天然气管道	1 140	610	12.7	6.3	
15	重庆—贵州—广西管道	780	1 016	100	10	
16	广西 LNG 配套管道	1 106	813/610	40	10	在建
17	天津 LNG 配套管道	475	1 016/813	40	10	在建
	武清—通州支线	56	711	30	10	
18	深圳 LNG 调峰接收站配套管道	65	813	107	9.2	
19	唐山 LNG 接收站外输管道复线	161	1 219	200	10	
20	威远—荣昌—南川—涪陵	440	711/813/1 016	50/60/80	10	

加快储气设施建设提高调峰储备能力。储气设施与天然气管道相连，是天然气管网系统重要的组成部分，是保障天然气安全、稳定供应的重要手段。依据全国天然气管网布局建设储气设施，主干管道应配套建设地下储气库，地下储气库和 LNG 接收站应与全国管网相联通，加强城市燃气应急调峰能力建设，构建储气调峰服务市场。

推进液化天然气(LNG)接收站及分销设施建设。根据全国天然气资源流向和各消费区域市场实际需求，结合港口规划统筹优化沿海 LNG 接收站布局。在天然气需求量大、应急调峰能力要求高的环渤海、长三角、东南沿海地区，优先扩大已建 LNG 接收站储转能力，适度新建 LNG 接收站。

已建 LNG 接收站扩建项目优先考虑增加储气能力，以满足中心城市及辐射地区的应急调峰需求，鼓励在已有站址上进一步扩大规模。

新建 LNG 接收站优先考虑投资主体多元化、第三方准入条件落实、承担应急调峰任务、装备本地化的项目。加强项目储备，根据市场需求与项目条件适时启动。

综合考虑 LNG 资源供应、船用加注需求、港口规划和通航等条件，在沿海港口、湖泊和内河船舶污染物排放超标、环保要求高的水域布局 LNG 船舶加注站码头，加大船用 LNG 燃料推广力度，开展 LNG 江海转运试点。

(3) 输电通道

通过建设输电通道(电网)可以缓解东部电荒、缓解东部环境压力，加快西部经济发展，创造巨大产值、增加就业、带动其他产业健康发展。

① 输电通道现状

电力系统中各种电压的变电所及输配电线路组成的整体，称为电力网，简称电网。它包含变电、输电、配电三个单元。电力网的任务是输送与分配电能，改变电压。输电电压一般分高压、超高压和特高压。国际上，高压(HV)通常指 35—220 kV 的电压；超高压(EHV)通常指 330 kV 及以上、1 000 kV 以下的电压；特高压(UHV)指 1 000 kV 及以上的电压。高压直流(HVDC)通常指的是±600 kV 及以下的直流输电电压，±800 kV 及以上的电压称为特高压直流输电(UHVDC)。其中，特高压电网指 1 000 kV 交流或±800 kV 直流电网，其最大特点就是可以长距离、大容量、低损耗输送电力。

随着我国对可再生能源发展的高度重视，对电网消纳可再生能源发电能力提出了新要求。为实现对水能、风能等宝贵清洁能源的消纳，我国实施了多项特高压电网项目建设。特高压电网将构成我国大容量、远距离的能源输送通道。据测算，如果风电仅在所在省内消纳，2020 年全国可开发的风电规模约为 5 000 万 kW，而通过特高压跨区联网输送扩大清洁能源的消纳能力，全国风电开发规模则可达 1 亿 kW 以上。

截至 2018 年 9 月，我国已有 21 条在运特高压输电线路（8 交 13 直），6 条在建特高压输电线路以及 10 条待建特高压输电线路。2017 年核准了 2 条特高压交流线路，2018 年已核准 1 条特高压交流、1 条特高压直流和 1 条柔直线路。

② 输电通道的安全问题

就直流与交流比较而言，高压直流输电，电流的大小和方向不会随时间变化，因此运行比较稳定可靠、损耗较小、调节迅速，也比较节约线材，投资较少。高压交流输电，能比较方便地将其他机械或化学能量转化成电能，并通过变压器随时升压或降压，使用起来比较灵活，但输送损耗较大，而且容易因为波动，造成多米诺骨牌效应，扩大停电事故范围。因此，对于近距离的受端，可以通过现有 500 kV 线路；对于远距离的，可以通过直流电直接送电。

在经济性上，在适用范围（输电六七百千米及以内）内优选超高压输电的工程，它比用交流特高压要便宜一半。至于输电在六七百千米以上的线路，直流输电至少比交流输电便宜一半。因为直流输电工程耗资的主要部分是两端变流设备，单价是随输电距离加长而减少，输电距离愈远愈便宜。而交流特高压输电则不同，它在适用区都可以被直流远距输电更经济地被替代。

③ 输电通道的未来发展

A. 输电通道建设

规划将输电通道建设作为重点之一。规划要求，在实施水电配套外送输电通道的基础上，重点实施大气污染防治行动 12 条输电通道及酒泉至湖南、准东至安徽、金中至广西输电通道。建成东北（扎鲁特）送电华北（山东）特高压直流输电通道，解决东北电力冗余问题，适时推进陕西（神府、延安）电力外送通道建设。结合受端市场情况，积极推进新疆、呼盟、蒙西（包头、阿拉善、乌兰察布）、陇（东）彬（长）、青海等地区电力外送通道论证。

“十三五”期间，新增“西电东送”输电能力 1.3 亿 kW，2020 年达到 2.7 亿 kW。

B. 优化区域主网架

全国同步电网格局，调整完善区域电网主网架，提升各电压等级电网的协调性，探索大电网之间的柔性互联，加强区域内省间电网互济能力，提高电网运行效率。

东北地区，西电东送、北电南送的格局随着外送通道建设改变。同时对几大外送输电工程建设、省内与周边省份电网建设，到2020年东北地区初步形成1 700万kW外送能力。

华北地区，西电东送格局基本不变，京津冀鲁接受外来电力超过8 000万kW。计划建设多条特高压输电工程，建设张北至北京柔性直流工程，研究实施区域内电网互联，加强500 kV电网建设优化和配电网升级改造。

西北地区，重点是加大电力外送和可再生能源消纳能力。推进特高压直流外送通道建设。完善750 kV主网架，增加区域内电力互济能力。

华东地区，长三角地区新增外来电力3 800万kW。建设区域内特高压电网、输变电工程和区域内联网工程，优化区域内电网结构。

华中地区，实现电力外送到电力受入转变，湖南、湖北、江西新增接受外电达到1 600万kW。实现区域内电网互联和省间电网加强，优化水电外送方案。

南方地区，推进西电东送，建设输电通道，送电规模达到4 850万kW，优化主网结构，此外各省根据实际情况解决当前电网存在问题。

C. 配电网建设、农网改造、智能电网

加强城镇配电网建设。推行模块化设计，规范化选型，标准化建设。中心城市建设高标准配电网，北上广深等超大型城市建成世界一流配电网，城镇地区适度超前建设配电网。同时充分考虑可再生能源、分布式电源等需求。

实施新一轮农网改造。加快新型小城镇、中心村电网和农业生产供电设施改造升级，结合“光伏扶贫”等新需求，建设配网示范工程。实施偏远、贫困地区电网建设攻坚和改造升级。

推进智能电网建设，提高电网优化和配置多种能源的能力。加强厂站级智能化建设，全面建设智能变电站。推广应用在线监测、状态诊断、智能巡检系统，建立自然灾害预警体系。推进配电网自动化建设和柔性控制能力，示范应用配电侧储能系统和柔性直流输电工程。

构建“互联网+”电力运营模式，推广双向互动智能计量技术应用，加强电能服务管理平台建设。推进智能电网建设，支撑智慧城市创新示范区。

三、建设具有中国特色的现代能源体系

我国能源发展和改革的战略导向已基本明确，主要集中在能源消费总量控制、煤炭清洁高效利用、大力发展清洁能源、能源体制改革上。

(一) 我国未来能源发展的核心任务与思路

1. 首要任务：控制煤炭消费

我国已经进入推进能源革命的战略机遇期。“十三五”期间将加快建设安全、清洁、高效、低碳的现代能源体系，其首要任务是控制煤炭消费，并加强煤炭清洁利用，适度发展现代煤化工。

2. 总体思路：优化能源布局

面对我国能源发展中出现的两大矛盾——供需逆向分布、能源与水逆向分布，“十三五”能源发展规划的总体思路是对能源布局进行优化。

面对能源赋存条件的限制，“十三五”规划的能源生产布局依旧是“五基两带”，即东北、山西、鄂尔多斯、西南、新疆五大能源基地，核电及海上两个能源开发带。

14 个大型煤炭基地的产煤量占全国煤炭产量的比重在“十三五”期间将达到 95%以上。由于煤炭供给过剩，因此对煤炭基地的规划将划分层次，区别对待。优先开发蒙东、黄陇和陕北基地，巩固发展神东、宁东、山西基地，限制发展东部即冀中、鲁西、河南、两淮基地，优化发展新疆基地。新疆基地将在“十三五”之后发挥更大作用。东部地区依然可以建设新的煤电项目，但条件将更为苛刻——必须达到较高的排放标准，而且煤炭消费总体规模不得扩大。

3. 核心内容：能源安全与利用效率

保障能源安全、提高能源利用效率是“十三五”能源规划的核心内容。环境资源问题和节能减排压力迫使传统能源产业加快转型升级，而产业转型升级将是能源产业的主旋律。“十三五”时期，我国将构建发达现代产业体系。

(二) 能源电力发展的“十大任务”

1. 煤炭：控制消费总量

“十三五”规划将把控制能源消费总量作为重要任务，其中煤炭总量控制为重点。煤炭消费量控制的重点将落到经济发达省(直辖市)，主要方式是大气污染防治。

从消费总量看，煤炭在“十三五”期间仍然是发电的主要燃料，因此煤炭利用的发展方向将被引导至集中高效燃烧，减少散煤燃烧将成为目标。煤化工是否要发展争议较大，但从顶层设计思路看，现阶段煤化工对国家战略上的意义重大，还需要有序发展。煤化工可以提供战略储备，并在油气紧张时，煤制油气可以作为替代能源保证应急需求，同时增加我国在国际谈判中的底气。

科学指导“十三五”时期煤炭工业科学发展。要认清当前煤炭行业面临的严峻形势，坚持科学调控煤炭总量，加快调整煤炭产业结构，推进煤炭清洁高效发展，更加注重煤炭科技创新，营造行业发展的良好环境。

2. 油气：基本实现市场化

《油气行业“十三五”规划》将按照“稳油增气”的原则，着重解决天然气价格和市场规模的问题。在推进科技创新不断提高油田采油率的同时，将加快深海油气和非常规油气的开发。此外，油气改革也将加速推进。“十三五”期间中国油气行业有望基本实现市场化，交易中心基本建成，基础设施可以公平接入。

3. 电力：绿色化、智能化、市场化

十八大以来，习近平总书记提出能源“四个革命、一个合作”的战略构想，标志着我国进入能源生产和消费革命的新时代，对能源规划特别是电力规划提出了更高的要求和期望。为适应新形势发展的需要，“十三五”时期亟须对电力规划进行革命性的调整和创新。

“十三五”及未来一段时期，我国电力发展仍有较大的增量空间，应当适应新常态，树立系统、全面、协调的规划理念，建立“全国一盘棋”的统一规划机制，采用综合资源规划等方法，统筹增量优化与存量调整，打造高效、智能、安全的现代电力系统，全面提升系统效率、经济效益和环保水平。

4. 火电：合理调控煤电装机

“十三五”及未来较长时期，火电发展将面临更为严峻的形势。从电力供需平衡分析，目前已核准待建的火电项目的发电能力已超过“十三五”新增电力需求。

按照非化石能源优先发展的原则，扣除非化石能源发电量后，“十三五”留给火电的增长空间仅为 9 000 亿度左右，新增火电装机 2 亿 kW（按平均利用 4 500 小时测算）即可满足需求。而目前全国火电机组核准在建规模 1.9 亿 kW，已核准待建的约 2 亿 kW，若这些项目全部在“十三五”建成投产，则 2020 年火电将达到 13 亿 kW，比 2015 年增加 3 亿 kW 左右。如果“十三五”电力规划不对煤电进行合理调控，2020 年煤电装机可能会超过我国长远所需要的煤电总装机峰值，也即意味着煤电机组永久过剩。这是“十三五”规划与以往任何五年规划都不同的特点，需引起高度关注。

5. 核电：内陆核电有望破局

按照“十三五”规划，到 2020 年，我国运行核电装机容量将达到 5 800 万 kW，在建 3 000 万 kW。“十三五”期间，核电建设将主要开发东部沿海，中部适当开发一两个。

为引进自主开发的新型核电站将投入共 5 000 亿元资金，到 2030 年前，力争在发电能力和运行数量方面超过日美，成为世界最大的“核能强国”。

“十三五”期间核安全要求将进一步提高。“十三五”期间的目标是核应急体系进一步完善，技术装备水平大幅提升，实际应对能力显著增强，重点任务是完善法规标准预案体系、推进核应急基础设施建设、开展核应急关键技术研究、加强核应急培训和演习演练、深化核应急国际交流与合作。

6. 水电：大型水电基地建设是重点

“十三五”期间，我国水电发展的重点为大型水电基地建设，按十三大水电基地划分，在 2020 年十三大水电基地的总体开发程度需达到 70%。我国水电建设任务仍十分艰巨。

7. 风电：淡化装机目标

“十三五”风电规划将淡化装机目标，重在调整政策，并重点解决补贴资金、弃风限电问题。“十三五”风电工作重点不是规划目标，而是“稳中求进”，保持政策稳定性，具体包括：装机目标不低于“十二五”时期年度市场增量；项目布局集中与分散并举；完善补贴政策，促进可再生能源全额保障性收购制度落地。“十三五”期间会积极拓展的领域包括：消纳能力充足的地区建设规模上不封顶；推动技术进步，促使风电成本下降；在行政管理领域进一步简化风电项目的市场准入等。

8. 光伏：降补贴、降成本

“十三五”光伏规划将继续保持较快发展，尤其要扩大分布式规模，并重点提高转换效率、降低成本，提高全产业链竞争力。

“十三五”时期光伏行业的一个重要使命就是实现产业升级，通过扩大先进产能规模，加快淘汰落后产能，实现光伏行业健康、可持续发展。

9. 节能环保：更加强化约束性指标

“十三五”时期我国将更加注重大气污染防治等方面的工作安排，节能减排等多项约束性指标会只会加强，考核问责制度更加严格。

“环保”十三五规划将涉及绿色金融、绿色信贷、绿色保险等内容，通过政策引导和金融创新的方式打通困扰环保领域的资金问题，最大限度地带动社会资金，为 PPP 模式的长期稳健发展提供基础。此外，第三方治理等市场化方向有望被推进，环保企业将向着更加专业的环境服务商方向发展。

10. 可再生能源汽车：实现产业化

“十三五”规划的重点是要解决可再生能源汽车在补贴减少或没有价格补贴的

情况下，依然能够良好运营、获得市场能力的问题。规划到2020年，国内可再生能源汽车的总量能达到200万辆。

“十三五”电动汽车科技发展战略的总体目标是：到2020年，建立起完善的电动汽车动力系统科技体系和产业链技术系统，实现各类电动汽车的产业化，促进可再生能源汽车战略新兴产业进入快速成长期。

“十三五”电动汽车规划将继续坚持“纯电驱动”的技术转型战略，开发电动汽车动力系统技术平台，超前研发下一代技术，完善电动汽车产业链，支撑电动汽车产业化发展。将继续坚持“三纵三横”的基本技术体系，即纵向发展燃料电池动力系统、混合动力系统、纯电动力系统，横向发展动力电池与电池管理、电机驱动与电力电子、电子控制与智能技术。整体规划将针对世界可再生能源汽车发展的最新趋势和我国可再生能源汽车产业的实际状况，从基础科学问题、系统集成技术、共性核心技术以及集成开发与示范四个方面，设定并攻关各专项中的重点任务。

（三）优化能源系统的主要任务

以提升能源系统综合效率为目标，优化能源开发布局，加强电力系统调峰能力建设，实施需求侧响应能力提升工程，推动能源生产供应集成优化，构建多能互补、供需协调的智慧能源系统。

1. 优化能源开发布局

根据国家发展战略，结合全国主体功能区规划和大气污染防治要求，充分考虑产业转移与升级、资源环境约束和能源流转成本，全面系统优化能源开发布局。能源资源富集地区合理控制大型能源基地开发规模和建设时序，创新开发利用模式，提高就地消纳比例，根据目标市场落实情况推进外送通道建设。能源消费地区因地制宜发展分布式能源，降低对外来能源调入的依赖。充分发挥市场配置资源的决定性作用和更好发挥政府作用，以供需双方自主衔接为基础，合理优化配置能源资源，处理好清洁能源充分消纳战略与区域间利益平衡的关系，有效化解弃风、弃光、弃水和部分输电通道闲置等资源浪费问题，全面提升能源系统效率。

2. 加强电力系统调峰能力建设

加快大型抽水蓄能电站、龙头水电站、天然气调峰电站等优质调峰电源建设，加大既有热电联产机组、燃煤发电机组调峰灵活性改造力度，改善电力系统调峰性能，减少冗余装机和运行成本，提高可再生能源消纳能力。积极开展储能示范工程建设，推动储能系统与可再生能源、电力系统协调优化运行。推进电力系统运行模式变革，实施节能低碳调度机制，加快电力现货市场及电力辅助服务市场建设，合理补偿电力调峰成本。

3. 实施能源需求响应能力提升工程

坚持需求侧与供给侧并重，完善市场机制及技术支撑体系，实施"能效电厂""能效储气库"建设工程，逐步完善价格机制，引导电力、天然气用户自主参与调峰、错峰，增强需求响应能力。以智能电网、能源微网、电动汽车和储能等技术为支撑，大力发展分布式能源网络，增强用户参与能源供应和平衡调节的灵活性和适应能力。积极推行合同能源管理、综合节能服务等市场化机制和新型商业模式。

4. 实施多能互补集成优化工程

加强终端供能系统统筹规划和一体化建设，在新城镇、新工业园区、新建大型公用设施（机场、车站、医院、学校等）、商务区和海岛地区等新增用能区域，实施终端一体化集成供能工程，因地制宜推广天然气热电冷三联供、分布式再生能源发电、地热能供暖制冷等供能模式，加强热、电、冷、气等能源生产耦合集成和互补利用。在既有工业园区等用能区域，推进能源综合梯级利用改造，推广应用上述供能模式，加强余热余压、工业副产品、生活垃圾等能源资源回收及综合利用。利用大型综合能源基地风能、太阳能、水能、煤炭、天然气等资源组合优势，推进风光水火储多能互补工程建设运行。

5. 积极推动"互联网＋"智慧能源发展

加快推进能源全领域、全环节智慧化发展，实施能源生产和利用设施智能化与可再生能源、电力系统协调优化运行。推进电力系统运行模式变革，实施节能低碳调度机制，加快电力现货市场及电力辅助服务市场建设，合理补偿电力调峰成本。

四、中国能源资源机制体制发展历程

（一）中国一次能源的产消发展

自 20 世纪 90 年代中期以来，随着城镇化步伐不断加快，中国一次能源的消费水平也发生了根本性的变化。在社会总量需求、特别是质量需求不断上升的巨大压力下，中国的能源供给开始从自给有余逐步走向国际化的道路。整体而言，改革开放以来，中国一次能源的产消变化大体经历了以下两个阶段：

一是自给有余阶段（1978—1991 年），虽然能源生产和消费均在改革开放后呈现明显的增长势头，但 1990 年以前二者基本维持平衡，能源生产量略高于消费量，

差距基本维持在 5×10^8 t，约为当时生产和消费量的 5%—8%的水平。这一时期，煤炭、石油、天然气和水电均处于自给有余的状态，煤炭和石油供给充足。

二是国际化转型阶段(1991 年以后)，随着改革开放的深入，中国城市化和工业化均步入了蓬勃发展时期，相应而来的大规模能源需求，也造成了国家能源开始出现供应不足，这一现象最初出现在 1992 年，该年能源自给率下跌到 98.2%，比 1991 年降低约 3 个百分点，从此中国开始进入能源供应部分依赖国际的发展阶段，能源自给率持续走低，能源产消差一路高升。2007 年，中国一次能源的自给率为 88.7%，年供需缺口达到 3.01×10^8 t，占到中国能源消费总量的 11.3%。中国能源首次出现了煤炭、石油、天然气和水电四大能源产消差状态同时表现负值的情形。2017 年中国原油进口达 41 957 万吨，进口天然气 946 亿立方米，能源消费总量 44.9 亿吨标煤。这是中国当前的能源消费状况，石油、天然气大幅依赖进口，已探明的可燃冰要进入大规模商用阶段还需要十几年，页岩气的开采勘探技术仍不成熟，能源安全问题日益凸显。

供需逆向分布、能源与水逆向分布的两大矛盾决定中国的能源生产布局是“五基两带”，各种长距离的逆向运输通道不断建设交付使用。经济转型、资源短缺、环境恶化引发能源生产和消费革命。中国不得不进行能源机制体制改革。电力作为现代社会不可缺少的二次能源，在国民经济生活中扮演日益重要的角色，市场倒逼引发电力体制改革。

(二) 中国电力机制体制改革发展

长期以来，我国的电力行业主要由近百家大型发电企业和两家电网企业共同支撑，一方面通过集约化管理和规模效应，在经济建设的高峰期满足了用电需求的快速增长；另一方面由于市场地位的不断加强，也给市场经济的形成带来了较大的壁垒。多种因素影响下，开展电力体制改革，梳理电力价格形成机制，提高客户用电效率已迫在眉睫。这注定是一个需要全球客户、政府部门、发电企业、电网企业、金融企业、用户共同来协调的问题。

1. 电力体制改革历程

从 1970 年到 1987 年，中国连续 18 年缺电，此时，国务院已经意识到“一家办电，大家用电”的模式不可继续。因此国务院于 1985 年 5 月颁布《关于鼓励集资办电和实行多种电价的暂行规定》(下称《集资办电规定》)。推行“集资办电”，可使用银行贷款，改变了过去电力建设全部依靠财政拨款的做法。集资新建的电力项目按还本付息的原则核定电价水平，打破了单一的电价模式，培育了按照市场规律定价的机制。

从 1987 年到 1998 年，高耗能的化工厂、有色冶炼企业也发展起来，针对供电不足的状况，中央决定允许让高耗能企业建自备电厂，自发自用。为了进一步推动电力企业建立现代企业制度，建立新的企业机制，充分调动各方面办电的积极性，更好地执行多家办电、多渠道筹资办电的方针，加快电力工业的发展，更好地发挥电力工业在国民经济中的先行作用，国家逐步开展电力行业“政企分开”，撤销电力工业部，成立国家电力公司，承接原电力部下属的五大区域集团公司、七个省公司和华能、葛洲坝两个直属集团。这是对电力工业管理体制进行改革，原电力部行使的政府管理权移交给国家经贸委。

2002 年 2 月，国务院下发《国务院关于印发电力体制改革方案的通知》(业内称为“5 号文”)，决定对电力工业实施以“厂网分开、竞价上网、打破垄断、引入竞争”为主要内容的新一轮电力体制改革。此后，原国家电力公司拆分为两大电网公司和五大发电集团，即国家电网、南方电网以及国电、华电、华能、大唐和中电投。为电力体制改革规划了一条市场化的中长期路线：通过厂网分离、主辅分离、输配分离、竞价上网四步改革措施逐步构建起竞争性的电力市场。

目前我国售电公司处于起步阶段，2015 年 3 月 15 号中共中央发布〔2015〕9 号文《关于进一步深化电力体制改革的若干意见》，提出了建立相对独立的电力交易机构，形成公平规范的市场交易平台。

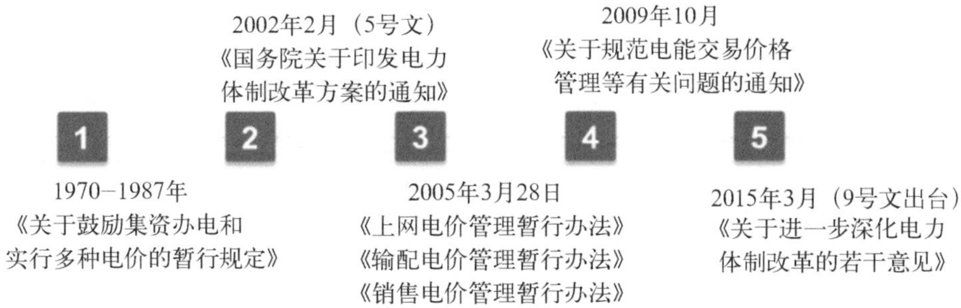

图 2-8　电力机制体制改革历程

文件中明确了深化电力体制改革的重点和路径：在进一步完善政企分开、厂网分离、主辅分离的基础上，按照管住中间、放开两头的体制架构，有序放开输配以外的竞争性环节电价，有序向社会资本开放配售电业务，有序放开公益性和调节性以外的发用电计划；推进交易机构相对独立，规范运行；继续深化对区域电网建设和适合我国国情的输配电体系体制研究，进一步强化政府监管、电力统筹规划，以及电力安全高效运行和可靠性供应。

目前中国电力行业已破除独家办电的体制束缚，从根本上改变了指令性计划体制和政企不分、厂网不分等问题，初步形成了电力市场主体多元化竞争格局。多元化竞争格局促进了电力行业快速发展，提高了电力普遍服务水平，形成了多元化市场体系，完善了电价形成机制，探索了电力市场化交易和监管机制。

2. 电力体制改革的意义

电力体制改革一是促进了电力行业快速发展，目前中国电网规模和发电能力位列世界第一。二是提高了电力普遍服务水平，通过农网改造和农电管理体制改革等工作，农村电力供应能力和管理水平明显提升。三是初步形成了多元化市场体系。在发电方面，组建了多层面、多种所有制、多区域的发电企业；在电网方面，除国家电网和南方电网外，组建了内蒙古电网等地方电网企业；在辅业方面，组建了中国电建、中国能建两家设计施工一体化的企业。四是电价形成机制逐步完善。在发电环节实现了发电上网标杆价，在输配电环节逐步核定了大部分省的输配电价，在销售环节相继出台差别电价和惩罚性电价、居民阶梯电价等政策。五是积极探索了电力市场化交易和监管。相继开展了竞价上网、大用户与发电企业直接交易、发电权交易、跨省区电能交易等方面的试点和探索，电力市场化交易取得重要进展，电力监管积累了重要经验。

五、中国电力科技领域如何布局发展

科技决定能源的未来，科技创造未来的能源。能源技术创新在能源革命中起决定性作用，必须摆在能源发展全局的核心位置。围绕可能产生重大影响的革命性能源技术创新和对建设现代能源体系具有重要支撑作用的技术领域，明确之后我国能源技术创新的工作重点、主攻方向以及重点创新行动的时间表和路线图。

电力，作为能源产业中的一个分类，是现代社会日益重要、不可缺少的二次能源。2017 年，中国全社会用电量 63 077 亿 kWh，人均用电量和人均生活用电量分别为 4 589 kWh 和 628 kWh。因此，电力需求量及影响力巨大，开展电力科学技术研究是能源领域技术发展的重点之一。

（一）中国电力科技领域的发展需求

根据电力系统构成要素，可将能源电力科技分成以下几个领域：

1. 燃煤发电技术领域

发电技术和装备不断向高参数、大容量、高效及低排放方向发展，锅炉及汽轮机的制造和运行控制技术取得长足进步，总体技术接近国际先进水平，部分技术达到国际领先水平。

国际先进水平：1 000 MW 级和 600 MW 级 600℃超超临界燃煤机组数量及装机容量均居世界首位，拥有自主知识产权并已出口国外，机组发电效率可超过 45%，已达到国际先进水平；二次再热发电技术具备自主开发和制造的能力，技术水平与国际先进水平相当。

国际领先水平：我国循环流化床燃烧技术、装备研发及运行控制技术。例如：四川白马 600 MW 超临界机组，为世界首台 600 MW 超临界循环流化床锅炉，蒸汽参数 25.4 MPa/571℃/569℃，机组效率达到 43.2%。

接近国际先进水平：整体煤气化联合循环发电技术，例如：天津 IGCC 发电技术首座示范电站。

2. 输配电技术领域

特高压交流 1 000 kV、直流±800 kV 系列成套装备已实现国产化，在电压等级、输电距离、传输容量、关键设备等方面不断刷新世界纪录，整体达到国际领先水平。

3. 可再生能源发电技术领域

我国可再生能源发电技术起步较晚，但发展很快。风电的单机容量和关键技术不断进步，已经形成了 4 MW 以下风电机组整机及关键零部件的设计制造体系，初步掌握 5 MW—6 MW 风电机组整机集成技术，风机制造企业在国际上占据重要地位。

我国海上风电综合实力整体较弱，机组容量以 3 MW—4 MW 为主，6 MW 机组处于样机试验阶段，并且我国严重缺少海上风电施工经验，运行维护与专业监测亟须加强。

太阳能发电方面，形成以晶硅太阳能电池为主的产业集群，生产设备部分实现国产化，薄膜太阳能电池技术产业化步伐加快。目前，多晶硅电池平均转化效率达到 18%，单晶硅电池平均转化效率接近 20%，薄膜电池效率最高达到了 21%，均处于全球领先的水平。太阳能热发电技术取得重要成果，其中塔式和槽式发电项目已经开展示范应用。

生物质能发电方面，基于纯生物质原料的直燃发电是我国生物质发电成熟的主流技术，生物质气化发电规模还较小，生物质直燃发电已初具产业规模。

海洋能发电方面，整体处于示范应用向产业化转化的重要阶段，其中，潮汐能发电技术已趋于成熟，建成投运了多个潮汐电站；波浪能和海流能发电技术研发与小型样机示范取得进展，温差能发电仍停留在实验室试验阶段。

地热能发电方面，中低温地热发电技术基本成熟但关键材料与设备的国产化率较低；高温地热蒸汽发电技术与国外存在较大差距；深层高温地热钻井方面尚没有形成相关技术储备。

4. 水力发电领域

我国高坝大库、大容量、长引水洞、大型地下洞室等总体技术走在国际领先行列。

水电机组及金属结构技术方面，通过引进、消化、吸收、再创新，已实现跨越式发展，具备了自主研制大型水电机组的能力，核心技术的开发和关键部件的制造达到了国外同等水平。

在金属结构制造方面，泄洪控制闸门及启闭机技术达到国际水平，制造与安装技术已居国际领先水平。

5. 核电技术领域

第三代核电技术（压水堆）水平达到世界先进水平，高温气冷堆技术方面，已研制成功世界首台套大功率电磁轴承主氦风机工程样机，处于世界领先水平。在快堆技术方面（快堆技术将使铀资源的利用率提高 50—60 倍），发电功率 20 MW 的试验快堆已并网发电，安全指标部分已达到第四代先进核能系统的安全目标要求，接近国际先进水平。成为继俄罗斯之后掌握运行中的快中子堆技术的第二个国家。

6. 燃气轮机发电领域

重型燃气轮机的引进和自主研发使我国在燃气轮机设计、制造、燃烧等基础领域取得进展，但燃气轮机技术水平与发达国家差距巨大，国内发电用燃气轮机设备严重依赖进口，国际先进的 G/H、J 级重型燃气轮机初温已经达到 1 500—1 600℃，简单循环发电效率达到 40%—41%，联合循环发电效率已达到 60%。

在微型燃气轮机方面，微型燃气轮机主要用于冷热电联供系统，属于分布式能源系统，从目前使用情况看设备系统可靠性高，维修成本低，使用寿命长（20 年），能源利用率高（热电综合利用率为 75%—90%）。尚处于发展和推广阶段。

（二）中国电力科技领域重大方向及关键技术

从落实国家能源发展战略、解决能源支撑我国经济社会发展、推进全球能源可持续发展等重大问题，“十三五”期间，在电网方面，以逐步提高可再生能源发电量在总用电量中的比例为核心目标，需要重点开展智能电网重大技术研发，超前部署我国新一代能源系统及全球能源互联网关键技术研究；在发电方面，以优化能源结构、提高非化石能源占一次能源消费比重为目标，重点发展水力发电、安全发展核电技术。“十三五”期间，我国电力科技领域将重点开展9个重大技术方向的38项关键技术研究工作。

1. 智能电网技术

智能电网已经成为全球电网发展和进步的大趋势，欧美等发达国家已经将其上升为国家战略。我国在智能电网关键技术、装备和示范应用方面具有良好的发展基础和国际竞争力。智能电网技术体系涵盖发电、输电、变电、配电、用电和调度等多个环节。

（1）大规模可再生能源并网调控技术

目前，我国可再生能源发电并网容量已处于世界前列，风电和光伏发电累计并网容量分别跃居全球第一和第二位。但风电与光伏发电的间歇性与随机性特征，难以适应电力生产消费的同时性要求，全国范围内部分时段存在弃风、弃光问题，需要在大容量储能技术的核心指标上取得重大突破。

重点突破大规模可再生能源基地电力外送与调控、大规模分布式能源灵活并网运行控制、常规/供热机组调节能力提升与弹性控制、新型大容量电力储存、海洋平台电力系统互联与稳定控制、海上风电/光伏发电接入与送出等一批核心关键技术。

（2）大电网柔性互联技术

这方面我国已具备一定的技术基础和工程经验，存在主要问题是大容量、远距离输电能力仍显不足，适用于特殊场合的新型输电技术和更高电压等级的柔性直流输电技术尚待突破。

重点突破500 kV以下基于架空线的柔性直流输电技术，重点研发大容量柔性直流转换器等先进输变电设备；2020年，研制超高压柔性直流输电及组网成套装备。

（3）现代配电网多元用户供需互动用电技术

随着配电网可再生分布式能源发电的高比例接入、大容量电动汽车充电设施的普遍设立，电网负荷峰谷差更加难以调整，传统的被动型配电网将难以适应这些新的需求与变化，需要采用主动配电网技术解决现代配电网建设中遇到的新问题。

重点突破主动配电网规划技术、配电网与用户互动技术、高功率电动汽车充电的配电网适应性技术等。示范应用智能用电、电动汽车充电及电池梯级利用工程和新型电能替代设备。

(4) 储能新技术

目前抽水蓄能电站是电力系统大规模储能的主要形式,但抽水蓄能电站受地理位置和水资源的限制,随着新型储能电池研究的深入发展,“十三五”期间将是新型化学储能技术逐步向大容量、高效率、长寿命发展阶段,并有望进入商业化应用。

重点研究新型化学储能技术:针对大规模可再生能源消纳的新型化学储能系统应用技术;功率为兆瓦级的新型电能与其他能源形式的转化装备;重点突破用于电力储能的百兆瓦级新型化学储能系统的集成与监控关键技术。

2. 我国新一代能源系统技术

能源开发实施清洁替代,能源消费实施电能替代,是人类用能模式的发展趋势与终极目标。构建新一代能源系统,需要重点研究解决源端、受端和传输的一系列重大科学和工程技术问题。

(1) 源端综合能源电力系统关键技术

我国国民经济和能源电力发展面临严峻形势,化石能源带来严重雾霾,急需大规模、高比例开发利用可再生能源。需要寻求消纳具有间歇性、随机性的可再生能源的综合解决方案,构建以可再生能源为主的源端综合能源电力系统。

重点研究以电网为主干、涵盖大规模可再生能源的综合能源电力系统仿真技术,示范应用可再生能源制氢工程。

(2) 受端综合能源电力系统关键技术

传统电力系统不支持多种一次和二次能源相互转化和互补,既难以支撑高比例分布式清洁能源电力接入电力系统,又不适应大量分布式光伏发电、小型风电、冷热电三联供、电动汽车、蓄电池、氢能等“即插即用”式设备的接入。

重点研究受端综合能源电力系统规划运行技术,2020年掌握受端多种能源网融合规划、高渗透分布式能源接入和利用的一系列关键技术。构建受端综合能源电力系统仿真平台。建成多个冷、热、电综合能源电力系统的示范工程。

(3) 未来我国西部直流电网技术

我国西部直流电网目前仅为概念构想,利用前沿输电技术将西南地区的水能、“三北”地区的太阳能和风能汇集并连接成多个地区性直流电网,利用输电技术及直流电压变换技术送往中东部负荷中心区域,提高电压等级和输电容量是直流网络需要解决的关键问题。

重点研究直流组网的理论和技术，2020 年开展示范应用西部多可再生能源基地直流网及送出工程的前期工作。

3. 全球能源互联网技术

全球能源互联网技术是基于清洁能源主导、能源消费电气化和全球配置能源资源的思路，解决可再生能源大规模利用在空间和时间上扩展的前瞻性技术问题。“十三五”期间，需要研究全球能源互联网战略规划技术；重点突破适用于大容量、远距离输电技术，以及大电网安全稳定运行和控制技术等。

（1）全球能源互联网战略规划技术

全球能源互联网规模大、结构复杂，需要在规划分析理论、市场空间预测、电力流格局规划和特大规模电网结构设计等方面开展重点攻关。

2020 年，建成全球风能、太阳能、海洋能等多种可再生能源资源数据库，客观和精确掌握全球可再生能源的资源储量、分布情况和可开发规模。

（2）大容量、远距离输电技术与装备

我国特高压交直流输电技术总体上处于国际领先水平。对于特高压直流的换流变压器、直流穿墙/换流变套管、直流场开关器件等高端装备少数核心器件的制造技术国内尚未完全掌握，需要“十三五”期间重点攻关。

2020 年，研制成功±1 100 kV 特高压直流穿墙套管，提升直流输电重大装备、核心部件的国产化水平，核心部件自制率达到 70%—90%，建立特高压直流受端分层接入示范工程，建成±1 100 kV 特高压直流输电示范工程。

4. 高效清洁火力发电技术

发展高效、清洁、低碳的燃煤发电技术与清洁的燃气发电技术是我国经济社会发展的迫切要求和维护国家安全的重大战略需要。其发展方向一是提高煤炭的能源利用率，二是降低发电机组的污染物排放浓度和总量，三是减少 CO_2 的排放强度。

（1）700℃超超临界发电的关键技术

700℃超超临界发电技术的发电效率接近 50%，比 600℃超超临界发电技术高 4%。目前，欧美和日本等国家基本完成材料筛选及性能测试、大型铸件试验生产、高温部件验证平台制造、大型耐热合金部件验证的工作。我国在该项目上起步较晚，关键技术与国外存在差距。

我国将继续进行拥有自主知识产权的低成本、高强度高温合金材料的开发工作，锅炉受热面管材已在华能南京热电厂挂网运行。到 2020 年，形成具有核心竞争力的具有自主知识产权 700℃超超临界燃煤发电技术，完成关键材料和关键部件的研制，完成 600 MW 等级 700℃先进超超临界发电系统的方案设计，择机签订示范工程。

（2）超超临界循环流化床发电技术

白马 600 MW 超临界 CFB 锅炉示范工程的成功运行，标志着我国已经具备大型超临界 CFB 锅炉的设计制造能力。但与煤粉锅炉相比，循环流化床锅炉设备的利用率和效率偏低，同时实现火电厂污染物超低排放难度较大。

重点突破 CFB 锅炉烟气污染物超低排放技术，进一步提高 CFB 机组发电效率，到 2017 年掌握 CFB 锅炉烟气污染物超低排放技术；2020 年完成 600 MW 等级超超临界 CFB 发电机组初步设计，效率和设备利用率达到同等级别煤粉锅炉水平。

（3）联合循环发电及煤基多联产技术

联合循环发电及煤基多联产系统是一种综合考虑资源、能源和环境效益系统，是未来主要的能源技术之一，是煤炭利用的发展趋势。

对于联合循环发电，目前第三代 IGCC 技术正在研发中，已建立的 IGCC 示范电站技术达到国际先进水平，但经济性和可靠性是影响其商业化的关键因素；对于煤基多联产国内外已开展了大量的生产流程与产品生产方式的创新研究，技术关键和难点仍是煤的热解和气化装置的开发。

重点研究以空气为气化剂的气化炉以及与其相应的 IGCC 系统，2017 年，突破低阶煤干馏关键技术和设备，完成 IGCC＋CCUS 技术和煤基多联产 IGCC 电站的可行性研究。2020 年，建成以褐煤低温干馏为基础的煤电化工一体化示范工程。

（4）特种煤发电技术

我国一些地区存在大量有特殊成分的燃煤，如新疆准东煤田金属含量大、内蒙古的褐煤水分含量大，目前尚无大机组 100％燃烧准东煤及褐煤的可靠技术方案，需要研究在 600 MW 等级机组上的应用并积累经验。

继续开展特种煤燃烧、结渣和沾污等特性参数研究、锅炉适应性研究。重点研发适合燃用高钠钾煤的燃烧技术与设备、预干煤燃烧技术与设备、制粉系统。掌握低成本褐煤干燥及水分回收技术，建设示范装置；2020 年，建设高钠钾煤发电示范工程；掌握大型褐煤干燥发电技术，建设示范工程。

（5）燃煤电厂烟气污染物一体化脱除及二氧化碳捕集技术

煤电烟气污染物治理及处理物利用是煤电持续发展的关键因素，但传统烟气净化技术一般针对单一污染物处理，工艺链长、投资和运行成本高。二氧化碳捕集技术对减少温室效应及提高电厂综合效益有重要意义。污染物一体化控制技术国内已进行了大量研究，目前尚无示范工程；二氧化碳捕集技术降低能耗和成本是重点研究内容。

重点研发湿法一体化脱除系统、活性焦一体化联合脱除系统。重点研究新一代高效低能耗的二氧化碳捕集吸收剂和捕集材料，示范应用多种源汇组合的 CCUS 全流程系统，进行 CCUS 全过程技术示范。

(6) 燃气轮机联合循环和微型燃机冷热电联供发电技术

燃气轮机联合循环(NGCC)已成为我国清洁能源发电技术的重要分支，但我国燃气轮机技术水平与发达国家差距巨大，核心部件以及专业技术服务均有国外制造商控制，价格居高不下。我国具有自主知识产权的 100 kW 微型燃气轮机研制已取得重大突破。

重型燃机重点开展 H 型燃机的系统集成研究，加快项目的示范应用；在 F 级燃机方面取得关键部件及技术的自主化突破。重点研发重型燃气轮机的试验验证平台。

(7) 超临界 CO_2 循环发电技术

超临界 CO_2 透平是一种以超临界 CO_2 为工质的基于布雷顿循环原理的动力发电设备，是一种比传统蒸汽轮机更为先进的发电装备，作为一种外燃机，其也可采用太阳能作为热源，由此也诞生了基于超临界 CO_2 循环的光热发电技术。这种新型发动机的研发，美国目前走在世界的前列，并得到美国能源部的支持，因为此项技术在提高发电效率和降低成本方面有巨大的潜力。超临界 CO_2 透平技术用于地面发电厂，除了体积小、重量轻之外，还可以不用水，适合荒漠缺水地区的应用，其应用于太阳能光热发电系统可实现效率的显著提升，是太阳能光热发电的理想选择，该系统仅需要较低的热量即可启动发电机，应对负荷变化调整迅速，支持快速启停，这些优点是普通发电系统所无法比拟的。

目前国内电力系统对超临界 CO_2 循环技术研究处于起步阶段，但超临界 CO_2 循环发电技术的研发和应用，将是一种可能带来发电系统变革的技术。

5. 可再生能源发电及利用技术

可再生能源是世界各国科技创新部署的重点，是未来能源电力技术发展的方向。当前，以可再生能源为支点的我国能源转型体系正加速变革，大力发展可再生能源已经上升到国家战略高度，未来我国可再生能源还将大规模发展。

(1) 海上风力发电技术

我国海上风电综合实力整体较弱，机组容量以 3 MW—4 MW 为主，6 MW 机组处于样机试验阶段，并且我国严重缺少海上风电施工经验、运行维护与专业监测亟须加强。

到2020年，形成具备8 MW及以上大型海上风机制造能力；突破海上风电施工和建设、并网运行关键技术；建成海上风电全景监视及综合控制系统。

(2) 太阳能光热发电技术

我国太阳能光热发电起步较晚，在核心设备上与国外相比有很大差距，导致转换效率低，若使用国外产品则成本更高，由于投资成本高导致进展缓慢。

重点突破光热电厂系统集成技术和机组运行技术，重点研发熔盐吸热介质的槽式集热管、线性菲涅尔集热系统、太阳能超临界CO_2布雷顿循环发电系统和设备；推广太阳能光热发电系统，2020年建成西部多个太阳能光热发电示范项目。

(3) 可再生能源发电功率高精度预测技术

风电、光伏发电等可再生能源发电具有随机性、波动性特点，大规模可再生能源并网将对电网安全稳定运行带来影响，不利于可再生能源消纳。国内对可再生能源发电预测能力不足，应对复杂多变的资源条件、大规模可再生能源集群发电、极端天气事件等因素的准确度不高。

重点突破可再生能源资源数值模拟与气象预报技术，重点研发具有自主知识产权的高精度新一代可再生能源功率预测系统，显著提高可再生能源功率预测精度，以广泛用于电力调度机构、风电场和光伏电站。

(4) 可再生能源发电优化调度技术

由于我国电源和电网结构特点，弃风弃光现象将在一段时间内继续存在，高比例可再生能源的调度运行技术有待进一步优化，具有不确定性的多种可再生能源联合优化调度技术有待进一步突破。

6. 水力发电技术

我国的大坝设计和建设、地下大型洞室设计和建设、大型水轮发电机制造等技术均已跻身世界先进水平行列。未来水电发展重点将在高坝工程防震抗震技术、超高坝建设技术、大型地下洞室群关键技术、流域梯级水电站联合调度运行技术、环境保护、移民安置与生态修复技术、数字化、智能化等方向。

(1) 超高坝建设技术

我国200米以上超高坝建设尚处于起步阶段，发展滞后国外20—50年。我国发展200米以上超高坝主要面临复杂性条件、缺乏技术标准、成套技术不成熟等挑战，需要联合协同攻关。

2020年，全面掌握超高坝建设关键技术。完成超高坝安全性评价方法与安全标准、高碾压混凝土坝施工技术要求和质量控制标准、超高土心墙堆石安全评价方法与安全标准制定。

（2）大型地下洞群关键技术

我国西部地区独特的环境使得地下洞群成为水电工程枢纽布置的最佳选择，地下洞群正朝着单机大容量、洞室大跨度、施工大规模和安全高要求的方向发展。

2020年，预期掌握大型地下洞群系统关键技术，解决地下洞群工程建设中所面临的关键科学技术难题。

（3）环境保护、移民安置与生态修复技术

水电开发与生态环境保护问题已经成为我国水电可持续发展的重要制约因素，梯级开发的累积影响、鱼类繁衍、栖息地保护技术不足直接影响水电开发。

2020年，掌握环境保护、移民安置与生态修复等关键技术，提出相应的环境保护对策措施，妥善处理好水电建设与环境保护的关系，实现合理开发水资源和维持河流生态系统功能。

（4）高性能大容量水电机组技术

根据规划和我国水电建设现状，2030—2050年，随着西藏水电的开发，将有四个千万kW级水电站的运行水头超过400米，最大水头达830米，超高水头和超大容量水电将成为我国水电发展的主要方向。实现高性能大容量水电机组及相应配套的自主设计、制造与安装，满足我国到2050年前后水电开发，特别是西藏水电开发的需要，新型超高水头和超大容量的高性能水电机组研制将成为我国水电设备科研及制造的主攻方向。

（5）数字化、智能化水电与研发

国家防汛抗旱总指挥部组织建设了七大流域的三维电子江河系统，中国水电工程顾问集团公司开展了“中国数字水电”基础信息工程建设，2020年，掌握数字化、智能化水电站研发系列关键技术，建成海量空间数据处理及基础、专业数据库体系及基础信息平台。

7. 先进核能发电技术

核能发电是我国能源战略的重要选择，核能技术是我国少数几个在世界上有望获得核心竞争力的高新技术领域之一，核电“走出去”作为国家战略部署的态势已逐渐明确。“十三五”期间，我国核电技术需要重点攻关和提高第三代压水堆核电技术和装备、研究开发第四代核电技术以及模块化小型核反应堆技术等。

(1) 第三代大型先进核电技术及装备

第三代核电已逐渐成为国内外核电发展的主流，我国压水堆设计、建设和运行管理水平已走在世界前列，具备自主设计建设第三代核电机组能力。

我国正在研发的具有自主知识产权的“华龙一号”已获国家批准开工建设；CAP1400正等待国家审批；正在建设的山东石岛湾高温气冷堆核电站示范工程是我国核电重大专项的重要成果之一，为发展第四代核电技术奠定基础。

2020年，我国将完善大型先进压水堆的各个环节，实现自主化、国产化，不受制于人，具备以完全拥有自主知识产权的中国核电品牌走向国际市场的能力，彻底解决核废料安全处置问题。

(2) 第四代核电技术

第四代先进核反应堆共确定六种堆型，其中三种是快中子反应堆，钠冷快堆是其中技术最成熟的一种，其技术先进具备大规模工业开发基础。

我国快堆正处于实验阶段，目前在示范应用、运行经验、建设掌握等方面整体水平低于俄罗斯、美国、法国和日本。到2020年，掌握第四代核电关键技术和先进反应堆的方案设计。

(3) 模块化小型核反应堆技术

小型堆具有安全性高、适用性广、占地小、建设周期短、投资低等特点，在发电同时可为工业供汽、城市供热、海水淡化提供蒸汽，实现电、热、水联产；也可应用于海岛、海上平台及大型船舶。

我国自20世纪80年代开始小型反应堆技术研究，但一些关键设备制造与国外还有一定差距，2020年，掌握小型模块化反应堆动态运行和控制技术，示范应用于北方城市集中供热、沿海海水淡化等。

8. 系统能效提升技术

(1) 多能源超大系统协同增效及综合能量管理技术

能源系统要充分利用信息时代处理“大数据”的优势，力争在最大程度上实现能源系统协同优化设计，提高能源利用效率。一方面，未来能源系统的分布式、小规模开发利用成为重要方向；另一方面，消费者同时又可能是生产者，能源普遍服务将成为可能。在城镇、农村及边远地区公共设施、公用建筑物、居民住宅等领域，大力发展分布式光伏、水电、太阳能、天然气冷热电联供、余热余压发电等资源综合利用进行示范和推广，实现能源多渠道供应和多层次开发。

（2）火电厂余热利用和海水淡化集成优化

成本高是制约海水淡化推广应用的瓶颈，热法海水淡化抽汽成本占到40%左右，火力发电很多低品位余热能与海水淡化用能存在互补性，将两者集成是当今国内外大型海水淡化工程建设的新模式，但存在温度合理匹配问题及对环境变化和机组负荷变化的响应特性的问题，需要进一步优化设计。2020年，掌握海水淡化装置与火力发电机组余热利用耦合设计，开展余热利用低温多效蒸馏海水淡化技术基础研究，开展可用于拥有低温热源的企业低成本制取高品质淡水的推广应用。

9. 基础性、前瞻性技术研究

（1）电工新材料

电工新材料是电气工程学科发展的基础，电工新材料的电磁等特性直接决定了所生产的各类电气装备的性能和水平，传统电气装备受电工材料电磁参数等限制致使其发展受到制约。未来开发出新一代电工材料将对电气工程学科发展带来革命性影响，对国民经济发展、科学进步，以及国防建设能力的提高有重要意义。

（2）无线输电技术

无线输电距离越长，输电效率越低，技术难度也越大。对于中短距离的无线输电技术来说，基于电磁感应方式的无线输电技术是目前研究最多、应用最为成熟的一种；对于长距离无线输电来说，微波输能成为目前研究解决远距离输电的主流技术，长距离无线输电技术在空间电站电力传输、偏远地区重要负荷供电以及移动负荷供电等方面具有应用前景。未来研究方向重点在：研究提高各种无线输电效率的技术优化措施、提出技术解决方案和工程方法；试验应用不同应用场合、不同应用方式下的无线输电的原型试验装置或示范系统。

（3）超导技术

超导体的特性在电力方面具有重大应用价值。十多年来，随着高温超导技术的发展，超导电力技术的研发取得较大进步，国际上，超导电缆和超导限流器的示范已经达到输电电压等级。我国在高温超导材料制备方面与国际先进水平仍有较大差距，主要体现在高温超导带材的电磁性能和单根超导带材的长度方面。

阅读材料：引人注目的可燃冰开采技术

通过2017年5月成功对可燃冰的试采，中国实现了可燃冰全流程试采核心技术的重大突破，形成了国际领先的新型试采工艺。这是我国首次，也是世界第一次成功实现该类型资源安全可控开采，为天然气水合物广泛开发利用提供了技术储备，积累了宝贵经验。

本次开采采用“地层流体抽取试采法”，有效解决了储层流体控制与可燃冰稳定持续分解难题。同时，成功研发了储层改造增产、可燃冰二次生成预防、防砂排砂等开采测试关键技术，其中很多技术都超出了石油工业的防砂极限。

由于甲烷是比二氧化碳更高效的温室气体，因此天然气水合物的环境问题一直是人们关心的一个重要问题。

2011 年 6 月至 2017 年 3 月，南海水合物环评项目组在神狐水合物区先后共组织了 10 个航次的野外调查工作，调查内容包括海底工程地质特征、海底环境监测、海洋生物特征等，基本查明了水合物试采区的海洋环境特征，同时，发展了一系列我国拥有自主知识产权的水合物环境评价技术，为水合物试采、开发提供了良好基础。

水合物试采的环境问题，主要是试采过程中是否发生不可控的水合物分解，导致甲烷泄漏，从而引起海底滑坡等地质灾害，甚至是甲烷泄漏到海洋或者大气中而引起环境问题。针对这些问题，在试采过程中，一方面根据水合物区海底地形地貌特征、工程地质特征、水合物储层特征，通过合理设计井位及降压方案，从工程设计上避免发生甲烷泄漏所引发的环境问题和灾害问题，另一方面通过布设海底地形、气体渗漏等监测设备，构建了海水—海底—井下一体化环境安全监测体系，实现对温度、压力、甲烷浓度及海底稳定性参数的实时、全过程监测。监测结果显示试采未对周边大气和海洋环境造成影响，整个过程安全、友好、可控、环保。

本次开采试验为后续研究提出了很多课题。下一步重点是研究如何解决本次试验当中发现的一些问题，并在之后 3—5 年内开展第二次试采，进一步为商业化开采打好技术铺垫。如，试采过程中，由于地层复杂而导致施工困难很大，测井数据采集需要面对高排量与低排量钻进之间的矛盾；泥浆比重配值、钻井安全及地层防漏失问题的协调；地层可动水含量少对测试过程控制造成的困难，以及如何解决长期开采防砂、稳产等难题，都是本次试采遇到的需要通过后续研究来解决的问题。

六、中国在世界能源未来发展中如何布局

中国是世界最大能源消费国，且是过去 20 年世界能源增长的最重要的来源，随

着中国经济的发展，中国对煤炭的依赖越来越小，清洁能源占比逐渐提高，但中国对石油、天然气等化石能源的需求依然很大。能源关乎国家的安全，在未来世界能源发展中，中国不得不提前做好应对策略，从油气管道布局，连接中亚、俄罗斯、南亚等国家，再到国外天然气管道的建设，中国正在将能源安全分散在不同在“篮子”中，确保国家安全。最近提出的“一带一路”、能源互联网建设，均离不开能源问题，离不开与相关国家的紧密联系。

（一）中国“一带一路”倡议在能源方面为各国带来的利益关系

2008 年金融危机导致的经济疲软依旧影响着世界各国，能源的枯竭、气候的变化、各国能源发展的不平衡等问题逼迫着我们不得不进行转变。2013 年中国国家主席习近平在出访中亚和东南亚国家期间，提出了共建“丝绸之路经济带”和“21 世纪海上丝绸之路”的倡议，即“一带一路”。“一带一路”贯穿亚欧大陆、进入亚太经济圈与欧洲经济圈，涉及 60 多个国家、44 亿人口，占全球人口的 63%，GDP 规模超过 21 万亿美元，占全球的 29%。能源领域将是此次战略合作的重要方向。

能源作为大宗商品，其价格波动对各地区的经济发展影响深刻。在全球能源转型的大背景下，能源问题涉及中国谋求和平发展的核心利益。很多年来，中国能源生产发展赶不上能源需求增长，存在能源结构不合理等问题。因此，能源领域的“一带一路”将是战略合作的重要方向，也将对我国能源安全以及可持续发展产生积极影响。

能源合作所涵盖的能源包括煤炭、石油、天然气等化石能源，以及核能、风能、水能、太阳能、地热能、海洋能、生物质能等非化石能源。推动经济社会发展是中国和周边各国面临的重要任务，各国在资源禀赋、资金、技术等方面互补性强，且在油气资源合作方面均有很大潜力。能源基础设施建设、勘探开发、贸易、道路与管线运输、运输安全、冶炼加工、营销渠道等上中下游环节，均可以成为中国与周边各国的合作领域。市场和产业合作可将各方利益捆绑在一起，中国与周边各国在能源产业各环节的合作，将带动整个周边地区的区域合作。“一带一路”给各国创造了合作的契机，在劳动力、资源、技术、资金、市场等要素条件各有优劣的情况下，各国都将取长补短，而中国也将在技术和资源上获得一定改善。

中国作为当前世界上最大的能源消费国，获得更经济、便捷、稳定的能源是个重要课题。当今世界油气需求疲软、国际油价持续低迷，中国可以利用市场优势换取相对廉价的油气资源，进一步加强与中亚、东亚及中东的能源合作，从而开拓海外市场。同时“一带一路”倡议为中国提供了沟通其他国家的机会，对于中国的能源外交有一定的促进作用。

中国对于煤炭的利用率非常低，导致了能源浪费以及空气污染。通过合作可以降低获取技术的成本，对中国在节能环保领域将起到重大作用。中国亦可在合作过程中加强技术和资本的输出，在沿线国家建立炼油厂、发电厂，深入参与油气的下游产业链，直接将部分油气资源转换为能源消费产品，推动当地经济发展，从而缓解相关国家的能源紧张的局面。

2014 年 6 月，习近平主席参加了中阿合作论坛，并在演讲中强调，中阿可打造利益共同体和命运共同体，构建“1＋2＋3”的合作格局，以能源合作为主轴，以基础设施建设、贸易和投资便利化为两翼，以核能、航天卫星、可再生能源三大高新领域为新的突破口，以此提升中阿务实合作层次。在会议上，中阿双方对加强论坛建设、发展中阿战略合作关系，以及共建“一带一路”的倡议达成了共识，未来中国与中东的进口业务将转变成相互投资和贸易。

一直以来，中国石油企业海外油气投资项目很多，但由于部分油气生产国制定了不向中国开放上游产业的政策，导致中国石油企业获得的实际控股权和资源不足。油气产业上游投资是“一带一路”能源合作的重要内容，欧亚能源格局的变化，使中国获得更多参与油气生产国上游区块开发的机会。面对西方制裁导致的经济发展受限、能源基础设施建设融资困难等问题，俄罗斯需要扩大上游产业的对外开放程度，以解决资金技术匮乏的问题，从而加快东西伯利亚油气资源的开发速度。因而，俄罗斯有意愿对中方开放更多远东油气田，这为中国企业进入俄罗斯油气产业上游提供了机会。中俄东线天然气供销合同签署后，西亚、北非、澳大利亚和莫桑比克等液化天然气出口国也加大了对中国市场的关注度。

“一带一路”倡议对于中国能源结构有着强有力的优化推进作用，对中国能源的低成本获取和高环保效率有着重要意义；“一带一路”倡议更能促进中国能源外交，开拓中国企业的能源上游平台，在加强与周边地区资源国、消费国、过境国间能源合作的同时，将提升我国在全球能源治理中的地位，从而推动我国与周边国家形成独特的能源供需板块，改变严重失衡的国际能源战略格局；“一带一路”能源合作有助于建立国际能源新秩序，与周边国家达成公正的能源交易规则和定价机制，从而形成和构建区域能源合作机制，进而打造区域能源战略协作平台，利于推动国际能源秩序更为公正、合理、高效。

（二）打造全球能源互联网——谁能解决“全球能源互联”？

2015年9月26日，国家主席习近平在联合国发展峰会上，正式向全世界宣布了“全球能源互联网”这一中国解决方案。

全球能源互联网是以特高压电网为骨干网架的坚强智能电网，是清洁能源在全球范围大规模开发、输送、使用的基础平台，实质就是“智能电网＋特高压电网＋清洁能源”。电网互联互通是“一带一路”建设最有条件率先取得重大突破和多点突破的领域。构建全球能源互联网，能够将“一带一路”沿线国家和地区的煤、油、水、风、光等各类能源转化为电并远距离传输，最大程度提高能源效率和经济性，能够带动一大批战略性新兴产业发展，为经济发展和经济转型增添强大动力。“全球能源互联网是解决气候变化等问题的‘中国方案’，将推动纳入联合国《2030年可持续发展议程》行动计划，引导各成员国共同参与和建设。”联合国秘书长古特雷斯对此高度认可。

全球能源互联网通过大电网的延伸和清洁能源的互联互通解决电力普及和能源供应保障等问题，得到了“一带一路”沿线国家和地区的广泛支持，纷纷表达了共同建设的愿望。在埃塞俄比亚国家电网示意图上，可以看到自西向东标注的一条红色输电线路，直指青尼罗河。2015年12月22日，中国国家电网公司下属中国电力技术装备有限公司总承包建设的埃塞俄比亚GDHA500 kV输变电工程竣工交付。这项大型输变电工程从技术、装备到设计、施工均由中国国家电网公司一手“包揽”，是国家电网公司海外首个采用成套中国电力技术和装备建设的大型输变电工程。目前，国家电网正在推进与俄罗斯、蒙古、哈萨克斯坦、巴基斯坦等周边国家的电网互联互通，计划到2030年，建成9项跨国输电工程，使我国年输电量达到4 810亿kWh，实现减排二氧化硫96万吨的目的①。

按计划，构建全球能源互联网，总体可分为国内互联、洲内互联、洲际互联3个阶段，到21世纪中期基本建成。届时，全球清洁能源比重将达到80%以上，二氧化碳排放仅为1990年的一半，实现全球温升控制在2℃以内的目标，能够利用时区差、季节差、电价差，获得联网效益，降低能源成本，将资源优势转化为经济优势。

同时，全球能源互联网的构建也将有力推动三网融合发展。一是连接世界各大清洁能源基地与负荷中心，为信息、交通等各类用户提供清洁可持续的能源供应；二是利用大数据、物联网等先进技术，促进能源大数据、智慧城市创新发展；三是实现

---

① 邹良萍，邹存清.浅谈“一带一路”对于中国能源发展的影响[J].中文信息，2015(12)：96-97.

以电能传输替代煤炭、石油等能源运输，带动电气化铁路、电动汽车等现代交通工具和交通网络的升级发展。

思考题

1. 世界能源资源在空间上的布局是如何影响国际政治格局的？

2. 中国的能源资源、能源消费在空间分布上有何特征？这些特征对我国的影响是什么？

3. 我国能源建设的核心任务是什么？能源电力领域发展的“十大任务”是什么？

4. 我国的电力体制改革经历了哪几个阶段？电力体制改革有何意义？

5. 中国的电力科学技术将有何发展？将重点开展哪些关键技术研究工作？

6. 未来，中国能源将在世界能源中“扮演”什么角色？

参考文献与续读书目：

[1] 项连武.论中俄能源合作的影响[J].时代报告，2014(6).
[2] 朱超，丁进田，徐会军.世界煤炭工业发展现状与趋势[J].中国煤炭，2002(3).
[3] BP公司.BP世界能源统计年鉴 2018.2018.
[4] 全球风能理事会.全球风电报告 2017[R/OL].2018-04-25.https://gwec.net/members-area-market-intelligence/reports/.
[5] BP公司.BP世界能源统计年鉴 2017(第66版).2017.
[6] BP公司.BP世界能源展望 2018.2018.
[7] BP公司.BP世界能源展望 2017.2017.
[8] 中华人民共和国国土资源部.中国矿产资源报告(2017)[M].北京：地质出版社，2017年.
[9] 陈学婧.有力有序有效防范化解煤电产能过剩风险[J].中国电业(发电版)，2017(9).
[10] 国家能源局国土资源部油气资源战略研究中心.中国天然气发展报告 2018[M].北京：石油工业出版社，2018.
[11] 兴业证券.回光返照还是强势复苏——论特高压建设的可持续性[EB/OL].2018-09-21.https://www.sohu.com/a/255212713_619374.
[12] 国家发展和改革委员会，国家能源局.电力发展“十三五”规划(2016—2020年).2016-11-07.

第三章　能源安全——中国一路走来

能源安全是关系国家经济社会发展的全局性、战略性问题，对国家繁荣发展、人民生活改善、社会长治久安至关重要。面对能源供需格局新变化、国际能源发展新趋势，保障国家能源安全，必须推动能源生产和消费革命。推动能源生产和消费革命是长期战略，必须从当前做起，加快实施重点任务和重大举措。

——习近平：《在中央财经领导小组第六次会议上的讲话》(2014 年 6 月 13 日)

“如果你控制了石油，你就控制了所有国家。”这句出自 20 世纪 70 年代美国国务卿基辛格的名言至今仍然掷地有声。当今世界，石油作为一种决定性能源在大国争雄之中有着至关重要的作用，即便有关新能源会渐渐将其取代的说法甚嚣尘上，它的实际地位却仍旧没有受到一丝一毫的影响，依然保持着长期以来不可动摇的强势姿态，坚若磐石。最近几年美国页岩气革命的成功，使得天然气的战略地位获得了很大提升，成为能源安全的重要部分。而电网的安全，不仅关系到生产，在现在移动互联网时代，甚至关系每个人生活的每一天。随着中国的飞速发展，能源安全问题将成为重中之重。

一、能源安全重要吗

(一) 不堪回首的石油战争

能源安全重要吗？能源使用的重要性，除了影响经济发展，更重要的，会引发战争。历史上多次战争都和石油关系密切。

第一次世界大战之所以被认为是现代史上最血腥、破坏性最大的战争，石油可以说是“功不可没”。在“一战”中，无论是空战、机动坦克战或海战，一旦离开石油，这些引以为傲的作战方式，都将成为强弩之末，石油是否充足成为决定战争胜负的重要因素。在整个“一战”中，各参战国用于战争的油料达3 620万吨，其中仅英国和美国在战争中就消耗了2 500多万吨石油产品。

“一战”中，美国赢得“大满贯”，成为“全能抄底冠军”，不仅在债券、军火等物品中狠赚一笔，而且石油也不例外。1914年，美国生产了26 600万桶石油，占全世界总产量的65%；1917年，美国生产了33 500万桶，占世界总产量的67%，而出口额就高达总产量的四分之一，为协约国提供了80%的石油。

对于在1879年就控制美国90%—95%炼油厂的标准石油公司，战争成为继1873年经济崩溃后，第二个为他们打开通向神坛的阿里巴巴之门的敲门砖。直到1911年，美国联邦最高法院裁定标准石油公司解体，从标准石油公司分离出来的枝丫仍然可以成为参天大树。

而后来声名鹊起的大公司，如埃克森石油公司、莫比尔石油公司、雪佛龙公司等，其源头都是赫赫有名的标准石油公司。它们与同样在战争中异军突起的皇家荷兰壳牌石油公司、得克萨斯公司、英国石油公司、海湾石油公司一并被人们称为“石油七姊妹”，它们在世界市场中进行着一轮又一轮的石油争夺。

威廉·恩道尔在《石油战争》一书中写道，“战火因利益而燃起，但争夺石油成为引发战争不可或缺的因素”。石油密集的地区，恰恰是枪声最多的地方。在蕴藏了全球80%石油的中东，这片“漂浮在石油上的土地”，往往是世界最不平静的地带，而中东的战火似乎从未真正停息，直到现在。正所谓福也石油，祸也石油；和也石油，战也石油；成也石油，败也石油。

第一次石油战争。1973年10月第四次中东战争爆发，以色列和阿拉伯国家随之卷入了战火，为打击以色列和支持其的西方国家，阿拉伯世界使出狠招：10月16日欧佩克决定提高石油价格，第二天，中东产油国决定减少石油生产，并对西方发达国家实行石油禁运。提价前，每桶石油只售3.01美元，仅仅两个月之后，每桶石油就需要花费11.651美元。石油猛然提价3倍，让依赖中东石油的发达国家突然增加了巨额国际收支赤字。石油危机的爆发，极大地冲击了美国等少数依靠廉价石油起家的国家，从而加深了世界经济危机。美国的工业生产下降了14%，日本的工业生产下降了20%以上，所有工业化国家的生产力增长都明显放慢。1974年的经济增长率，英国为−0.5%，美国为−1.75%，日本为−3.25%。但发动石油战争的阿拉伯国家却因此增强了经济实力，数百亿石油美元流向中东。据统计，仅提价一项，就使阿拉伯国家的石油收入由1973年的300亿美元猛增到1974年的1 100亿美元。

第二次石油战争。1980年，世界第三大产油国伊拉克和第五大产油国伊朗之间爆发长达8年的战争。石油成为一个重要因素。20世纪70年代的高价石油为两伊积累了庞大的石油财富,随之而来的就是两国称霸海湾的野心开始急剧膨胀,接着双双大量购买军火武器。此外,伊拉克还对与其接壤的伊朗胡齐斯坦省虎视眈眈,而该省的石油储量几乎占了伊朗石油储量的90%。战争期间,双方都竭力破坏对方的石油设施,轰炸产油基地。两个产油大国间的战争引起了世界石油市场的动荡和供应紧张,欧佩克油价一度涨至34美元一桶,从而酿成了第二次世界石油危机。

第三次石油战争。20世纪80年代以后,伴随着新兴产油国的出现以及石油输出国组织团结力量的瓦解,石油权力开始分散。石油价格持续下降,阿拉伯国家的政治势力逐渐衰退,权力再度回到美国、日本和欧洲。中东阿拉伯国家的石油权力几乎完全丧失,西方国家在国际权力争夺战中重新获得主动权。1986年,石油价格降到10美元/桶以下,使国际石油市场出现混乱,对世界经济和金融体系产生猛烈冲击,第三次石油危机爆发。

伊拉克在1990年8月初攻占科威特之后,受到国际经济制裁,使得其原油供应中断,国际油价因而急升至42美元/桶的高点。美国经济在1990年第三季度加速陷入衰退,拖累全球GDP增长率在1991年跌破2%。在这次石油危机中,仅三个月的时间,石油从每桶14美元上涨到40美元,但很快被稳定下来。

由石油引发的几次石油战争,对世界人民造成了极大的创伤,同时也使得以石油安全为主要表现的能源安全问题受到更大的重视。

(二) 能源安全的历史之殇

历史上,能源安全的问题从来没有被忽视过。石油作为最主要的能源,在历史上产生过持续而深远的影响。过去100余年的历史是为攫取和控制世界石油储备而争斗的历史,任何其他因素都不能与之相提并论。首先是英国,后来是美国,主要是受这两个国家的利益影响,围绕着原材料和石油,形成了世界政治与经济的权力版图。

1. 英美争夺石油

1870年后,德国经济迅猛发展,打破了欧洲大陆均势。为了围剿德国,英国精心策划了一系列地缘政治行动。其中包括阻挠和摧毁德国的柏林—巴格达铁路计划,因为铁路连接的地区有大量石油资源。"一战"最终爆发。在空战、机动坦克和快速海战的年代,安全可靠而又充足的新燃料供应日益成为成败关键。截至1920年,通过军事占领,以及在巴勒斯坦建立英国保护领地作为犹太人家园等其他手段,英国牢牢控制了前奥斯曼帝国新发现的巨大石油财富。惊慌不安的美国石油集团和银行集团担心英国正一步一步取得全球石油垄断权，20 世纪 20 年代，英美的石油控制争夺战打响。但英美最终还是选择了结盟。1927 年，英美石油卡特尔成立。到 1932 年时，英美七大石油公司全部成为该卡特尔成员，包括：埃克森（新泽西标准石油）、美孚（纽约标准石油）、海湾石油、德士古、加州标准石油（雪佛龙），以及皇家荷兰壳牌石油公司和盎格鲁—波斯石油公司。

“二战”后，英美利用石油与金融的联姻，获得了巨额经济利益。为了对抗日益强大的英美石油卡特尔，各国纷纷采用国有模式经营石油产业，加强对石油生产和销售的控制。伊朗亦是如此，但这样必然会“损害”英国石油公司原先权益。英国宣布对伊朗进行全面经济制裁和石油禁运。

2. 石油美元体系的建立

20 世纪 70 年代，为避免金融上的毁灭性打击，美国不惜人为地制造石油禁运，操纵大规模反核运动，制造经济增长极限的恐怖气氛，为的是控制世界的石油流通，获得石油溢价的巨额利益。其中的关键人物是基辛格，作为美国石油和金融集团利益代言人，他是第一次石油危机的主要幕后推手。英美精心设计的石油美元体系，席卷了世界各地的财富。围绕控制与反控制，欧洲共同体、不结盟运动以及其他国家与英美金融集团之间展开了持久、血腥而不见硝烟的战争。

1978 年，英国想进一步控制伊朗石油出口，但遭到抵制。伊朗石油出口被切断，英国的石油公司也减少供应。国际油价急剧攀升，70 年代第二次石油冲击全面开始。美英以邻为壑的金融与外交政策不仅没有解决国内经济问题，反而使第三世界陷入全面债务危机。为了应对国际国内日益恶化的经济局面，美国又一次把赌注押向了石油——入侵伊拉克。

1991 年 1 月，“沙漠风暴行动”开始。为维持世界霸主地位，美国四面出击，压制和瓦解各种可能出现的新生力量。日本、俄罗斯、巴尔干各国，一切新崛起的潜在力量都是它的敌人。

3. 美国的石油操纵

1999 年科索沃战争结束后，美国对欧亚的军事控制向前迈出一大步，而里海地区丰富的石油资源是美国在巴尔干地区的最大利益。

2001 年，小布什就任美国总统。副总统切尼曾任世界最大的地质和石油服务公司哈利伯顿公司 CEO，国家安全事务助理赖斯曾是雪佛龙石油公司董事，小布什本人在石油行业有着丰富经历，商务部长文斯也是石油商人。小布什政府介入石油和能源行业的程度无与伦比，石油和地缘政治重回华盛顿政治舞台中心。

2001年7月，美国联合石油公司和阿富汗塔利班在石油管道问题上的谈判宣告破裂。2001年9月11日的事件给了华盛顿轰炸阿富汗的借口，因为本·拉登的基地组织在阿富汗境内。2002年初，塔利班政权解体。然后，美国联合石油公司前顾问卡尔扎伊成为阿富汗临时总统。

2002年，华盛顿在没有得到联合国安理会支持的情况下，准备发动对伊拉克的军事进攻。俄罗斯、德国、法国则公开反对，俄、法拥有在伊拉克开发石油的权利。2003年5月，战争结束，但伊拉克大规模杀伤性武器并未被找到。而主导战后重建的美国国防部副部长沃尔福威茨明确表示，只有政府的好朋友才可以得到关于伊拉克石油工业的利润巨大的合同。

2004年1月，利比亚的卡扎菲宣布拒绝恐怖行动，并对国外开放石油投资，以换取美国的认可。当时，利比亚已开始与日本、意大利、法国以及其他不受美国制约的外国公司签订合同。但这一切都将改变，美国石油公司被请了回来。

2014年，中东和乌克兰等地在美英的操控下战乱不断，目的是阻止欧亚大陆联手。这一招不仅仅是要控制能源，更是借此控制特定的国家和国家集团，因为他们即将摆脱美元帝国70多年的严密控制。这个美元帝国的背后，就是华尔街和伦敦城的大财阀。①

4. 暴涨暴跌的石油价格

2015年9月，国际油价从115美元/桶暴跌到35美元/桶。高盛发出了石油将长期跌到20美元/桶的预计。10月石油价格维持在49.5美元/桶。2015年9月，俄罗斯打进叙利亚。

自2016年跌至每桶26美元的低谷之后，国际油价一度在每桶30美元左右徘徊许久。此后，石油输出国组织（欧佩克）与俄罗斯等非欧佩克产油国达成联合减产协议，从2017年1月起6个月内，欧佩克和非欧佩克产油国日均共减产约180万桶原油。之后，这项协议又延长了9个月。经过一年多努力，原油供大于求的状况得到缓解，国际油价逐渐攀升至每桶70美元以上。进入2018年，国际油价不止一次突破每桶80美元的关口，持续走高的态势逐渐引发市场对原油需求的担忧，也令产油国之间龃龉不断。2020年3月，新的“石油价格战”开始打响，石油价格暴跌。

---

① 威廉·恩道尔.石油战争[M].赵刚，等译.北京：中国民主法制出版社，2016年.

石油价格的暴涨暴跌,引发了各国普遍的能源安全焦虑。到今天,气候变化问题、石油问题、新能源问题等构成了新的能源安全格局。能源安全何去何从?值得深入研究。

(三) 能源安全影响经济发展

经济发展,能源先行。能源供应是经济发展的基础。

纵观人类文明的发展史,共经历了三次能源领域的重大变革。发现火并利用火是人类文明的开端。

能源利用的第一次质的变化大约是在 40 万年前,以人工火代替自然火的利用为标志,木材、秸秆等柴薪能源成为人类社会生产和生活的主要能源,人类进入植物能源时代。植物能源时代主要是利用地表上的生物质能,促进了农业的发展,推动了农业文明。但由于植物能源密度较低、运输不便,植物能源主要用于人类取暖、照明和炊事等活动。生产过程中的动力主要是使用人力和畜力,对生产效率的改进作用有限,植物能源时代经济长期处于极慢增长。

第二次能源利用的变革开始于 18 世纪的英国,以蒸汽机的发明和 19 世纪煤炭的大规模使用为主要标志。19 世纪初期,英国煤矿、法国的加莱海峡地区和德国鲁尔地区的煤矿的发现与开发,使 1850 年到 1869 年间,法国的煤炭产量由 440 万吨上升到 1 330 万吨,德国煤炭产量由 420 万吨迅速上升到 2 370 万吨。整个世界煤炭消耗量从 1830 年占整个能源消耗量的不到 30%,在 1888 年迅速达到 48%,随后迅速超过木材使用量,成为主要能源。而这一过程中,煤炭的大规模利用使得蒸汽机从实验室成功地走向现实,使人类摆脱以人力(或畜力)和手工工具为主的生产方式,极大提升了社会劳动生产率。人类社会进入了利用机械力的工业文明时代。这一时代也被称为化石能源时代的第一阶段——煤炭时代,即固体能源时代。人类可利用的能源由地表转向地下。

化石能源的第二阶段始于 19 世纪下半期,一是电力的发明,使人类对化石能源进行延伸利用,生产出二次能源,使人类用上了清洁、便利的电力。电的发明改变了人类用能方式,也为各种电器生产制造和使用提供了便捷的动力。二是石油资源的开发,尤其是汽车的生产与使用,对液体能源的依赖进一步加强,液体能源逐步接替固体煤炭,成为世界经济发展的主要动力。

第三次能源利用的重大变革是正发生于当下的新能源革命。持续使用了 200 多年的化石能源不仅面临资源枯竭问题,而且给地球的生态环境造成极大的破坏。

把埋藏在地下的化石能源挖出来用作燃料，向大气释放了大量的二氧化碳和其他有害物质，使人类的生存环境面临着威胁。而新能源革命是利用自然能，如风能、太阳能等可再生能源，满足人类不断增长的能源需求，并逐步替代化石能源。与此同时，能效问题受到极大的重视，被视为第五种能源(煤、油、气、可再生能源、能效)。第三次能源利用的重大变革仍以开发不同电源的方式体现出来，例如风力发电、光伏与光热发电等。从能源终端消费来看，电力将成为主导能源。尤其是随着电动汽车的发展，其他化石能源在终端消费的比例会进一步下降。①

从历史上来看，能源革命带来了工业革命，促进了生产力的发展，带动了经济发展。因此，能源是经济发展的基础。现代社会，离开能源，经济发展将无法持续。能源作为生产的动力、原料，生产运行的保障，在开发、制造、运输、使用等各个环节发挥着基本动力的作用。因此，能源成为推动经济发展的直接动力。

能源对于经济发展的贡献非常明显，而能源短缺将严重影响经济发展。历史上，每一次石油危机，对美国等少数依靠廉价石油起家的国家产生极大冲击，加深了世界经济危机。

例如 2004 年我国经历的电力短缺，对经济发展造成了一定的影响。之前已持续近两年的电力供应短缺形势，到 2004 年发展更加严峻。2004 年上半年全国最大电力缺口合计约 2 500 万 kW，出现拉闸限电的省市区已经达到 24 个，其中一些省区拉闸限电的天数几乎接近九成。“停三开四”从湖南向浙江、江苏等省份蔓延，不仅工业企业的产值和效益深受其害，而且人民的生活用电也受到严重影响，忍受夏季高温和电价上升之苦。缺电演变成一场“公共危机”。

能源安全对经济的影响还体现在很多方面，包括能源成本、安全生产、能源效率等。发展经济，必须做好能源安全的预防措施。

(四) 能源安全影响人民对美好生活的追求

党的十九大报告指出：中国特色社会主义进入了新时代，我国社会主要矛盾已经转化为人民日益增长的美好生活需要和不平衡不充分的发展之间的矛盾。社会主要矛盾的变化是关系全局的历史性变化，要求我们在继续推动发展的基础上大力提升发展质量和效益，更好满足人民日益增长的美好生活需要。

能源安全，目前已经深入到人民生产生活的方方面面，没有能源保障，人民对美

① 史丹，王蕾.能源革命及其对经济发展的作用[J].产业经济研究，2015(1)：1－8.

好生活的追求将受到严重影响。

能源安全影响人民对美好生活的追求体现在能源供应保障方面。我国石油天然气进口依存度的不断攀升，使得能源安全问题直接和间接地影响到人民的生活。我国成品油价格已经基本与国际油价保持同步接轨，而2018年以来，国际油价不断攀升，成品油价格也随之不断上涨，对人民的交通出行成本造成了直接的影响。而油价的上涨带来生产成本的不断上涨，各种产品涨价压力不断加大，加剧了通货膨胀的压力。能源安全的重要表现之一，能源价格的稳定，是保障人民美好生活的重要因素之一。

能源安全影响人民对美好生活的追求体现在清洁可持续发展的环境方面。化石能源的使用是造成我国环境污染的重要因素之一，而我国长期对煤炭的依赖，导致雾霾等空气污染问题不断加剧。最近几年全国各地频繁出现的雾霾，严重影响了人民的健康和生活。雾霾确实是环境污染很直观的一种体现，2013年，"雾霾"成为年度关键词。这一年的1月，4次雾霾过程笼罩30个省（区、市），在北京，仅有5天不是雾霾天。2014年1月4日，国家减灾办、民政部首次将危害健康的雾霾天气纳入2013年自然灾害进行通报。2014年2月，习近平在北京考察时指出：应对雾霾污染、改善空气质量的首要任务是控制PM2.5，要从压减燃煤、严格控车、调整产业、强化管理、联防联控、依法治理等方面采取重大举措，聚焦重点领域，严格指标考核，加强环境执法监管，认真进行责任追究。2016年12月，入冬以来最持久雾霾天气来临，多个城市达严重污染，此轮雾霾影响了包括京津冀、山西、陕西、河南等11个省市在内的多个地区。2017年，李克强总理将"坚决打好蓝天保卫战"写入政府工作报告。政府对雾霾问题的重视，说明解决引起雾霾的能源问题刻不容缓。而最近两年开始的"煤改气""煤改电"是最直接有效的方式，而"煤改气""煤改电"背后面临的将是能源安全问题。"煤改气""煤改电"后将大量增加天然气的供应，保障天然气稳定供应，保障电力稳定供应，需要提前做好预测和准备。改善生活的环境质量，需要保障能源安全，从而保障人民对美好生活的追求。

能源安全对人民生活影响的另一方面是电力安全，电力安全生产影响各行各业和社会稳定。电力工业是国民经济的基础产业，是具有社会公用事业性质的行业。它为各行各业提供电力，为人民的日常生活提供电力，如果供电中断，特别是电网事故造成大面积停电，将使各行各业的生产停顿或瘫痪，有的还会产生一系列次生事故，带来一系列次生灾害。另外，供电中断或大面积停电，会给社会和人民生活秩序带来混乱，甚至造成社会灾难，造成极坏的政治影响。因此，电力安全生产关系到国家人民生命财产安全，关系到人民群众的切身利益，关系到国民经济健康发展，关系到人心和社会的稳定。

大面积的停电不仅给周边居民带了巨大的不便，还直接给部分制造业带来巨大的经济损失。没有电我们就没有现在便捷的互联网，电脑、手机、电视、电车都只能作为摆设。夏天不能使用冰箱、风扇、空调，冬天也不能用电暖器、微波炉。可以说，没有电，衣食住行都会处处受制。在电力的支撑下，我们的工作、生活悄然变得简单、轻松、快乐。一直以来，大家像感受空气一样，不知不觉，又无时无刻不享受着电力带来的方便与快捷，电力正在以前所未有的发展速度改变着人们的生活方式。随着经济的快速发展、人民群众物质文化生活水平的不断提高，电能的使用已经远远超过了照明、看电视等传统的认识范围。电力安全与我们生活息息相关，是满足人民美好生活的基本保障。

所以说，能源安全的保障，是人民追求美好生活的保障。

二、中国的石油和天然气安全吗

（一）对外依存度的攀升

1991年以后，中国石油消费快速增长。1993年，中国成为石油净进口国；1996年成为成品油净进口国。2000年，中国原油和油品净进口总量为7 384万吨，占消费总量超过31%。2004年，中国石油消费量为3.23亿吨，2010年达4.48亿吨，2013年达5.07亿吨。

这期间，中国的石油产量在2015年达到2.15亿吨的峰值。消费与国内产量背离的结果，是中国石油对外依存度的迅速攀升。2004年，中国石油对外依存度为46.17%，2009年为51.88%，2015年为61.8%。

2016年中国原油净进口量约为3.76亿吨，同比增长13.1%，增速较往年高5.0个百分点。全年石油净进口3.56亿吨，同比增长3.3个百分点。原油和石油对外依存度分别为65.5%和64.4%。[①]

2017年中国国内石油净进口量约为3.96亿吨，同比增长10.8%，增速比上年高1.2个百分点。2017年中国国内原油产量连续两年下降，估计全年产量1.92亿吨，同比下降3.1%，较上年的降幅收窄4.3个百分点。2017年，石油对外依存度达到

---

① 刘朝全，姜学峰.2016年国内外油气行业发展报告[M].北京：石油工业出版社，2016年.

67.4%，较上年上升3%。2017年，中国原油消费持续中速增长，全年原油表观消费量为6.10亿吨，同比增长6.0%，增速较上年扩大0.5个百分点。[①]

一国工业化和现代化的某些阶段，石油消费与经济增长存在较强的正相关关系。改革开放40年来，中国经济高速增长，已成为世界第二大经济体，加之近两年国内石油产量的下降，使得中国的石油对外依存度不断攀升，并导致了2017年世界石油行业的一个标志性事件，就是中国超过美国成为世界第一大原油进口国。

中国的石油对外依存度并不是世界最高的，日本、法国、德国和韩国等，石油消费全部依赖进口，对外依存度基本上是100%。近年来，印度的石油对外依存度也迅速攀升，2003年就接近70%，2012年更是超过了75%。研究界谈得最多的石油对外依存度的国家是美国。美国1947年成为石油净进口国之后，2006年其石油对外依存度达到峰值，为67.28%，2017年下降到了33.62%。

2017年，中国进口原油来源于世界50个左右的国家和地区，其中俄罗斯、沙特阿拉伯和安哥拉等15个国家最多。这15大进口原油来源国，占中国进口原油总量的89.4%，其中沙特等中东6国占42.7%，巴西等拉美3国占13%。2017年，中东原油占中国进口原油的市场份额已降至23年来的最低水平，美国成为中国第14大原油进口国，比重为1.8%，为765.43万吨。

到21世纪中叶，中国要建成社会主义现代化强国，中国能源消费仍将保持一定的增长，未来十年左右的时间里，石油消费保持一定的增速。一方面，近年来，中国汽车年销量保持在2 000万辆以上，这必将带来石油消费的刚性增长；另一方面，石油化工行业是中国发展的重点产业，2018年中国的炼油能力将达到8亿吨。国家批准正在建设和将要建设的炼化一体化项目，2020年前后，还将有1亿吨以上的炼油能力投运。因此，最简单地估算，2030年前后中国的石油消费量有可能达到8亿吨左右，如果国内石油产量不能维持在2亿吨，届时中国的石油对外依存度极有可能会超过80%。石油依存度的攀升将进一步影响我国能源安全。

目前，我国还处于煤炭时代，煤炭在我国一次能源消费中占比达62%。预计到2050年前后，才能和世界能源结构（油气占比50%）接近。到2040—2060年，我国将进入天然气新时代。

天然气进口依存度也在不断攀升。2016年我国天然气对外依存度达到34.4%。2017年我国共计进口天然气955.47亿立方米，同比增长26.99%，对外依存度达到

① 刘朝全，姜学峰.2017年国内外油气行业发展报告[M].北京：石油工业出版社，2017年.

38.43%,主要进口国为土库曼斯坦、卡塔尔、澳大利亚等国家。

我国清洁能源消费比例偏低,天然气将在能源结构转型中发挥更大的作用。2016 年我国能源消费同比增长 1.5%,其中天然气消费同比增长 7.5%。目前,全国 31 个省区市、337 个地级及以上城市有 90%以上使用天然气,用气人口已达到 3.5 亿。城市燃气和发电消费比例快速增长,化工消费比例快速下降。

中国天然气从 2004 年起进入快速发展时期。2004—2017 年,天然气消费量年均增长 151 亿立方米,年均增速 14.5%。在当前国家实施"北方冬季清洁取暖民生工程"、大力推进以气代煤的促进下,天然气消费量将持续增长,2020 年可达 3 200 亿立方米。未来天然气在居民、工业、电力和交通等领域的利用稳步提升,有关机构预测,2035 年和 2050 年天然气需求可分别达到 6 500 和 7 500 亿立方米以上,占一次能源比重分别达到 16.3%和 17.6%。

考虑经济、环境、价格等多重因素,综合预测 2020 年需求量 3 100 亿立方米,2035 年需求总量 5 500 亿—6 000 亿立方米。而国产气供给能力约 2 000 亿立方米,中亚、中缅、中俄等进口管道气约 1 580 亿立方米,已建和在建 LNG 接收站能力 6 940 万吨,总供给能力 4 300 亿立方米,需求缺口约 1 200 亿—1 700 亿立方米,目前只能通过加大 LNG 进口规模来满足需求。

天然气需求持续旺盛,消费结构呈现多元化。与发达国家相比,我国发电、工业及居民用气比例处于较低水平;在节能减排政策的促进下,发电和工业燃料气代煤将加速,有望成为消费主体;城镇化持续推进,城市燃气消费量将随之稳定增长。

不断增加的天然气需求将进一步加大天然气进口依存度。

一个国家的石油和天然气对外依存度,是能源安全的重要指标。我国不断攀升的石油和天然气对外依存度,为我们敲响了警钟。假如有一天石油和天然气进口出现问题,我们如何面对?

(二) 石油替代的转型

自从《巴黎协定》签署并生效以后,世界各国已为应对全球气候变化做出了能源转型新规划和相关技术提速发展的新要求,能源消费加快向低碳清洁化转型正成为大势所趋。作为单位热值污染物与二氧化碳排放仅次于煤炭的石油,在未来某个时间段被替代将是不可逆转之事。在 21 世纪初见证了页岩气革命之后,人类或将面对一场更具颠覆性的"新能源革命"。

石油被替代将主要来自交通运输领域的用油，即作为燃料的石油产品将被更清洁的能源替代，从而导致石油需求量大规模减少。特别是能源领域的新技术、新材料以及人工智能、大数据等日新月异发展，可能带来人类出行的革命，燃油车会加快退出历史舞台。挪威、荷兰、德国、英国、法国等多个国家已提出2025—2040年将全面禁售燃油车。从目前看，几种低碳清洁能源技术和关键材料相继取得重大突破，可能会以接力或共同携手的方式加快石油被替代的步伐。

电动汽车的能源替代。由于电能可以来自任何能源，用电动汽车替代燃油汽车则可以实现其他能源对石油的替代。2010年以来，以美国特斯拉电动汽车横空出世为标志，全球掀起一场电动汽车快速发展热潮，电动汽车保有量呈指数增长态势，2014年突破70万辆，2015年突破120万辆，2016年突破200万辆。中国电动汽车发展后来居上，2015年超过美国成为全球第一大电动汽车产销国，2016年保有量达到65万辆，约占全球电动汽车总量的1/3。

燃料电池是将氢气化学能直接转化为电能的装置，是氢能高效转化及利用的最佳方式，具有转换效率高、零污染、零排放等特点。尽管氢燃料电池汽车远未达到市场普及阶段，但全球科学界和主要汽车企业都在积极开发氢燃料电池技术，推动氢燃料电池汽车试验应用。目前，中国、美国、欧盟、日本、韩国等都制定了较为完备的氢燃料汽车发展规划，并尝试通过政策、法规全面促进氢能开发利用。截至2017年3月底，全球氢燃料电池汽车保有量已达4 138辆，其中美国和日本的氢燃料汽车数量远高于其他国家，分别达到1 592辆和1 707辆，二者合计约占总量的80%。随着廉价制氢技术、氢燃料电池技术的不断进步以及氢燃料基础设施的不断完善，氢燃料电池汽车有望于2030年前后进入快速发展期，预计到2050年全球氢燃料电池汽车保有量占比有望达到1/4以上。

另外一种替代方式是核能。核聚变能小型化或是人类未来能源利用的终极目标。核聚变能一直被视作人类彻底解决能源问题的终极模式。与核裂变能相比，核聚变能是取之不尽、用之不竭、极度清洁的绿色能源。如果地球海水中的氘全部用于聚变反应，释放出的能量足够人类使用几百亿年，且不产生长半衰期的高放射性核废料及二氧化碳等燃烧产物。因此，实现可控核聚变能的利用，从根本上解决能源问题，已成为全人类共同面临的机遇和挑战。

面对石油资源的有限性和石油的重要性，石油替代能源转型，成为应对石油安全问题的有效途径。而对当前而言，石油仍然是最有竞争力的能源产品。

（三）改善环境背景下天然气的使命

随着我国城市化、工业化的推进，煤炭消耗量巨大，使得大气污染问题日趋严峻。尤其是每逢秋冬季节，雾霾频袭，冬季供暖季的煤炭燃烧以及散煤排污更是“功不可没”。

所以我国 2013 年的“大气十条”就明确提出，“优化天然气使用方式，新增天然气应优先保障居民生活或用于替代燃煤”。也正是从那时起，以“控制煤炭消费总量，推动能源利用清洁化”为目的的“煤改气”工程在国内开始启动并提速。

“煤改气”大幅度推进的成效之一是环境质量的改善。2017 年 1 月到 11 月，北京 PM2.5 平均浓度接近 60 微克/立方米。尽管 1 月到 2 月北京 PM2.5 浓度同比增长较多，高达 66.7%，但从 3 月份开始扭转，得到明显改善，3 月到 11 月同比下降了 27.1%，尤其 10 月进入秋冬季采暖期后这一数据同比下降了 40%以上。

然而煤改气的推进并非一帆风顺。在推进煤改气的同时，国内不少地区出现天然气供应紧张、价格上涨的问题。天然气价格与居民供暖门站价格的倒挂严重，使得天然气供应缺乏增加供给的积极性，进而又导致工程延期，部分居民无法获得供暖，甚至出现“错峰做饭”的困境。

2017 年 12 月 4 日，环保部发出《关于请做好散煤综合治理确保群众温暖过冬工作的函》，要求没有完工的项目及地方，继续沿用过去的燃煤取暖方式或其他替代方式；已经完工的项目及地方，必须确保气源、电源稳定供应及价格稳定。

而为了支撑北方地区“煤改气”改造工作以及降低居民取暖成本，2018 年 7 月 2 日，发改委印发《关于创新和完善促进绿色发展价格机制的意见》，提出“到 2025 年建立起比较完善的绿色发展价格机制”的目标。

2018 年 7 月 3 日，国务院公开发布《打赢蓝天保卫战三年行动计划》，明确了大气污染防治工作的总体思路、基本目标、主要任务和保障措施，提出了打赢蓝天保卫战的时间表和路线图。

气源紧张、配套资金落实不到位、基础设施不完善等因素是制约“煤改气”发展的瓶颈。还有一个制约因素就是天然气供应的安全问题。

我国具有富煤、贫油、少气的资源禀赋。煤炭在能源消费结构中占据主导地位，天然气能源相对短缺，且多集中在中西部、华北及东北地区。经多年发展，目前天然气只占我国一次能源消费量的 5%不到，对外依存度却已超过 30%。若大规模推行煤改气，气源短缺的问题将会严重凸显。

从实际来看，2017—2018年冬季北方空气质量明显好转，雾霾天数明显下降。与此同时，2017年入冬以来，天然气市场出现了20多天的“气荒”，表现在华北、华东较大面积供应紧张，甚至波及气源丰富的西南地区，液化天然气价格一度飙升到12 000元/吨，部分居民和公用事业用户被减供、停气。

据中国石油集团经济技术研究院发布的《2017年国内外油气行业报告》，2017年我国消费天然气量为2 352亿立方米，比2016年净增超过340亿立方米，刷新中国天然气消费增量历史。2017年我国仅“煤改气”净增天然气消费量就达近200亿立方米，比其他年份全部平均净增天然气消费量还要多，其中居民用户净增70亿立方米，工业燃煤小锅炉、工业燃煤小窑炉燃气改造净增天然气消费近130亿立方米，替代散煤6 000万吨左右。

中国天然气市场正处于快速发展期，到2020年天然气占一次能源消费的比重力争提高到10%，届时天然气消费量将达到3 000亿立方米，2030年消费量将进一步提高到6 000亿立方米。然而，中国天然气产业发展与欧美等国家相比尚不成熟，伴随着天然气消费快速增长，中国供气安全保障问题越来越严峻。

2017年支撑我国天然气市场消费增长的主要资源是国产常规气和进口天然气，资源每年的增量不足以支撑天然气市场连续300亿立方米的年增量。进口液化天然气和进口管道气受到接收站、管道能力和进口气价格的制约。未来，国产常规气产能释放的红利将会逐步减弱，产量增量将维持在80亿立方米以内。

目前我国的地下储气库不足20座，有效储气量仅占天然气消费量的2%左右，大大低于国际上16%的平均水平。对比其他国家，德国拥有超过其三个月用量的天然气储备，因而在几次俄乌天然气断供危机中，从没有出现过气荒；美国目前地下储气库数量将近500座，有效储气能力在总消费量中的占比接近20%。

天然气价格倒挂问题。在耗资4亿多美元、钻了七口探井后，中石化在沙特阿拉伯的天然气勘探区块项目最终准备放弃。道达尔、鲁克、壳牌等先后进入沙特开展天然气勘探的国际石油公司也纷纷退出了沙特天然气上游业务。在沙特这个世界最大的油气生产国，这些天然气项目的退出，不是技术上无法得到理想的资源发现，而是经济体制上遇到了不可逾越的障碍。

这个障碍是其超低的国内天然气价格。在沙特，天然气价格由政府制定，为0.75美元/百万英热单位，大概相当于每立方米不到0.2元人民币。而世界市场上最低的北美天然气价格大概是3.6美元/百万英热单位，欧洲差不多是9美元/百万英热单位，亚太地区，进口的液化天然气价格超过14美元/百万英热单位。具有讽刺意味的是，沙特政府之所以给天然气定这么低的价格，是想给本国居民带来额外的福利，结果却搞得连天然气供应也跟不上。即使资源丰富如沙特这样的国家，如果违背市场规律，也屡屡面临天然气短缺的窘境。

天然气对煤炭等化石能源的替代，能够有效地改善环境。然而，天然气突然大规模使用，带来了供应保障问题和价格问题，对天然气安全问题也带来了较大挑战。

（四）南海油气之争

南海是我国四大海域中最大、最深、自然资源最为丰富的海区。国土资源部地质普查数据显示，南海大陆架已知的主要含油盆地有十余个，面积约 85.24 万平方千米，几乎占到南海大陆架总面积的一半。据估算，南海藏有 110 亿桶石油和 190 万亿立方英尺的天然气，堪称第二个“波斯湾”。仅在海南近海海域，就分布着北部湾、莺歌海和琼东南盆地等 3 个新生代沉积盆地，面积达 16 万平方千米，是油气资源勘探远景区，已勘探出 55.2 亿吨石油、12 万亿立方米的天然气的储量。

随着我国能源对外依存度的不断提高，加上南海油气资源开发前景诱人，以三沙市设立为契机，南海资源开发和服务基地建设有望提速。

20 世纪 60 年代末，南海地区发现了丰富的油气资源，周边国家开始以所谓“地理毗邻”原则、“国家安全”原则、领海原则、专属经济区原则、大陆架原则等来挑战我国在南海的固有主权，原本属于我国的岛礁和海域被周边邻国所侵占。其中提出对南沙群岛拥有全部或部分主权的有越南、菲律宾、马来西亚和文莱等。南海争议各方主权要求相互重叠和交叉，使南海问题更加复杂。①

随着经济的日益发展，我国石油需求与日俱增。为了保证国家石油安全，在陆上油田产量徘徊不前，近海石油快速开发的背景下，南海深海油气日益受到关注，海上石油开采上升到了国家战略。中国海油也将南海深水油田开发作为重点发展方向，进行巨额投资，研制了一系列深海石油装备，“海洋石油 981”就是标志性成果之一。从中海油 2009 年至 2010 年连续两年的开发区块可以看出，中海油在南海海域的开发勘探呈现向南发展的趋势。

随着东南亚各国自身石油消耗的日益增长，可以肯定，东南亚产油国用于输出的原油将日益减少。随着油价高涨与各国自身经济需求，南海上的石油竞争将日益激烈。

---

① 海峰.南海问题与中国能源安全[D].暨南大学学位论文，2006.

从我国的能源安全考虑，南海问题所体现的是复杂的国际形势和能源安全的博弈，为保障我国的能源安全，对南海问题需要引起更多的重视。

三、中国的电网安全吗

（一）发达国家的电网竟然不安全？

一般人认为，发达国家应该具有安全程度更高的电网。然而，实际情况并非如此。历史上，发达国家多次出现电网事故甚至爆发大规模的停电，对社会造成严重影响。

2017 年 4 月 21 日，美国加利福尼亚州旧金山市发生了大规模停电，导致很多公司和机构工作停滞，受影响人数达到 9 万人。停电发生在当地时间早上 9 点刚过，主要受影响的地区是旧金山市的中部和北部区域。据当地电力供应部门发言人说，停电的原因是旧金山的一个变电所发生了故障。

早在 2001 年 1 月 17 日，美国加利福尼亚州遭遇前所未有的供电危机，州长戴维斯 17 日晚正式宣布加州处于紧急状态。为防输电网络瘫痪，加州北部的成百上千座住宅和商业设施 17 日实行轮流停电管制，范围包括旧金山、加州首府萨克拉门托、圣何塞以及硅谷的许多地区，受影响的人口达 100 多万。这也是加州自“二战”以来首次实行电力管制。原因在于加州近几年人口迅速增长，经济飞速发展，电力消耗随之增大，而且加州 10 年来没有新建一座发电厂，“冰冻三尺非一日之寒”。

停电使电视台、自动取款机和交通指挥系统无法工作，致使交通十分拥堵，警察不得不上街指挥交通。教师在阴暗的教室上课，商店的收银员用便携式计算器计算收款。这场电力危机已酝酿数月有余，其导火索是 1996 年开始试行的解除能源管制政策取消了电力批发价格的上限，导致电价失控，并于 2001 年飞速上涨。但电力公司向用户收取的电费却被限制在原来的价格。其结果是，南加州爱迪生公司和太平洋天然气电力公司付出数十亿美元填补高价买进、低价卖出造成的缺口，在财力方面不堪重负。为了摆脱电力危机，州长戴维斯签署紧急命令，要求加州最大的电力批发采购商——水利部动用州预算基金购买额外的电力，呼吁加州议会 18 日同意拨款购买 7 至 10 天的电力。他还说服 4 家主要电力批发商不要落井下石去追讨上述南加州两家电力公司的债务，以免他们破产。

2003 年 8 月 14 日，美国东北部和加拿大联合电网发生大面积停电事故。事故起始于俄亥俄州克利夫兰的一家电力公司没有及时修剪树木，导致在用电高峰期，高压电缆下垂，触到树枝而短路。随后，俄亥俄的一家发电厂因此下线，接连发生的一系列突发事件产生累积效应，历时1小时发展成大面积停电事故。这次北美历史上最大规模的停电波及美国和加拿大的很多城市，经济损失高达300亿美元，影响了5 000万人的正常生活。

我国国家电网能源研究院对1956年以来国际上140次大停电事故进行分析后发现，北美是停电事故频发地区，巴西、印度等发展中国家也多次发生大停电事故。

这些大停电事故是由多种因素造成的，其中设备故障与自然灾害是事故的最主要诱因。在140次大停电事故的初始原因中，关键设备故障原因占67次，自然灾害原因占43次；系统保护等技术措施不当或处置不力是事故扩大的直接原因；电网结构"先天不足"是造成某些电网事故频发的重要原因。比如北美电网由各州、各地自发自然形成，缺乏统一规划，造成电压等级较为混乱，长距离、弱电磁环网较多，存在因潮流转移而导致连锁反应的严重隐患；管理体制分散、调度运行机制不畅是多起大停电事故的深层次原因。

研究表明，大电网事故与同步电网规模没有必然联系。确保大电网安全运行主要取决于电网结构是否合理，安全防控措施是否到位，不同电网调度之间是否建立信息共享、高效协调的运行机制。①

即使是长期处于最发达水平的美国，其电网安全也得不到保障。那么处于发展中国家的中国呢？

（二）中国的电网安全

改革开放40多年来，我国经济发展取得了举世瞩目的成就，人民生活水平显著提高。经济要发展，电力须先行，电力是保障社会经济发展、提高人民生活水平的基础产业，电网是连接电厂与用户、优化配置能源资源的基础平台。40多年来，电力企业积极贯彻落实国家能源战略部署，致力于为人民生活和工农业生产提供更安全、更经济、更清洁、更可靠的电力供应，有效支撑了社会经济发展，并在规模、能力、创新技术等方面不断创造新纪录、提升国际影响力、迈向世界制高点。

从历史上来看，我国电网很少出现较大的安全事故，尤其是大型的停电事故基本没有发生。最近的统计数据表明，我国电力行业在"十二五""十三五"期间整体安全生产情况总体趋于平稳，极少发生10人以上人身伤亡事故、特大电网事故，以及

① 专家总结国际大停电事故的主要原因.新华网，2012-11-25.

特大设备事故。

我国电网安全水平较高，与电网企业的管理和技术是分不开的。电网企业一直高度重视电网安全，不断致力于提升安全运行水平。打造了世界上安全运行水平最高、安全运行记录最长的特大型电网，没有发生过像美加、欧洲、印度等曾发生的大面积停电事故。这可以归因于，企业时刻牢记电网安全的重要性，始终坚持“安全第一，预防为主，综合治理”的方针，不断提升技术水平、创新装备系统、强化管理手段，在建设规模持续加大、电力系统更加复杂、电网控制难度增大、自然灾害频发多发的情况下，保持了全国电力安全形势总体稳定，事故程度、事故次数长期得到有效控制，为经济发展、社会稳定、人民幸福保驾护航。国家电网公司严格执行《电力系统安全稳定导则》，遵循《电力安全事故应急处置和调查处理条例》，设立可靠的“三道防线”，研制大电网安全稳定控制仿真系统、精准负荷控制系统，开展电力需求侧管理，实行差异化设计，有效提高了电网快速应对能力和抵御严重自然灾害的能力。

近十年来，我国电力企业生产中电网事故、设备事故数量呈现显著逐年下降趋势，但是人身伤亡事故数和死亡人数却有所增加。与 2005 年相比，2015 年电网事故起数减少 98.6%，设备事故起数减少 99%；而人身伤亡事故起数仅减少 23.5%，伤亡人数减少约 40%。虽然，2005—2008 年人身伤亡事故起数曾出现下降趋势，但从 2009 年起，电力人身伤亡事故起数逐年上升，并在 2013 年达到 56 起的历史高峰。

可见，近年来虽然我国电力企业安全生产情况逐年好转，事故数呈下降趋势，但是在人身安全方面却形势严峻，甚至有恶化的趋势。此外，自然灾害和外力破坏对电力安全影响日益严重，电力系统防灾抗灾能力有待进一步增强。

虽然没有发生大的电力安全事故，但是我国电力安全生产事故依然严峻。目前我国正处于全面建成小康社会的重要历史时期，在“十二五”至“十三五”期间，国内总产值比 2000 年翻两番。社会生产力的大发展必然导致工业化与城市化的进程加快，同时不可避免地，对电力的需求也会不断增加。在这样一个历史大发展的时期，也必然决定了电力安全生产的一些特点，其中之一表现为，电力行业也进入了安全生产事故的“易发”时期。尤其是电力行业人员伤亡事故、安全事件依然处于“易发”时期，这类事故的“易发”有其客观的因素。

我国经济总量和电力发展的增速决定了用电量的增长较快。我国的国内生产总值位居世界第二位，而我国也成为世界最大的电力生产国。电力发展的规模和速度都是前所未有的，发电机装机规模从 1 亿 kW 到 2 亿 kW 用了 7 年零 3 个月，从 2 亿 kW 到 3 亿 kW 用了 5 年零 1 个月，从 3 亿 kW 到 4 亿 kW 用了 4 年，4 亿 kW

到5亿kW用了1年零8个月,5亿kW之后,每上升一亿kW的时间都在1年时间之内;发电机装机容量由1978年初的5 712万kW到2007年的超过7亿kW,截至2018年底,全国发电装机容量达到19.0亿kW,是1978年装机的33倍多。由于电力发电用电总量规模的急剧扩大,必然引起安全事件的增多。

电力行业的系统性、特殊性。电力系统是一个密不可分的整体,随着电力现代化作业条件、技术手段的进步和改善,电力生产的装置设备更加精密、结构日益复杂。任何精密复杂的系统都有一个致命的缺点,就是容错能力低,操作中任何一个微小的失误都可能导致整个电力安全生产系统无法运作,引发事故。

电力企业在安全人因方面重视和投入不够。长期以来,大多数电力企业在安全人因方面重视不够,但这并不是由于企业对于人的关注的主体缺失,相当程度上,这是由于企业从对于硬件设施的倚重到开始重视人的因素的必然历史过程导致的。

安全管理是一个复杂的问题,在制度建设层面,我国电力企业的安全管理在法律法规、安全规程上已经趋于完善,政府、行业、社会三方监管机制也已经形成;企业的安全责任制度已经建立起来。在安全设备层面,企业在安全设备上的投入不断增加,设备安全已达到世界领先水平,安全防护技术不断更新,防止电力安全事故的技术手段不断加强。但是电力企业的安全生产事故、人身伤亡事件仍不断发生,并且是透过层层防护走向事故,而在电力系统中能有这样穿透性、能动性的因素只有一个对象,就是人。电力生产的所有环节和过程是需要人的参与、控制和维护的。人是安全的发起者、维护者和终结者。当系统和设备运行失效、突发事件降临之后,在突发事件、事故应急的过程中,人成为安全的最后一道屏障。有的设备,在安装初期符合要求,但是随着使用时间的积累,产生磨损老化而留下潜在危险,由于设备的无意识性,设备不能自动消除或报告隐患,因而人的安全素质和保障能力显得尤其重要。海因里希曾经调查过美国75 000起工业伤害事故,发现占总数98%的事故是可以预防的,只有2%的事故超出人的能力所能达到的范围,是不可预防的。在可预防的工业事故中,以人的不安全行为占主要原因的事故有88%,以物的不安全状态为主要原因的事故仅占10%。

因而,从事故致因来看,人因和物因是事故预防、控制和处理的两个核心因素。人因控制相对物因难度要大,其稳定性也低,加之心理、行为因素的影响导致群体、组织和管理也受到相应的影响。电力企业安全管理在迈过了法制建设、设备提升、安全管理体系完善等门槛之后,已经逐渐意识到人的重要性,安全管理中坚持以人为本的安全理念已经基本形成,安全文化的活动也与安全生产有机结合,不断深化开展。毋庸置疑，下一阶段的安全管理必定会投向更为复杂的因素——人的因素。这也是对安全管理中要更加关注人因安全，把握人的心理生理特征，更科学合理分配安全投入、开展安全管理的客观要求。

同时，为满足大规模电力输送和高效配置的基本要求，我国需要构建安全可靠、经济高效的强大电网。特高压输电技术的成熟及商业应用为我国大电网发展提供了坚强支撑。加快构建大电网安全综合防御体系，充分发挥大电网统一规划、统一调度和统一管理的体制优势，将有力保障我国电网的安全经济高效运行，并带来巨大的社会经济效益。

四、如何保障中国的能源安全

（一）中国能源安全的内涵

能源安全既要保障量的安全，又要保障价的安全。首先，国家的进口能源供应必须数量充足，但是进口不能危及国家安全；其次，进口能源供应必须持续，能源进口中断和暂时性短缺会严重影响工业国的经济和政治稳定；再次，进口能源必须价格合理。以合理价格保证数量充足的持续供应成为能源安全问题缺一不可的三个方面，任何一方面的失败都会对消费国的经济福祉、政治稳定和国家安全构成威胁。

对能源安全概念的定义决定研究的范围和角度。由于能源安全问题涉及的学科不断增加，研究角度日益宽泛，能源安全的内涵与外延不断扩展，因此，至今没有形成一个统一的能源安全概念与定义。从另一个角度来看，能源安全的内涵与外延的不断变化，也是该问题研究不断推进的一种表现。在来自国外的经济学文献中，国外学者是从风险性与外部性定义能源安全的概念。从风险性定义能源安全，认为能源安全是个期望问题。这种定义实际上是根据人们对风险的态度来研究能源安全问题，同时也包括对风险的发生概率和破坏力大小的认知。对能源价格分析预测及其预警、世界能源供需关系及其影响因素的分析、能源价格承受力分析、风险的防范等均可以看作这种定义下的研究内容。

国内有学者认为，能源安全问题应该是特指由不可控因素可能产生的经济损害。对于一个国家来说，不可控因素大致分为境外与境内两个方面。境外不可控因素是指对不能由本国单方面解决，并且对本国能源供需关系可能产生负面影响的一切事件。例如，战争、自然灾难、与能源供应国外交关系恶化、国际石油商市场操纵等国家力量不能直接干预的事件。境内不可控的因素主要是指即使是动员国家力量也难以在短期内解决的问题，如可供开采的能源资源储量、生产技术水平等。一般说来，境外不可控因素是难以预计的，具有不确定性；境内不可控因素则相对容易把握。能源安全的概念应该只有存在境外不可控因素时才使用。

从外部性定义能源安全，认为能源安全问题是由国内消费者与厂商使用进口能源而引起整个国家对进口能源的依赖。因此，能源安全问题实际上是由消费进口能源所引起的外部性问题。既然是外部性问题就不能完全依靠市场机制解除能源安全的问题，而是要依靠政府的干预和措施。这种定义为政府在能源安全中的地位与角度提供了一个理论依据。随着把能源对环境的影响列入安全问题的研究范围，能源安全的外部性定义似乎更为适用。

进入21世纪以来，国际环境与地缘政治发生较大的变化，“911”事件和2002年以后国际油价出现大幅度的攀升，发达国家对能源风险的认识又扩展到能源基础设施，我国更加关注价格变动对能源安全的影响。国内比较认可的能源安全状态的表述是“清洁、稳定、经济”，即质量清洁、数量稳定、价格合理。还有一些学者在国家能源安全的基础上，提出了区域能源安全的概念，即从时间、空间、数量、质量、价格全方位定义能源安全。[①]

综上来看，能源安全是一个随着时代发展变化不断变化的议题，当前主要表现在量的安全和价的安全上，尤其是合理的能源价格，是能源安全的重要方面。

（二）可燃冰能解决能源安全问题吗

“可燃冰”是由水和天然气在高压、低温条件下混合而成的一种固态物质，因其外观像冰且遇火即燃而得名，学名叫“天然气水合物”，因为主要成分是甲烷（含量80%—99.9%）和水，因此也常称为“甲烷水合物”。可燃冰在常温常压下会分解成水与甲烷，因此可以看成是高度压缩的固态天然气。

可燃冰是分布于深海沉积物或陆域的永久冻土中，由天然气与水在高压低温条件下形成的类冰状的结晶物质。由于其燃烧产生的能量比煤、石油、天然气要多出数十倍，而且燃烧后不产生任何残渣，故被称为“属于未来的能源”。可燃冰像固体酒精一样可被直接点燃。1立方米可燃冰可释放164—180立方米天然气，其能量密度是煤的10倍。

自20世纪60年代起，以美国、日本、德国、中国、韩国、印度为代表的一些国家

---

① 史丹，何强，陈吉尔，等.能源安全对策研究[J].科学新闻，2008(9)：11.

都制订了天然气水合物勘探开发研究计划。迄今,人们已在近海海域与冻土区发现水合物矿点超过 230 处,涌现出一大批天然气水合物开发热点研究区。据估算全球天然气水合物蕴藏的天然气资源总量约为 21 000 万亿方,可满足人类 1 000 年的需求。目前已有 40 多个国家相继开展了天然气水合物的研究和勘查,其中加拿大在陆地永久冻土区、日本在海域进行了试开采。

2013 年 6 月至 9 月,我国在广东沿海珠江口盆地东部海域首次钻获高纯度天然气水合物样品,并通过钻探获得可观的控制储量。2014 年 2 月 1 日,南海天然气水合物富集规律与开采基础研究通过验收,建立起中国南海可燃冰基础研究系统理论。2017 年中国海域天然气水合物首次试采获得圆满成功,取得了持续产气时间最长、产气总量最大、气流稳定、环境安全等多项重大突破性成果,创造了产气时长和总量的世界纪录。至 7 月 9 日,中国天然气水合物试开采连续试气点火 60 天,累计产气 30.9 万立方米,平均日产 5 151 立方米,甲烷含量最高达 99.5%。获取科学试验数据 647 万组,为后续的科学研究积累了大量翔实可靠的数据资料。2017 年 11 月 3 日,国务院正式批准将天然气水合物列为新矿种。

但是天然气水合物在给人类开辟新的能源前景的同时,对人类生存环境也提出了严峻的挑战。天然气水合物中的甲烷,其温室效应为 CO_2 的 20 倍,而全球海底天然气水合物中的甲烷总量约为地球大气中甲烷总量的 3 000 倍,若有不慎,让海底天然气水合物中的甲烷气逃逸到大气中去,将产生无法想象的后果。而且固结在海底沉积物中的水合物,一旦条件变化使甲烷气从水合物中释出,还会改变沉积物的物理性质,极大地降低海底沉积物的工程力学特性,使海底软化,出现大规模的海底滑坡,毁坏海底工程设施,如海底输电或通信电缆和海洋石油钻井平台等。

"可燃冰"开采的技术难点是如何保证井底稳定,使甲烷气不泄漏、不引发温室效应。尤其是海底开采,难度要比深海石油钻探大得多。收集海水中的气体是十分困难的,尤其在深海。海底可燃冰属大面积分布,其分解出来的甲烷很难聚集在某一地区内收集,而且一离开海床便迅速分解,容易发生喷井意外。此外,大部分海底可燃冰与泥沙混合在一起,因未能解决泥沙分离问题,开采难以保持连续。

"可燃冰"的商业开采必须把成本降到目前天然气成本的水平,才有商业价值。长江证券研究所研究表明,目前中国南海"可燃冰"的开采成本约为 200 美元/立方米,按当前汇率折算,折合成天然气成本价为 8 元/立方米。而常规天然气成本现在不到1元/立方米，目前还差距较大。但未来“可燃冰”开采成本有望降到0.77元/立方米，商业前景可观。成本的降低也要依赖技术的进步和规模的扩大。

虽然可燃冰的商业化路程还较为遥远，技术难题和成本问题都没有解决，同时其对环境的负面影响也仍未确定，但是面对越来越严重的能源危机，可燃冰不失为一种具有较大希望的替代能源，来解决人类未来的能源危机。

阅读材料：核能在未来能源安全中的作用

目前我们使用的大部分能源，本质上都是来自太阳能。化石能源煤炭、石油、天然气等是远古动植物经过漫长的地质作用形成的，而植物的能源本身来自太阳的光合作用，动物的能源来自植物；风能、水能、生物质能等本质上也是来自太阳能。而太阳能本质上是核能的一种。化石能源煤炭、石油、天然气再用100多年左右可能耗尽，如果在未来太阳能耗尽，可能人类最可以依赖的能源还是核能。

未来能源系统的主要特征“绿色低碳、安全高效、智能灵活”。“绿色低碳”要求新能源(可再生能源)必须在未来能源系统中占据相当份额，经济社会发展环境可承受。“安全高效”包含了可靠性要求和对经济性的要求，要经济、长期有保障，且在大量使用可再生能源的同时，能够做好能源调节。“智能灵活”要求建立混合能源系统和通过数字化、智能化手段实现快速感知、及时响应。

核能正好能满足未来能源系统的主要特征。首先，核能是清洁、高效的能源。1台百万kW核电机组每年可减排600万吨CO_2，2.6万吨SO_2，1.4万吨NO_x。1千克U235全部裂变，相当于270万千克标准煤完全燃烧释放出的能量。1座百万kW级的核电厂每年只需约30吨的核燃料，同样规模的火电厂需要燃煤300万吨，相当于每天可节约40节火车车厢运输。其次，核能也是稳定可靠的能源。核电机组装载核燃料后可连续运行18—24个月，年运行小时数达7 000—8 000小时。再次，核能更是高科技密集型产业，技术复杂、工期长、研发投入大。从开展前期工作到投运，一般需要10年左右的时间。①

核能作为一种重要的能源形式，正在我国经济社会中发挥着越来越重要的作用。核能能够替代退役的火电机组，优化现有能源结构及电源布局，改善空气质量，促进经济发展。使用核能供热，能减少燃煤、热电联产等化石热源的使用。核能为海岛、偏远地区供电供热，作为分布式能源的构成，能减少化石能源

① 焦红霞.核能是最具希望的未来能源之一[N].中国改革报，2018-08-13.

使用。作为核动力，为浮动堆、破冰船、空间飞行器或空间站等提供动力或能源。与其他清洁能源联合使用，建立混合能源体系。与此同时，发展核能还将对我国有效开展大国外交、推进“一带一路”国际产能合作起到独特的作用。

核能是我国能源发展战略的重要组成部分，是未来电力结构的重要一极，是建立绿色低碳循环发展经济体系的重要内容和推动力。今后一段时期，是我国核电发展的战略机遇期。核电发展要纳入大的能源系统、生态系统，深入研究未来能源结构、各电源品种及大电网网架布局，科学制定面向2035年的新一轮核电发展战略，实现核电与其他新能源的全面协调发展。

总而言之，在中长期，核能对于解决我国的能源安全问题是不能忽视的重要部分。

(三) 未来我们还要做些什么

本部分综合分析了我国的能源安全问题，并从石油安全、天然气安全、电网安全几个方面做了较为详细的分析。但是能源安全涉及的问题非常之广，我国作为一个发展中的大国，面对的能源安全问题复杂而多样，同时随着时代的改变，能源安全问题也在不断改变。应对能源安全问题，未来我们还能做些什么呢?

扩大全球能源供给范围。中国既没有美国的页岩气革命，也还没有欧洲的可再生能源信念与信心，我们很大程度上靠石油央企的“扩大再生产”来满足快速增长的需求。地理上便利的中东、俄罗斯，我们的资本很难进去；我们“走出去”的资本大多汇集在遥远的非洲、美洲和澳大利亚，而这些地区的投资对解决中国能源安全的帮助不会太大，但能增加全球能源供给，扩大中国石油央企发展的机会和空间。

提高电能替代，发展电动汽车等电能替代方法。虽然中国石油对外依存度已经接近70%，但石油消费毕竟只占当前中国一次能源消费的18%左右，天然气只占8%左右，而煤炭这一传统主力能源的消费占比一直在60%以上。[①] 综合测算，中国的能源对外依存度只有20%左右。这意味着，如果出现“供应中断”等极端情况，在暂不考虑煤炭对大气环境污染等负面因素情况下，加上中国逐步完善的石油天然气战略储备、逐步提升的能源利用效率以及市场份额不断扩大的新能源和可再生能源，中国完全有能力解决能源供应的主体问题。大部分能源都可以转化为清洁方便

① 陆如泉.中国能源安全：远比想象的坚强[J].中国石油石化，2018(12)：48－49.

的电能使用，如果燃油车都可以用电动汽车替代，可以大大减少我国对石油的依赖，提高自身的能源安全。

广泛开展能源合作，提高能源安全。当前，世界能源形势正发生复杂而深刻的变化，新一轮能源科技革命加速推进，应对全球能源安全和可持续发展问题迫在眉睫，亟须各国凝聚共识、深入交流、携手应对。“一带一路”沿线国家能源合作具有很强的互补性，是优化能源结构、平衡禀赋差异的重要途径，既可解部分地区能源匮乏之困，又能打通制约经济发展的瓶颈。只要“一带一路”沿线国家携起手来，精诚合作，就一定能够带动更大范围、更高水平、更深层次的区域合作，为促进全球能源可持续发展、维护全球能源安全、繁荣全球经济注入强劲动力。

提高能源利用技术，降低能源开发成本，保障能源价格安全。油气供给质量已经成为大国实力比拼的一个重要构成。美国能源革命使美国油气供给实现了量和质的飞跃，推动了能源独立的实现，也给本国经济复苏注入了一针强心剂，进一步提升了国家经济政治实力。一个国家的国际竞争力的提升直接受益于低成本的能源供给。我国经济的高质量发展，对能源供给不仅有量足的要求，也有价优的期待，落到石油企业就是要实现低成本内涵式发展。当前制约油气供给成本降低的瓶颈关键在于技术，突破口也在于技术。无数事实证明，核心关键技术买不来，唯有靠自主创新、持续创新，方能实现低成本高质量发展。必须打破技术的枷锁，加快科技创新，围绕世界科技前沿及制约发展的关键技术瓶颈，加强重大、关键、共性技术攻关研发，加快勘探开发领域科技人才培养，抢占油气科技领域和未来发展制高点，为保障能源安全提供高水平科技供给。同时，要依靠管理创新大幅度降低油气生产、管理、运营等各环节成本，全方位全产业链挖掘降本增效新潜力。

调整能源结构，发展绿色清洁能源，保障能源安全。目前，世界能源结构正加快向清洁化低碳化转型，一些国家推出电力脱煤计划和燃油车禁售时间表，可再生能源、新能源快速发展，国际大石油公司在强化油气核心优势的同时，纷纷布局替代能源业务。我国正大力推动生态文明建设，强化污染防治，推进能源生产和消费革命，积极构建清洁低碳、安全高效的能源体系，天然气等清洁能源发展空间十分广阔。我们应顺应发展大势，在实现“质”的安全上下功夫。“质”既指能源清洁的品质，也指能源服务的质量。在能源清洁品质的提升上，要抢抓天然气发展的黄金时期，加快天然气业务发展，加强在非常规油气、深水油气、可燃冰等前沿领域的技术和人才储备，积极构建绿色能源供给体系。

思考题

1. 为什么能源安全对我国如此重要？
2. 我国能源安全的首要问题是什么？
3. 石油战争爆发的根本原因是什么？
4. 石油安全的关键是什么？
5. 石油价格对经济发展具有怎样的影响？
6. 我国煤改气面临的主要问题是什么？
7. 我国的电网安全情况如何？
8. 电网安全的重要性主要体现在哪些方面？
9. 如何保障我国未来的能源安全？
10. 对于我国的能源安全，你有何想法？

参考文献与续读书目：

[1] 威廉·恩道尔.石油战争[M].赵刚，等译.北京：中国民主法制出版社，2016.
[2] 史丹，王蕾.能源革命及其对经济发展的作用[J].产业经济研究，2015(1).
[3] 赵文志，刘合，张国生.石油被替代的可能路径[N].能源情报，2018-04-09.
[4] 史丹，何强，陈吉尔，马军.能源安全对策研究[J].科学新闻，2008(9).
[5] 陆如泉.中国能源安全：远比想象的坚强[N].中国石化报，2018-08-06.
[6] 焦红霞.核能是最具希望的未来能源之一[N].中国改革报，2018-08-13.

第四章　能源创新——如何推动绿色发展

推动能源技术革命，带动产业升级。立足我国国情，紧跟国际能源技术革命新趋势，以绿色低碳为方向，分类推动技术创新、产业创新、商业模式创新，并同其他领域高新技术紧密结合，把能源技术及其关联产业培育成带动我国产业升级的新增长点。

——习近平：《在中央财经领导小组第六次会议上的讲话》(2014 年 6 月 13 日)

一、推动绿色发展要依托什么

党的十八大指出，面对资源约束趋紧、环境污染严重、生态系统退化的严峻形势，必须树立尊重自然、顺应自然、保护自然的生态文明理念，把生态文明建设放在突出地位。过去几十年，由于经济增长，特别是发展中国家的经济增长，全球能源消耗大幅增长。大气中的微粒和气体(CO_2、SO_2、NO_x等)的排放以及温室气体(主要是CO_2)导致的全球温度上升，对环境造成了严重的影响。可再生能源及提高能源利用效率技术的发展和新能源的开发被认为是缓解能源短缺和环境问题的有效解决办法。

早在 2005 年习近平总书记就提出了“绿水青山就是金山银山”的科学论断；2015 年习总书记在重要讲话中同样也谈到了绿色发展的理念：“坚持绿色发展，就是要坚持节约资源和保护环境的基本国策，坚持可持续发展，形成人与自然和谐发展现代化建设新格局，为全球生态安全作出新贡献。”“我们要构筑尊崇自然、绿色发展的生态体系。人类可以利用自然、改造自然，但归根结底是自然的一部分，必须呵护自然，不能凌驾于自然之上。”

2015 年 10 月召开的十八届五中全会强调，实现“十三五”时期发展目标，破解发展难题，厚植发展优势，必须牢固树立并切实贯彻创新、协调、绿色、开放、共享的发展理念。这就更要求我们走绿色发展的道路。

所谓绿色发展，就是经济、社会、生态三位一体的新型发展道路，以合理消费、低消耗、低排放、生态友好为主要特征，以绿色创新为基本途径，以积累绿色财富和增加人类福利为根本目标，以实现人与人之间和谐、人与自然和谐为根本宗旨。形象地讲，绿色发展就是“前人种树，后人乘凉”。

推动绿色发展，需要做好以下几方面的工作。

（一）人与自然和谐共生

人与自然是生命共同体，人类必须尊重自然、顺应自然、保护自然。坚持节约优先、保护优先、自然恢复为主的方针，形成节约资源和保护环境的空间格局、产业结构、生产方式、生活方式，还自然以宁静、和谐、美丽。党的十九大报告把“坚持人与自然和谐共生”作为新时代坚持和发展中国特色社会主义的基本方略之一。我们要建设的现代化是人与自然和谐共生的现代化，既要创造更多物质财富和精神财富以满足人民日益增长的美好生活需要，也要提供更多优质生态产品以满足人民日益增长的优美生态环境需要。可以说，十九大报告为未来中国的生态文明建设和绿色发展指明了方向、规划了路线。

人们对耕地面积、燃料用木材以及造纸等工业用木材的需求，致使森林遭到过度的砍伐，殊不知对自然环境以及对人类环境造成了严重破坏。对森林过度砍伐，造成水土流失，泥沙淤积河道，造成洪灾；减少了氧气的供应，同时缺少了天然的屏障，造成沙尘暴等恶劣天气；加剧了温室气体的危害，更加造成了全球气温的不稳定性。推动绿色发展，应当避免乱砍滥伐的现象。

生物质是全球应用最广泛的可再生能源，自从人类发现火，人类就开始利用这种能源。生物质直燃几乎是农村能源的主要依靠，尤其是在发展中国家。我国是一个发展中的农业大国，生物质资源非常丰富，每年农作物秸秆产量达几亿吨。

生物质直燃存在缺点：生物质水分的含量较多，燃烧需要较长时间干燥，造成的烟气量较大，排烟热损失高；生物质燃料的密度较小，结构比较松散，容易产生一些黑絮；生物质挥发分含量高，挥发分析出的时间较短，若空气供应不足，有机挥发分不被燃尽而排出，排烟为黑烟，增加了化学不完全燃烧热损失；挥发分析出燃尽后，受到灰烬包裹和空气渗透困难的影响，焦炭颗粒燃烧速度缓慢、燃尽困难，如不采取适当的必要措施，将会导致灰烬中残留较多的余碳，增大了不完全燃烧热损失。生物质直燃这种方式，会增大空气中的可吸入颗粒物含量，对人体和生态环境有较大的危害,所以应尽量避免生物质直燃这种方式。

生物质能可制成沼气、生物质燃气、生物发酵制取的氢气等气体燃料,生物柴油、燃料乙醇、生物质裂解液化等液体燃料以及炭棒、颗粒燃料等固体燃料。这些利用方式,可以减少生物质直燃对环境的危害。

(二) 推动低碳循环发展

推动绿色发展,应当推动低碳循环发展。推进能源革命,加快能源技术创新,建设清洁低碳、安全高效的现代能源体系。出台鼓励政策,培育发展低碳技术和低碳产业。提高非化石能源比重,加快开发利用以可再生能源和清洁能源为主的低碳能源,推动煤炭等化石能源清洁高效利用。加快发展风能、太阳能、生物质能、水能、地热能,安全高效发展核电。加强储能和智能电网建设,发展分布式能源,推行节能低碳电力调度。有序开放开采权,积极开发天然气、煤层气、页岩气。改革能源体制,形成有效竞争的市场机制。同时探寻节能、长效、环保和可回收的低碳原材料和新材料。

建立低碳技术体系和低碳产业结构。以低碳能源体系为基础发展低碳制造业,重点发展利用新能源的成套设备、能源资源回收及各种节能技术产品和设备、新能源和清洁能源交通工具以及新一代家电制造业,推进交通运输低碳发展,实行公共交通优先,加强轨道交通建设,鼓励自行车等绿色出行。实施新能源汽车推广计划,提高电动车产业化水平。发展低碳服务业。把低碳技术纳入重点研发领域,实施鼓励扶持低碳产业发展的政策,积极争取与发达国家和地区的低碳项目开展技术合作。

主动控制碳排放,加强高能耗行业能耗管控,有效控制电力、钢铁、建材、化工等重点行业碳排放,支持优化开发区域率先实现碳排放峰值目标,实施近零碳排放区示范工程。

建立健全循环经济政策和科技支持体系。完善节能减排统计、监测、考核体系,建立循环经济产品标示制度,实施新建项目节能评估和审查制度,健全污染物排放总量前置审核制度,落实节能减排目标责任制和“一票否决制”。充分运用价格政策,引导资源流向低碳产业。

(三) 节约高效利用资源

全面节约和高效利用资源。坚持节约优先,树立集约利用的资源观,坚持循环发展理念，树立市场配置理念，要有创新引领理念。实施全民节能行动计划，提高节能标准。

树立节约优先理念。这是实现全面节约和高效利用资源的基本前提。节约优先就是要时时处处把节约挺在前面，培育节约意识，养成行为自觉。构建覆盖全面、科学规范、管理严格的资源总量管理和全面节约制度。形成有利于资源节约和高效利用的空间格局、产业结构、生产方式、消费模式。

树立集约利用理念。这是实现全面节约和高效利用资源的内在要求。要坚持注重内涵的资源利用模式，摒弃外延扩张的粗放利用模式。在全面节约基础上，更加注重产出效率，更加注重集约效益，更加注重体制机制创新。创新资源利用政策，加强与投资、财税、信贷、环保等政策的配套联动，努力减少单位产出的能源等消耗，切实提高资源利用的综合效益。

树立循环发展理念。这是实现全面节约和高效利用资源的重要途径。要按照减量化、再利用、资源化的要求，从源头上减少生产、流通、消费各环节能源资源消耗和废弃物产生，改变"大量生产、大量消费、大量废弃"的传统发展模式和资源利用方式。加快构建循环型工业、农业和服务业体系，推动资源再生利用产业化，形成覆盖全社会的资源循环利用体系。鼓励和支持循环发展，提高资源利用效率，促进资源永续利用。

(四) 加大环境治理力度

加大环境治理力度。以提高环境质量为核心，实行最严格的环境保护制度，形成政府、企业、公众共治的环境治理体系。

充分认识加大环境治理力度的重大意义。党中央、国务院历来高度重视环境保护。党的十八大以来，党中央把环境保护摆到更加重要的位置，治理进程明显加快，生态文明建设取得新进展。由于历史积累的环境问题较多，发展不平衡、不协调、不可持续的问题仍然突出，资源约束趋紧、生态环境恶化趋势尚未得到根本扭转。

加大环境治理力度是补齐全面建成小康社会短板的必然选择。小康全面不全面，生态环境质量是重要方面。我国环境质量差、生态受损严重、风险隐患高，环境承载能力已经达到或接近上限。生态环境已成为实现全面建成小康社会的短板和瓶颈制约。2014 年，74 个重点城市中仅有 8 个城市空气质量年均值达标。要在补齐短板上取得突破性进展。这就要求以改善环境质量为核心，用硬措施完成硬任务，实现与全面建成小康社会相适应的环境质量目标。

加大环境治理力度是为人民提供更多优质生态产品的内在要求。随着经济社会快速发展，人民群众对清新空气、清澈水质、清洁环境等生态产品的需求越来越迫切，希望能够蓝天常在、青山常在、绿水常在。必须加快解决突出环境问题，让人民群众切身感受到污染可以治理、环境能够改善、优质生态产品能够增加。

加大环境治理力度是推动绿色发展的重大任务。经济发展进入新常态，特别是在经济下行压力加大形势下，必须注重平衡和处理好发展与保护的关系，着力推进生产方式和生活方式绿色化。

"十三五"时期加大环境治理力度的目标和重点任务主要包括：生态环境质量总体改善；生产方式和生活方式绿色、低碳水平上升；能源资源开发利用效率大幅提高，能源和水资源消耗、建设用地、碳排放总量得到有效控制，主要污染物排放总量大幅减少。实现上述目标，必须以提高环境质量为核心，抓住重点任务，推动实施重大环保行动和工程。

环境保护要以提高环境质量为核心。环境质量是根本目标，污染减排是重要手段。我国一些主要污染物排放量仍高达 2 000 万吨左右，只有再减少 30%—50%，环境质量才会明显改善。要深入实施大气污染防治行动计划，实施工业污染源全面达标排放计划，坚持城乡环境治理并重。

环境保护需要充分发挥制度的引导、规制、激励、约束等功能。

实行最严格的环境保护制度，形成政府、企业、公众共治的环境治理体系。环境保护的严峻现状和民众的巨大需求，决定了必须对其实行最严格的制度，源头严防、过程严管、后果严惩。这就需要发挥各方面的作用。地方各级政府对辖区环境质量负责，企业是污染治理的责任主体，公众也有权利和义务共同参与环境保护。要形成政府、企业、公众共治的环境治理体系，汇聚各种力量，产生最大合力。

建立全国统一的实时在线环境监控系统。环境监测是环境治理的基石。要坚持全面设点、全国联网、自动预警、依法追责，统一规划建设监测网络，按照统一的标准规范开展监测评价，客观、准确地反映环境质量、污染排放和生态状况。开展环境大数据建设和应用，为日常监管提供支撑。

开展环保督察巡视，严格环保执法。这是落实地方政府对环境质量负责的重要抓手和突破口。重点督察党中央、国务院环境保护重大决策部署，以及环境保护法律法规和国家环境保护计划、规划、重要政策措施的落实情况，推动地方党委和政府及其有关部门落实环境保护"党政同责"和"一岗双责"。

健全环境信息公布制度。全面推进环境信息公开，主动发布环境质量、环境监测、重点污染源、突发环境事件等信息。实行阳光审批，坚持环保审批依据、流程、结果全部公开。推行阳光执法，公开环境行政处罚信息，及时向社会公布违法者名单。推动企业主动公开环境信息。把政府和企业都放在阳光下，接受公众监督，推动全社会参与环境保护。

二、能源创新：现状与未来

生活中，我们听到比较多的是引进、消化、吸收。那么中国人到底会不会创新呢？答案是肯定的。1954 年，李约瑟出版了《中国科学技术史》第一卷，轰动了西方汉学界。这本书引用大量翔实的资料，来证明中国的文明在世界科学技术发展史当中的重要作用。全书共七卷，34 册，全面、系统地论述了中国古代科学技术的辉煌成就及其对世界文明的伟大贡献。

表 4－1　中国古代科技发明世界地位变化统计

年代	科技发明（件）	中国		世界其他国家	
		件	百分比	件	百分比
公元 1—400 年	45	28	62%	17	38%
公元 401—1000 年	45	32	71%	13	29%
公元 1001—1500 年	67	38	57%	29	43%
公元 1501—1840 年	472	19	4%	453	96%

在长达 1 500 余年的历史中，中国的科技领先世界，但是渐渐地，中国古代科技发明的世界地位又落后了。这同样也成了困扰李约瑟的难题：如果我的中国朋友们在智力上和我完全一样，那为什么像伽利略、托里拆利、斯蒂文、牛顿这样的伟大人物都是欧洲人，而不是中国人或印度人呢？为什么近代科学和科学革命只产生在欧洲呢？为什么直到中世纪中国还比欧洲先进，后来却会让欧洲人执了先鞭呢？怎么会产生这样的转变的呢？

李约瑟及其后人找到了答案：中国人太讲究实用，很多发现滞留在了经验阶段，缺乏理论基础研究；中国的科举制度扼杀了人们对自然规律探索的兴趣；以少数人为服务对象的精英教育，丧失了科技人才产生的社会基础；以儒学为独尊的教育内容，阻碍了科学技术的传播和发展；以灌输式为主的教育方法，抑制了人们的创造精神。以上这些原因造成了中国的落后。

近年来，大众创业、万众创新蓬勃兴起，催生了数量众多的市场新生力量，促进了观念更新、制度创新和生产经营管理方式的深刻变革，有效提高了创新效率、缩短了创新路径，已成为稳定和扩大就业的重要支撑、推动新旧动能转换和结构转型升级的重要力量，正在成为中国经济行稳致远的活力之源。同时，面对日益严峻的全球气候和能源挑战，加强创新和推广可持续能源技术、广泛开展国际合作对加速能源革命、实现全球能源转型至关重要。下面介绍几项能源创新新技术。

（一）风力发电自主创新技术

2007 年中国气象局风能太阳能研究中心提供的测算数据显示，中国可开发利用风力资源约为：陆上 8 亿 kW，近海 1.5 亿 kW。主要分布在东南沿海以及附近岛屿，内蒙古、新疆和甘肃河西走廊，以及华北和青藏高原的部分地区，风力资源丰富。

风力发电技术发展到目前阶段，其性价比正在形成与煤电、水电的竞争优势。风力发电的优势在于：发电能力每增加一倍，成本就下降 15%，近几年世界风力发电增长一直保持在 30%以上。随着中国风电装机的国产化和发电的规模化，风力发电成本可望再降。

1999 年，国内首台国产化率达到 93%的风电机组研发成功，并投入使用。机组主机功率 600 kW，由新疆金风科技公司研制，叶片由中航惠腾公司研制。2005 年，我国首台 MW 级变速恒频双馈异步风力发电机及其控制装置在兰州电机有限公司研制成功，这次研制成功的变速恒频双馈异步风力发电机以国家“863”高新技术研发项目“兆瓦级变速恒频风力发电机组”为依托，填补了该领域国内空白。

海上“巨无霸”SL5000 系列风力发电机组是由华锐风电科技（集团）股份有限公司自主研发、具有完全知识产权、全球技术领先的电网友好型风电机组，采用先进的变桨变速双馈发电技术，单机容量为 5 000 kW。它的机身非常庞大，机舱上可以起降直升机，它的风轮高度超过 40 层楼。轴承强度坚硬，SL5000 所需要的最大的一个轴承有两层楼的高度。轴承因为既要受力又要运动，而成为最容易损坏的部分。世界上仅有三家符合要求的制造厂，其中一家在中国瓦房店。精密轴承的平滑和均匀度必须极为标准，故动用了最先进的加工设备——大型铣床。轴承使用的材料的硬度是家用不锈钢菜刀硬度的 5 倍。使用微米级的设备来检测其强度。加工这么大的轴承，它的误差不能超过 6 微米。风产生的扭力集中作用于主机架，因此，主机架必须坚不可摧；为了加工制造主机架的大型特厚钢板，需要用强力切割机，它的火焰温度有3 000多度，切割过程中，对误差的精确控制为后面的焊接工作打下了良好的基础。主机架还必须承受目前世界上最长的叶片所产生的巨大扭力，故焊接质量必须严格把关。62米长的叶片第一次被设计和制造出来，国内外无任何借鉴，只能依靠理论上的计算。在设计和材料的运用上，无论用什么规格和形状的叶片，都必须满足最大的强度、最轻的重量这两个要求。环氧树脂，这种材料固化后具有极好的化学稳定性和物理稳定性，它唯一的缺点就是延展性不足，科学家在环氧树脂里面加入编织物，构成复合材料，形成玻璃钢，厚度和重量只有原来的四分之一，强度却增加了十几倍。制造好后，在实验室进行了实验，实验过程中让叶片震动500万次，将实验标准都提高了级别；四个月过去了，经过一整套的测试之后，被测试的叶片相当于在非常严酷的环境下度过了20年的设计寿命，检测结果，叶片内部结构完好无损。机组长度超过150米，重量达到400吨，在安装过程中，如果海浪加上海风的影响，导致这种重量级的物体撞上固定的平台，哪怕是轻微的碰撞，都可能产生无法估量的后果。安装时必须拥有周密的计划和细致的操作，才能让庞大的机舱准确到达预定位置，机舱安装到位。

2015年，首台5 MW级风力发电机组打入欧盟市场。中国中车旗下株洲电机有限公司为德国阿海珐风能股份公司研制的5 MW风力发电机2015年7月31日下线。这是中国兆瓦级风电电机首次打入对工业产品质量要求“严苛”的欧盟市场。面对德国阿海珐风能股份公司的“严苛”要求，“中车株洲电机”完成了100多项文件的提交审核工作，成功通过德国方面的供应商资质审核和监造体系认可，并获得欧盟质量体系中顶级标准VDA质量评审，而目前国内通过该VDA评审的企业屈指可数。通过与德国阿海珐公司的合作，“中车株洲电机”的风电产品实现了与欧洲体系无缝对接。这将推动中国高端制造装备产业进一步走向海外。

“中车株洲电机”为德国阿海珐公司研制的5 MW永磁同步发电机，是5 MW集成半直驱机组配套的一款新型发电机，是将来海上风电的主流风机。该款发电机采用了全密封耐盐雾结构接线盒、海上盐雾环境绝缘结构、中压永磁等先进技术，成功解决了海上风电防腐绝缘等关键问题。

（二）太阳能发电自主创新技术

2015年，根据中国气象局风能太阳能资源中心估算，我国陆地太阳能资源理论储量1.86万亿kW。我国陆地表面每年接受太阳辐射能量相当于18 000亿吨标准煤，在我国陆地60%的区域内光伏发电的效益很好。我国还有如此丰富的太阳能资源亟待开发，为各地绿色发展提供了重大的机遇。太阳能具有资源充足、长寿、分布广泛、安全、清洁、技术可靠等优点，且可以转换成多种其他形式的能量，因此应用范围非常广泛。在热利用方面有太阳能温室、物品干燥和太阳灶、太阳能热水器等。下面介绍几项太阳能利用新技术。

1. 汉能薄膜太阳能发电技术

汉能控股集团有限公司致力于“用薄膜太阳能改变世界”。薄膜发电技术物理特性优秀，具有柔性可弯曲、质量轻、弱光性好、颜色可调、形状可塑等优势，便于携带，甚至可以放进口袋。柔性砷化镓太阳能电池片产生的效能比全球量产的单晶硅电池片提高8%，比多晶硅电池片高出10%；相同面积下，其产生的效能可达普通柔性太阳能电池的2—3倍。薄膜发电技术可广泛使用在分布式发电、移动3C产品、可穿戴设备以及太阳能全动力汽车、太阳能无人机、卫星等各种领域。

2. 可卷曲太阳能电池板

深圳天诚巨能科技有限公司（Tcbest）是中国最大的电池生产厂家之一，目前正在对该项目进行研究和改进。2016年7月已经成功研制出可卷曲太阳能电池板。该电池板易于运输到目的地，可以方便地卷起并且安装到任何表面，甚至只需要双面胶即可。重量比传统太阳能电池板减少70%，发电效率提高了10%，成本降低到了每瓦6.5元人民币左右。

3. Sphelar球形太阳能电池板

Rawlemon公司在2016年提出了球形太阳能电池板的概念，并进行设计、制作和优化。球形结构可以从任意方向捕获太阳能量，从而最大化转换太阳能。跟踪系统简单，全方位光感应器，或由多个感应器组合而成的全方位感应器，可以比较各方位的光强，太阳能板跟着最强的那个方位。光感应器是由两个组件即投光器及受光器所组成，利用投光器将光线由透镜将之聚焦，经传输而至受光器的透镜，再至接收感应器，感应器将收到的光线信号转变成电信号，此电信号更可进一步操控各种不同的开关及控制动作，其基本原理即对投光器和受光器之间的光线做遮蔽动作所获得的信号加以运用以完成各种自动化控制。通过安装这种球形太阳能电池板，综合成本反而会低于传统平板的太阳能系统。

4. 叠片组件：中国塞拉弗——天合光能

叠片组件将光伏电池以更紧密的方式互相连结，令电池间的缝隙降到最低，甚至边缘稍微重叠，因此在同样的单位面积中可以铺设更多电池。吸光面积增加，瓦数也能提高。叠片组件几乎不需要焊带，相对节省了焊带成本。

5. 中国天合光能：双面组件及无边框组件

双面组件是一款创新型产品，在天合光能双玻组件的基础上，与高效的双面电池技术相结合，并采用透明密封材料，将双面太阳能高效电池封装于两层玻璃之间，使组件在正面能吸收光能发电之外，组件背面还可吸收地面发射光和大气散射光来额外发电。该组件适用于地面及周边建筑反射光及散射光较强的地区，如高纬度地区和多雪地区，使组件的正反两面的发电量达到最大化，同时也适用于光伏建筑一体化等特殊应用。它高发电量、高性价比的特性得益于其独特的设计，Duomax twin 双面双玻组件的发电量最高可高出普通单面组件 25%左右，使得系统发电效益大幅增加，从而带来更低发电成本。PERC 双组件的 60 - cell 型号正面发电功率为 285—300 W，背面可增益 10%左右，整体最高功率可达 330 W，发电量较传统单面组件可增加 25%，而价格与正面单面发电的产品相同。

中国天合光能的无边框 PDG5 双玻组件正反两面都由钢化玻璃构成，是首个把背板材料换成钢化玻璃的晶硅组件。该组件具有抗 PID(电势诱导功率衰减)和防隐裂的特性，并且不需要安装接地。该组件可在极端恶劣的气候环境下保持性能稳定，是目前市场上最坚固耐用的组件之一。

(三) 水力发电自主创新技术

水力发电的基本原理是利用水位落差，配合水轮发电机产生电力，也就是利用水的位能转为水轮的机械能，再以机械能推动发电机，而得到电力。水电是清洁能源，可再生、无污染、运行费用低，便于进行电力调峰，有利于提高资源利用率和经济社会的综合效益。在地球传统能源日益紧张的情况下，世界各国普遍优先开发水电，大力利用水能资源。中国不论是已探明的水能资源储量，还是可能开发的水能资源，都居世界第一位。水电作为可再生的清洁能源，在我国能源发展史中占有极其重要的地位，支撑着经济社会的可持续发展。

2017 年 8 月，装机规模世界第二大、在建规模世界第一大水电站——中国三峡集团白鹤滩水电站主体工程全面开始建设。目前，向家坝和溪洛渡水电站都采用了技术已经成熟的 70 万 kW 级巨型水轮机组，这是目前全世界单机容量最大的机组群。然而，还有一个高点等待人们去征服，那就是“百万机组”。从三峡到向家坝电站，再到白鹤滩，增加的不仅是容量，更需要高精尖的技术作支撑。这证明中国不仅在建坝规模上领先世界，技术制造也已进入引领的阶段。根据规划，白鹤滩水电站大坝将于 2021 年 5 月下闸蓄水，同年首批机组投产发电，全部机组将于 2022 年底建成投产。届时，16 台“超级机组”将世界水电带入“百万单机时代”。

白鹤滩是国内首个纯国产机组的大型水电站，100 万 kW 水电机组在世界上也属于大容量的高端产品，超出现有技术水平和规范，世界范围内都无现成经验可借鉴。三峡集团在重大装备科研、设计和制造、安装和运行链条中分层次有步骤地稳步推进国产化，已在机组设备、高压电气设备、辅助设备乃至基础材料研制上取得了重要成果。

混凝土现场浇筑入仓后体积膨胀，遇寒又会收缩，热胀冷缩后，致使大坝产生温度裂缝，因此有“无坝不裂”的说法。白鹤滩全坝使用低热水泥混凝土，这在世界上还是第一次。美国的胡佛大坝虽使用低热水泥，但其占比只有 40%左右。为了从源头上解决大坝的温度裂缝问题，三峡工程应用了中热水泥，白鹤滩大坝采用了性能更优的低热水泥，其水化热比中热水泥低 15%，后期强度性能优于中热水泥，并能减少后期冷却手段，以降低成本，只要措施得当，大坝将不会产生温度裂缝。

在白鹤滩水电站监控工作人员的手机上，都会有一个名叫“白鹤滩智能通水 2.0 温控平台”的 APP。这个 APP 是由清华大学和三峡集团共同研制的智能通水成套装备和移动实时软件平台，通过在新浇筑混凝土坝块和水管中安装数字温度传感器，实时测量混凝土温度和进出水温。点开手机，工程进度和各种参数尽在掌握。在冷却水管中还安装温度、流量、开度和一体流温集成控制装置，因此还可以实现动态智能控制。大坝埋设了成千上万的传感器，我们利用数字技术进行大坝全生命周期工作性态监控。生产施工数据都会被采集和分析，从而实现了施工质量全过程的在线实时监控和预报、预警及智能控制，可以根据实际情况调整施工方案，从而做到全面感知、真实分析、实时控制。

(四) 核电自主创新技术

轻原子核的聚合和重原子核的分裂都能放出能量，分别称为核聚变能和核裂变能，简称核能或核电。利用原子核内部蕴藏的能量产生电能的新型电站称为核电站。自 1951 年 12 月美国实验增殖堆 1 号(EBR－1)首次利用核能发电以来，世界核电至今已有 60 多年的发展历史。截至 2015 年 10 月底，中国大陆运行核电机组 27 台，总装机容量 2 550 万 kW；在建核电机组 25 台，总装机容量 2 751 万 kW。中国在建核电机组数世界第一。在发展过程中，核能发电的安全性、可控性一直是人们关注的焦点。

1. “华龙一号”问世

2017年，“华龙一号”完工。“华龙一号”是由中国两大核电企业中国核工业集团公司（简称：中核/CNNC）和中国广核集团（简称：中广核/CGN）在我国30余年核电科研、设计、制造、建设和运行经验的基础上，根据福岛核事故经验反馈以及我国和全球最新安全要求，研发的中国唯一具有完整知识产权的先进百万kW级压水堆核电技术。采用世界最高安全要求和最新技术标准，满足国际原子能机构的安全要求，满足美国、欧洲三代技术标准。“华龙一号”凝聚了中国核电建设者的智慧和心血，实现了先进性和成熟性的统一、安全性和经济性的平衡、能动与非能动的结合，在过去经验教训的基础上，实现了集成创新。

2017年8月20日，中国一重集团对外发布消息，受中国核工业集团委托，中国一重集团制造的全球首台“华龙一号”——福清5号核反应堆压力容器在中国一重大连核电石化公司完工交付。“华龙一号”的各方面技术具备国际竞争比较优势，在短时间内填补了中国国内技术空白，具备参与国际竞标条件。

核电的余热非常危险，放射性物质在反应停止后仍会不断放出衰变产生的能量。传统单能动传热设计在全厂断电后无法继续排出反应堆热量，会造成严重后果。

福岛核事故的直接原因正是核电厂失去了所有的交流电源（即所谓的全厂断电事故），堆芯余热无法导出，最终导致堆芯熔毁，压力容器被熔穿。非能动系统的优点就是不依赖电源，而是利用重力、温差、密度差这样的自然驱动力实现流体的流动和传热等功能。“华龙一号”机组可以满足事故后72小时不干预原则，非能动安全系统在设计基准事故或超设计基准事故甚至严重事故时会自动投入运行，分别执行预防堆芯熔毁、堆芯熔毁后保证压力容器的完整性、提供蒸发器二次侧冷却、保证安全壳不超温超压、消除氢气爆燃及爆炸风险等安全功能。如发生超设计基准事故导致全厂断电，可以在没有人力干预的情况下维持热停堆72小时。

同时作为福岛事故后的新增改进，“华龙一号”还设置了移动电源和移动泵，作为实现堆芯余热排出目标的最终手段。

“华龙一号”安全壳内部的大自由容积，可以保证在最恶劣的设计基准事故情况下，安全壳内的压力峰值距离安全壳设计压力至少具有10%的裕量，增强了安全壳作为最后一道密封屏障的安全性。

另外，在严重事故情况下，如果作一极端假定，燃料包壳发生百分之百的锆水反应，由于安全壳的大自由容积以及设置有安全壳非能动消氢系统，产生的氢气在安全壳内空间的平均体积浓度不会超过 10%，也就可以避免发生氢气爆炸的风险。“华龙一号”采用双层安全壳设计，其自由容积比日本福岛核电厂的安全壳容积增大了一个数量级，能够更好地包容严重事故情况下的气体释放。实现了内、外壳的功能分离：内壳主要作用是抵御各种事故及可能的严重事故下内部的高温高压，外壳主要作用是抵御包括飞机撞击在内的各种外部灾害的作用，保护内壳及其内部结构不受影响。

“911”事件之后，商用大飞机撞击核电站成为一种可能，设计中应考虑这一极端事件。目前，国际上第三代核电站的核岛厂房设计过程中均考虑了商用大飞机的撞击影响。“华龙一号”作为中国自主研发的百万千瓦级先进压水堆，能够抵御大型商业飞机撞击是其设计要求之一，在具体的设计中，对于关键系统、设备采用抗大型商业飞机撞击壳的方式进行防护。在布置设计上采取空间隔离的方式，保证即使执行安全功能的某一系列安全系统受到飞机撞击，至少还有一系列安全系统能够正常投运。

2. “和睦系统”通过 IAEA 审评

核电站数字化仪控系统（简称“DCS”）是核电站的“神经中枢”，控制着核电站 260 多个系统、近万个设备的运行和各类工况处理过程，对于保证核电站安全、可靠、稳定运行发挥着重要作用，在很大程度上它代表着我国装备制造技术在控制领域的发展水平。

2016 年 7 月，国务院国资委新闻中心与中广核集团联合宣布自主核级数字化仪控平台“和睦系统”通过国际原子能机构的 IAEA 审评，“和睦系统”是中广核经过长期的科技攻关，成功研发的具有完全自主知识产权的核电站安全级数字化仪控系统，填补了我国在该技术领域的空白。至此，我国已成为继美国、法国、日本之后，第四个掌握该技术的国家。目前，全球只有中广核和日本三菱两家企业具备从研发、制造、鉴定到运维服务全链条的核电 DCS 配套能力。这意味着“和睦系统”得到了世界权威组织的认可，获得了进入世界市场的“门票”，这是我国装备制造业领域的重大里程碑事件。

“和睦系统”已广泛应用在国内多个在役机组的改造和新机组的建设中，技术先进性和装备可靠性在实际工程应用中得到了检验。核电站作为人类最为复杂的系统工程之一，所使用的 DCS 要求极高，能用于核电站的“和睦系统”，也可以广泛应用在航空、船舶等高可靠性要求的领域，具有广阔的市场应用前景。

3. 未来前景

现有技术中，对于进入堆坑房间的人员管控方式是通过人为行政管理手段控制，这种人为行政管理手段在具体应用中容易产生人员管理失误，存在较大的安全隐患。中广核开发了一种核电站反应堆中子通量探测系统，其旨在解决采用人为行政管理手段管控人员进入堆坑房间内在具体应用中存在较大的安全隐患的技术问题。

当前，"华龙一号"所采用的技术代表了国际三代核电技术的先进水平。在国际上提出的"第四代先进核能系统"的概念中，这种核能系统具有良好的固有安全性，在突发事故时不会对公众造成损害，在经济上能够和其他发电方式竞争，并具有建设期短等优点。

我国具有完全自主知识产权的高温气冷堆就属于第四代先进核电技术，其研究发展工作始于20世纪70年代中期，主要研究单位是清华大学核研院。历经30多年的基础研究、实验堆运行、示范工程建设，如今，我国已经系统掌握了高温气冷堆的全部关键技术，具有固有安全性、多功能用途、模块化建造的特点和优势。目前，我国高温气冷堆技术在国际上处于领先地位，这种先进的技术有望在未来的核电站中得到广泛的运用。

（五）智能电网自主创新技术

进入21世纪以来，国内外电力及相关行业开展了一系列研究与实践，对未来电网的发展模式进行了积极思考与探索。智能电网是将先进的传感测量技术、信息通信技术、分析决策技术和自动控制技术与能源电力技术以及电网基础设施高度集成而形成的新型现代化电网。下面针对电力系统各个环节的新技术进行简单介绍。

1. 发电环节中的新技术

大规模新能源发电及并网技术：新能源并网技术主要包括资源评估与功率预测技术、新能源发电智能监控与并网技术、试验检测与认证技术、多类型电源协调运行控制技术等。目前我国在新能源发电功率预测、试验检测、风光储联合运行控制方面整体处于国际先进水平。功率预测方面，中国电力科学研究院数值天气预报运行中心，是国内首个专门用于电网运行的数值天气预报中心，可将预测精度提高1%—3%，达到80%以上。并网与监控方面，国家电网公司建成了国调、分调、省调一体化的风电运行实时调度监测网络，覆盖32个省级以上调度机构、全部810座风电场。多类型电源协调运行控制方面，建设的国家风光储输示范工程（张家口坝上张北地区），是我国自行设计的风光储调度一体化综合项目。

2. 输送电环节中的新技术

无人机巡检：无人机巡检可有效降低人员安全风险，提高对隐患、故障的定位监测，替代人工对于高山密林、广袤农田区域的杆塔、线路巡视，最大限度保护自然和农业环境。国网山东公司 2010 年自主研发成功国内首套智能电力线路无人飞行巡检系统，已实现导航、测试、数据传输等多种功能。

直流融冰技术：为了应对冰灾，研制出了具有覆冰图像防雾、抗电磁干扰能力强等特点的红外动态图像监测装置，研制了不同容量、3 个系列 9 种型号的交直流融冰装置，性价比优于国外同类型产品。已实施百次现场融冰工作，有效防止线路倒塔断线事故，同时减少了冰闪跳闸事故概率。

3. 配电环节中的新技术

配电自动化：配电自动化以一次网架和设备为基础，以配电自动化系统为核心，综合利用多种通信方式，实现对配电系统的监测与控制，并通过与相关应用系统的信息集成，实现配电系统的精益化管理。

我国配电自动化建设改造项目，建立了包含分布式电源以及储能电动汽车充换电站等分布式终端的协同调度系统，实现储能主动负荷调度，以及分布式电源与电网间的协同互补，提高了分布式电源运行的可靠性与经济性。在国际上首次大面积成功应用了电力 EPON 技术，有效保障了配网通信系统的可靠运行。

4. 用电环节中的新技术

电动汽车充换电：发展电动汽车交换电要制定充换电设施标准，编制形成充换电设施标准框架体系；要研发完成交直流充电设备、电池更换设备、智能充换电服务网络运营管理系统等系列产品；并且在高效能量转换及传递技术、运营管理技术、动力电池及充换电设备检测技术等领域要取得重大突破。

用电信息采集系统：我国首次提出基于多种加密技术的安全防护技术方案，研发设计了国际首款具有双向计量、安全加密、先进通信、远程费控功能的智能电能表。并且率先统一了智能电能表及采集设备的型式和结构设计，首次提出远程及本地通信单元模块化、可互换的设计方案。

5. 变电环节中的新技术

智能变电站：智能变电站的目标是建成系统高度集成、结构布局合理、装备先进适用、经济节能环保、支撑调控一体的变电站，以安全可靠、功能集成、配置优化、工艺一流、经济高效为原则，具有智能化、集成化、协同互动、自主自治的特征。

智能变电站一次设备信息就地采集处理，缩减电缆长度及二次屏位数；应用预制舱等一体化集成化设备，建筑面积减少40%；减少建设工期25%。应用新式电子式互感器，全新研制隔离断路器和站域保护控制装置两类设备。建立了具有开放式接口标准的一体化业务平台，全站各专业系统共享网络和数据资源，实现顺序控制、智能告警与分析、设备运行状态监测等高级应用。

6. 调度环节中的新技术

智能电网调度控制系统：智能电网调度技术支持系统是指能够适应坚强智能电网安全可靠、灵活协调、优质高效、经济环保运行和调度生产各项运行、管理要求的平台。主要由基础平台和实时监控与预警、调度计划、安全校核、调度管理四类应用构成。我国自主研发了开放安全的D5000平台，实现了调度控制业务的横向集成和纵向贯通，支撑了特大电网多级调度的协调运作。研发了高效的安全服务总线、动态消息总线、跨安全区邮件总线和广域流转的工作流引擎。研发了面向电力系统设备、支持公共信息模型(CIM)标准、广域分布、直接定位的实时数据库技术。研发了支持海量数据存储的时间序列实时库和无损压缩的时间序列历史库，实现了大电网动态数据的高效存储与访问。

(六) 全球能源互联网

2015年9月26日，习近平主席在联合国发展峰会上提出中国倡议：探讨构建全球能源互联网，推动以清洁和绿色方式满足全球电力需求。这是全球范围推动能源革命、促进清洁发展、应对气候变化的重大倡议，开启了世界能源可持续发展的新征程，得到了国际社会普遍赞誉和积极响应。联合国秘书长古特雷斯表示，全球能源互联网是解决气候变化等问题的"中国方案"，将推动纳入联合国《2030年可持续发展议程》，引导各成员国共同参与和建设。

2016年11月4日，《巴黎协定》正式生效，标志着加快清洁发展、应对气候变化、推动世界能源转型已经成为各国共识和共同行动。构建全球能源互联网契合世界发展潮流，集中体现了世界能源创新、协调、绿色、开放、共享的发展理念，是造福全人类的宏伟事业，具有广阔发展前景。

全球能源互联网是以特高压电网为骨干网架、全球互联的坚强智能电网，是清洁能源在全球范围大规模开发、输送、使用的基础平台，实质就是"智能电网+特高压电网+清洁能源"。智能电网是基础，特高压电网是关键，清洁能源是根本。

全球能源互联网战略体系的发展理念：绿色、开放、创新、可持续。

发展目标：构建全球能源互联网，推动三(特)网融合发展，打造能源共同体，促进人类命运共同体建设。所谓三（特）网融合就是以世界能源转型和信息技术革命为契机，以全球基础设施互联互通为保障，发挥网络经济和规模经济优势，加快形成全球能源、信息、交通即“瓦特（Watts）、比特（Bits）、米特（Meters）”融合发展的新格局，推动实现高度电气化、高度智能化、高度全球化、高度人本化的发展目标。

发展途径：实施“两个替代、一个回归、一个提高”。两个替代是指能源开发实施清洁替代，以太阳能、风能、水能等清洁能源替代化石能源；能源消费实施电能替代，以电代煤、以电代油、以电代气，电从远方来，来的是清洁发电。实现一个回归：化石能源回归其基本属性，主要作为工业原材料使用，为经济社会发展创造更大价值。做到一个提高：提高电气化水平，增大电能在能源消费中的比重，在保障用能需求的前提下降低能源消费量。

发展基础：加强国际合作，共商、共建、共享、共赢。在共商、共建、共享、共赢的原则基础上，以战略规划为引领，以组织建设为保障，加强国际合作，联合各方力量，研究重大问题，攻克关键技术，完善合作机制，实施重点项目，共同推动全球能源互联网发展。

构建全球能源互联网总体可分为国内互联、洲内互联和洲际互联三个阶段。到2020年，加快各国清洁能源开发和国内电网互联建设；到2030年左右，推动洲内大型能源基地开发和电网跨国互联；到2050年左右，加快“一极一道”（北极、赤道）能源基地开发和电网跨洲互联，基本建成全球能源互联网。构建全球能源互联网有八个战略重点：电网发展、清洁替代、电能替代、科技创新、产业创新、金融创新、机制建设、国际合作。

构建全球能源互联网具有显著的能源、经济、社会、环境等综合效益，发展前景广阔，并且具有重要的现实意义：

能够实现人人享有可持续能源。到2050年，全球清洁能源占一次能源比重将达到80%以上，世界能源供应充足，根本解决亚洲、非洲、拉美有关国家和地区能源贫困问题。

能有效控制全球温升。全球能源二氧化碳年排放量可控制在115亿吨左右，仅为1990年的一半，能够实现全球温升控制在2℃以内甚至1.5℃以内的目标。

可以拉动世界经济增长。构建全球能源互联网投资规模超过50万亿美元，将有力带动高端装备制造、新能源、新材料、电动汽车等新兴产业发展，同时获得巨大的时区差、季节差、电价差效益。今后，随着全球能源互联网发展，电力贸易将快速增长，对拉动经济增长发挥重要作用。

能够促进世界和平发展。增进南南合作、南北合作，将非洲、拉美等地区的清洁能源资源优势转化为经济优势，解决缺电、消除贫困，缩小地区差异，减少国际争端，让世界成为一个能源充足、天蓝地绿、亮亮堂堂、和平和谐的“地球村”。

展望未来，构建全球能源互联网意义重大、影响深远。全球能源互联网发展合作组织愿与世界各国和有关方面一道，凝聚广泛共识、深化务实合作，共同推动全球能源互联网建设，为全人类创造巨大福祉，走向更加美好的明天。

三、能源创新的中国驱动力

发展是人类社会永恒的主题，可持续发展是人类致力谋求的目标。能源作为动力原材料推动着经济和社会的高速发展，已成为现代社会发展不可或缺的基本因素，然而能源在推动经济增长和促进经济发展的同时，也会产生大量的环境问题。随着人类社会经济的不断发展以及能源消费的不断增加，所引发的“全球气候变暖”“生态系统恶化”等问题正严重威胁着人类的生存与发展。作为世界上最大的发展中国家，中国正处在需要消耗大量能源来支撑的经济快速发展阶段，能源消费的持续增长导致温室气体排放的增长，并成了世界第一大能源消费国家和第一大碳排放国家。在能源消费与碳排放双层约束下如何实现中国经济又好又快可持续发展是一个非常现实的议题。中国正处于积极推进经济转型升级与经济社会环境和谐发展的进程中，中国经济如果要经受住能源与环境保护的双重挑战，就必须寻求一条在使能源可持续利用、环境保护和经济增长三者协调发展的道路，探索一条能源创新之路。

我国能源创新可以追溯到20世纪50年代末的沼气利用，但新能源产业在我国规模化的发展却是近几年的事。相对于发达国家，我国新能源产业化起步较晚，技术相对落后，总体产业化程度不高，但同时我国又具有巨大的能源创新发展潜力，在国家相关政策引导扶持下，巨大的人口基数、巨大的市场需求、巨大的能源需求、提高生活水平的渴望、改善生活环境的美好向往都是引领能源创新领域发展、能源创新水平提高的恒久驱动力。

(一) 巨大的人口基数、巨大的市场需求

大多数能源属于不可再生资源，随着不可再生能源总量的下降，如何节约能源成为当下亟待解决的问题之一。近年来，我国社会能源需求量与日俱增，已成为世

界第一大能源消耗国。虽然我国拥有较丰富的化石能源和可再生能源，但是这些能源的供应仍满足不了大量需求。同时，我国也面临着能源浪费严重的现象，推行能源创新高效利用对于我国的可持续发展至关重要。调查数据显示，日常活动中有超过50%的原料是直接从自然界获得的，人类在居住建筑中消耗的能源约占据了全球总能源的一半。我国是一个人口大国，总的住房面积超过500亿平方米，承载了大量高能源消耗活动，在我国广泛开展能源创新，积极推行建设节能政策是非常重要的，同时，巨大的人口基数、巨大的市场需求、巨大的能源需求也成了引领能源创新领域发展、能源创新水平提高的恒久驱动力。

1. 人口基数

我国是人口较多、发展较快的大国，在能源生产量和消费量方面均位居世界前列。能源生产及能源消耗分别反映着我国作为能源大国对能源的供应能力与需求量。与其他国家相比，我国的煤炭资源较丰富，而石油处于相对缺乏的状态，这一现象决定了我国能源的发展方向偏离了世界能源结构。能源利用效率低，且产业结构不合理，与发达国家相比，我国在能源利用方面比较落后，效率偏低；在能源创新方面，我国作为人口大国，是节能潜力较大的发展中国家。依据基本国情，我国能源发展以煤炭为主，偏离世界能源结构。随之产生的问题是煤炭燃烧造成大量气体排放，导致环境严重污染。我国的煤炭能源利用效率低的原因是煤炭能源燃烧过程的中间环节效率较低，以煤炭为燃料的终端能源利用装置效率低于液体燃料和气体燃料。目前，我国能源需求供不应求的现象虽然有所改善，但能源生产量与消耗量比例不合理、安全管理不完善，这使得我国能源发展的现状同发达国家相比有较大差距。据调查，目前我国使用落后技术和产品的几百亿平方米建筑中，90%以上属于高能耗建筑。

2. 市场需求

人均能源资源少，且优质能源比例偏低，表4-2和表4-3数据表明，2005年—2012年，我国的煤炭以及水电、核电和风电的生产量及消耗量一直呈上升趋势，煤炭资源比较丰富，而石油及天然气储量相对不足，以此为基础形成了我国以煤炭为主的能源结构，也使得优质能源占我国总能源的比重较低。我国拥有世界20%左右的人口，但是人均能源占有量很小，尚未达到世界平均水平，人均能源消耗比发达国家低很多。我国的煤炭资源可以在较长时期内维持自给自足的状态，但是石油和天然气大多需要进口，才能满足当前和长远的需求。21世纪以来，随着经济发展，我国能源生产总量及能源消费总量都在增长，能源供求缺口虽在2001年、

2008年及2010年有短期下滑，但总体呈现上升态势(见表4-4)。我国国情制约着能源结构，未来我国能源的发展将面临巨大挑战。但同时我国国情也提示我们必须要通过创新能源发展领域、提高能源创新水平来解决巨大的市场需求、能源需求问题。

表4-2 我国能源生产量构成 单位：万吨标准煤

时间	能源生产总量	构成			
		煤炭	石油	天然气	水电、核电、风电
2005年	229 037	167 786	25 946	6 487	16 000
2006年	244 763	180 626	26 235	7 894	17 413
2007年	264 173	192 136	26 706	9 149	19 288
2008年	277 419	200 104	27 358	10 657	22 460
2009年	286 092	212 280	27 187	11 259	23 892
2010年	312 125	227 438	29 098	12 470	27 910
2011年	340 178	247 394	28 937	13 673	27 983
2012年	351 041	253 864	29 534	14 269	34 180

数据来源：国家统计局

表4-3 我国能源消费量构成 单位：万吨标准煤

时间	能源消费总量	构成			
		煤炭	石油	天然气	水电、核电、风电
2005年	261 369	167 086	46 727	6 136	16 048
2006年	286 467	183 919	49 924	7 502	17 331
2007年	311 442	199 441	52 736	9 257	19 075
2008年	320 611	204 888	53 335	10 784	22 441
2009年	336 126	215 879	54 890	11 959	23 918
2010年	360 648	220 959	61 738	14 297	27 945
2011年	387 043	238 033	64 728	17 400	27 840
2012年	402 138	240 914	68 006	18 810	34 003

数据来源：国家统计局

表 4-4　我国 2000—2014 年能源生产与消耗量数据

单位：万吨标准煤

时　间	能源生产总量	能源消费总量	能源供求缺口
2014 年	360 000.00	426 000.00	66 000.00
2013 年	358 783.76	416 913.00	58 129.24
2012 年	351 040.75	402 138.00	51 097.25
2011 年	340 177.51	387 043.00	46 865.49
2010 年	312 124.75	360 648.00	48 523.25
2009 年	286 092.22	336 126.00	50 033.78
2008 年	277 419.41	320 611.00	43 191.59
2007 年	264 172.55	311 442.00	47 269.45
2006 年	244 762.87	286 467.00	41 704.13
2005 年	229 036.72	261 369.00	32 332.28
2004 年	206 107.73	230 281.00	24 173.27
2003 年	178 298.78	197 083.00	18 784.22
2002 年	156 277.01	169 577.00	13 299.99
2001 年	147 424.99	155 547.00	8 122.01
2000 年	138 569.70	146 964.00	8 394.30

数据来源：国家统计局

（二）加强面向国家战略需求的基础前沿和高技术研究

近几年，政府推出一系列能源创新扶持政策鼓励加强面对国家战略需求的基础前沿和高技术研究。围绕涉及长远发展和国家安全的“卡脖子”问题，加强基础研究前瞻布局，加大对重大基础研究和战略高技术攻关力度，实现了关键核心技术安全、自主、可控。明确阶段性目标，集成跨学科、跨领域的优势力量，加快重点突破，为产业技术进步积累原创资源。

1. 863 计划

1986 年 11 月国家启动实施了“高技术研究发展计划（863 计划）”，旨在提高我国自主创新能力，坚持战略性、前沿性和前瞻性，以前沿技术研究发展为重点，统筹部署高技术的集成应用和产业化示范，充分发挥高技术引领未来发展的先导作用。863计划从世界高技术发展的趋势和中国的需要与实际可能出发，坚持“有限目标，突出重点”的方针，选择了生物技术、航天技术、信息技术、激光技术、自动化技术、能源技术和新材料7个高技术领域作为中国高技术研究发展的重点（1996年增加了海洋技术领域）。其总体目标是：集中少部分精干力量，在所选的高技术领域，瞄准世界前沿，缩小与发达国家的差距，带动相关领域科学技术进步，造就一批新一代高水平技术人才，为未来形成高技术产业准备条件，为20世纪末特别是21世纪初中国经济和社会向更高水平发展和国防安全创造条件。为此，国家每年都要为863计划投入千亿人民币以上的巨资。

2. 973计划

1997年国家科技领导小组第三次会议上制定和实施的国家重点基础研究发展计划（973计划），是一项加强基础研究和科技工作的发展计划。旨在解决国家战略需求中的重大科学问题，以及对人类认识世界将会起到重要作用的科学前沿问题，坚持“面向战略需求，聚焦科学目标，造就将帅人才，攀登科学高峰，实现重点突破，服务长远发展”的指导思想，坚持“指南引导、单位申报、专家评审、政府决策”的立项方式，以原始性创新作为遴选项目的重要标准，坚持“择需、择重、择优”和“公平、公正、公开”的原则，坚持项目、人才、基地的密切结合，面向前沿高科技战略领域超前部署基础研究。973计划的实施，实现了国家需求导向的基础研究的部署，建立了自由探索和国家需求导向“双力驱动”的基础研究资助体系，完善了基础研究布局。自1998年实施以来，973计划围绕农业、能源、信息、资源环境、人口与健康、材料、综合交叉与重要科学前沿等领域进行战略部署。973计划始终坚持面向国家重大需求，立足国际科学发展前沿，解决中国经济社会发展和科技自身发展中的重大科学问题，显著提升了中国基础研究创新能力和研究水平，带动了中国基础科学的发展，培养和锻炼了一支优秀的基础科学研究队伍，形成了一批高水平的研究基地，为经济建设、社会可持续发展提供了科学支撑。

3. 国家重大科技专项

近年来设立国家重大科技专项，该工程来源于《国家中长期科学和技术发展规划纲要（2006—2020年）》，围绕国家目标，进一步突出重点，筛选出若干重大战略产品、关键共性技术或重大工程作为重大专项，充分发挥社会主义制度集中力量办大事的优势和市场机制的作用，力争取得突破，努力实现以科技发展的局部跃升带动生产力的跨越发展，并填补国家战略空白。设立科技支撑计划，国家科技支撑计划是面向国民经济和社会发展需求，重点解决经济社会发展中的重大科技问题的国家科技计划。支撑计划主要落实《纲要》重点领域及其优先主题的任务，以重大公益技术及产业共性技术研究开发与应用示范为重点，结合重大工程建设和重大装备开发，加强集成创新和引进消化吸收再创新，重点解决涉及全局性、跨行业、跨地区的重大技术问题，着力攻克一批关键技术，突破瓶颈制约，提升产业竞争力，为我国经济社会协调发展提供支撑。

（三）建设了一批支撑高水平创新的基础设施和平台

国家积极引导建设了一批支撑高水平创新的基础设施和平台。适应大科学时代创新活动的特点，针对国家重大战略需求，建设了一批具有国际水平、突出学科交叉和协同创新的国家实验室，国家实验室是科学知识生产的主要阵地之一，在科学知识生产中具有引领作用，因此在筹备之初就开始整合汇聚跨学科多方面资源，在运行过程中实行资源共享，最大限度地组织和协调资源用于科学知识生产。

1. 国家实验室资源共享制度

国家实验室实行资源共享制度，推动设备等资源共享，加深科研工作者之间的合作。比如美国劳伦斯伯克利实验室的“先进光源”、回旋加速器，洛斯阿拉莫斯实验室的中子散射设备，利弗莫尔实验室的兆焦激光系统，阿贡实验室的先进光子源、强脉冲中子源、直线加速器、电子显微镜等，这些设备在全球范围内具有领先性，可以对外开放，美国国内外的科技工作者都可以根据程序提出申请在相关国家实验室进行研究；加快建设大型共用实验装置、数据资源、生物资源、知识和专利信息服务等科技基础条件平台。

2. 相关资源数据库和管理系统

研发高端科研仪器设备，提高科研装备自给水平，我国一般性通用仪器设备较多，大型精密仪器设备相对较少，且高校、科研院所和大企业的仪器设备均有闲置现象，但中小企业仪器设备资源严重匮乏。目前，在科学仪器共享方面，我国已经探索建立相关的资源数据库和管理系统。从 1997 年开始，科技部联合有关部门、地方开始了北京、上海、广东、四川、陕西、湖北、吉林、沈阳等 8 个科学仪器设备协作共用试点，在试点带动下，已经发展到了目前包含七大区域、31 个省区市的全国性网络，基本形成一个三级共享体系，仪器利用效率大幅度提升。从 1998 年开始，科技部联合中科院、教育部、总后卫生部、地方科技厅（委）等有关部门、单位和地方，以共同投资、专管共用、按出资比例分配机时的共建共享模式开展了大型科学仪器中心的建设，目前已建成15个大型科学仪器中心。主要分布在生命科学、地球科学、物质科学和材料科学等领域，主要设在北京、上海、广州、长春、西安、武汉等几个经济、社会和科技活动相对比较发达的城市。经过10余年的建设，大型仪器中心对科技支撑和服务能力显著提高，支撑了国家一流的科学研究，取得了一批高水平的科研成果。

3. 重点科技基础条件资源调查

为进一步掌握我国科技资源的状况，促进科技资源的优化配置和综合利用，科技部、财政部又启动了中央、地方科研院所和高校重点科技基础条件资源调查工作，通过调查掌握了3.5万余台单台原值在50万元以上科研仪器设备的运行和共享情况。同时国家也致力于建设超算中心和云计算平台等数字化基础设施，形成基于大数据的先进信息网络支撑体系。

(四) 构建了专业化技术转移服务体系

发展研发设计、中试熟化、创业孵化、检验检测认证、知识产权等各类科技服务。完善全国技术交易市场体系，发展规范化、专业化、市场化、网络化的技术和知识产权交易平台。科研院所和高校建立专业化技术转移机构和职业化技术转移人才队伍，畅通技术转移通道。国内相关政策的扶持对于新能源技术的发展提供了有利的制度环境。

中共十七大提出了生态文明理念和建设资源节约型、环境友好型社会的目标。《国家中长期科学和技术发展规划纲要(2006—2020年)》《可再生能源中长期发展规划》《可再生能源法》《国家知识产权战略纲要》《国务院关于加快培育和发展战略性新兴产业的决定》以及2010年10月通过的《中共中央关于制定国民经济和社会发展第十二个五年规划的建议》等文件的出台，对新能源产业的整体发展作出了明确的规划。新能源技术创新能力不断增强，正实现由“中国制造”向“中国创造”的转变。中国正作为清洁技术创新和有价值知识产权的来源之一，实力不可低估。中国清洁技术的本土创新扩展了清洁技术理念。2004年，中国低碳技术专利申请数量不到1 000件，到2008年已超过6 000件，呈现快速上升的趋势。风电行业中，2019年底风电累计装机在230 GW左右，处于全球第一。受到政策鼓励和研发投入的影响，中国清洁能源技术创新能力正在上升。

(五) 探索并初步建立了符合中国国情的金融服务模式

政府近年来探索并初步建立了符合中国国情、适合科技创业企业发展的金融服务模式。鼓励银行业金融机构创新金融产品,拓展多层次资本市场支持创新的功能,积极发展天使投资,壮大创业投资规模,运用互联网金融支持创新。充分发挥科技成果转化、中小企业创新、新兴产业培育等方面基金的作用,引导带动社会资本投入创新。

目前我国新能源企业可享受包括税收减免、财政补贴、用地优惠等一揽子综合政策,主要扶持政策见表 4-5。

表 4-5 我国新能源主要扶持政策一览

新能源发电	发电系统和相关产品制造	新能源汽车行业
1. 对可再生能源发电实行全额保障性收购制度; 2. 相比于燃煤发电标杆定价在每 kWh0.28—0.50 元之间,风力发电为 0.52—0.61 元,光伏发电为 0.90—1.00 元,垃圾发电为 0.65 元,生物质发电为 0.75 元; 3. 对利用风力、太阳能生产的电力实行增值税即征即退 50%,相关企业还可享受所得税三免三减半的优惠。	1. 对制造光伏、风力发电机组的部分关键零部件、原材料,实行进口关税和进口环节增值税减免,并享受出口退税优惠; 2. 对符合条件的企业生产的首 50 台兆瓦级的风电机组按照 600 元/kW 的标准予以补助,分摊给整机和关键零部件制造企业(2008—2011 年,因美国反倾销案等原因停止); 3. 太阳能光电建筑应用财政补助、金太阳示范工程投资补助; 4. 国有银行提供的优惠信贷配额。	1. 依托城市尤其是特大城市推广应用新能源汽车,对示范城市拟定推广配额标准; 2. 对消费者购买符合要求的纯电动汽车、插电式混合动力汽车和燃料电池汽车等新能源汽车给予补贴,部分地区中央和地方政府的单车补贴最高达到 12 万元。

政府产业政策在我国经济发展中发挥着重要的作用,无论在计划经济时期对重工业优先发展的支持,还是在市场经济时期对能源、汽车等支柱产业的重视,扶持政策使很多行业经历了由供给不足到规模化发展的转变,推动了经济的高速增长。然而随着经济的发展,相关的传统产业大部分已处于饱和状态,发展空间受到制约。同时,传统经济快速增长带来的另一个巨大问题是在发展进程中造成了严重的环境污染。粗放型发展方式及其付出的环境代价,引发了学者对经济发展和生态环境相互关系的广泛讨论,也使得绿色环保产业的发展迫在眉睫。新能源作为绿色无污染、可循环使用的新型能源,开始受到关注并逐渐成为我国现代能源体系中的重要部分。中共十八届三中全会提出,在全面深化改革中要强调市场在资源配置中的决定性作用,意味着市场和政府的作用将重新定位。但不可否认的是,在一些重大战

略调整领域，如市场主体尚未发育成熟的新型产业等，政府仍需通过财政补贴、投资规划等手段加以引导，促进产业有序发展。

目前我国正处于转型发展的关键时期，经济将从要素驱动、投资驱动转向效率驱动乃至创新驱动，因而如何引领传统产业结构的优化升级和高科技新型产业的迅速发展，就成为政府经济工作的重点。以新能源为代表的战略性新兴产业，目前处于起步阶段，技术和需求市场不够成熟，亟须政府的扶持和引导。从世界主要国家来看，政府都尝试对相关机构和企业进行扶持。例如，德国政府利用征收能源税措施来对新兴产业给予补助，经过十几年努力，风力和光伏发电的装机功率总和就超过了全国的平均用电负荷。美国通过严格的知识产权保护来鼓励新能源产业的发展，到 2013 年，风电、光电等新能源及页岩气、水电和核电可供应美国 18%的一次能源需求，对传统能源石油的依赖已大大降低。日本在推进新能源开发利用中也取得了巨大的成功，特别在引导新能源需求方面具有相当的经验：政府鼓励机关、社会团体带头使用新能源，并建立了由电力公司义务收购家庭、企业等个体产生的可再生能源电力的制度，对新能源汽车，政府不仅提供购车补贴，而且在配套设施上提供了便利，到 2013 年日本境内已建有 4 700 座大型充电站，方便了新能源汽车的使用。

在我国，政府对新能源产业进行了全方位的扶持。从资金方面来看，财政部 2013 年预拨可再生能源电价附加补助资金就达到 148.11 亿元，其中包括风电 93.14 亿元、太阳能发电 24.33 亿元、生物质发电 30.55 亿元。在 2009—2013 年间，仅光伏发电产业的“金太阳示范工程”一个项目，国家财政补贴投资就累计达数百亿元。另外，为了加快可再生能源建筑的应用，中央财政给予每个示范城市的专项补助约 5 000 万—8 000 万元；在税收方面，我国光伏发电的太阳能电池板、风电所需的发电机组等，均享受到制造和出口的相关优惠。

（六）培育了开放公平的市场环境

与此同时，政府着重培育了开放公平的市场环境，加快突破行业垄断和市场分割。强化需求侧创新政策的引导作用，建立符合国际规则的政府采购制度，利用首台套订购、普惠性财税和保险等政策手段，降低企业创新成本，扩大创新产品和服务的市场空间。推进要素价格形成机制的市场化改革，强化能源资源、生态环境等方面的刚性约束，提高科技和人才等创新要素在产品价格中的权重，让善于创新者获得更大的竞争优势。

四、绿色发展——我们有没有信心

近年来，清洁能源的使用成为世界能源的主流，可再生能源在这一浪潮中成为日渐推崇的新兴能源。目前世界各地都在发展可再生能源，可再生能源利用技术的提高使得可再生能源发电成本具有可竞争性。有针对性的政策激励、通畅的融资渠道、环境与能源安全的考虑、新兴发展经济体对能源的需求等因素都促进了可再生能源发电的发展。可再生能源发电主要包括水力发电、风力发电、太阳能发电、生物质能发电和地热能发电。其中太阳能发电分为太阳能光伏发电和太阳能光热发电，太阳能光伏发电又可分为集中式太阳能光伏发电和分布式太阳能光伏发电。生物质能发电主要包括农林生物质直接燃烧发电、垃圾发电以及沼气发电。可再生能源发电产业发展迅猛，可再生能源利用的规模不断扩大，对能源消费总量的贡献日益显著，可再生能源发电机装机容量、发电量增长速度显著提高。

随着应对气候变化制度的逐步建立以及世界能源转型进程的加快，可再生能源在发电领域应用将持续扩大。国际可再生能源署的分析显示，到 2020 年，可再生能源发电领域投资将达到 3 300 亿美元，其中亚洲地区可再生能源发电投资将达到 1 780 亿美元，欧盟地区约 770 亿美元，北美和加勒比地区约 550 亿美元。因此，在有效的政策监管条件下，可再生能源发电前景非常广阔。中国可再生能源发展也非常迅速，至 2015 年，中国可再生能源发电累计并网装机容量达到 50×10^4 MW，占全部发电装机容量的 33.3%；可再生能源年发电量达到 13.93×10^8 MWh，占全部发电量的 24.8%，2013 年再生能源发电总量为 1 053.0 TWh，2014 年为 1 300.0 TWh，增幅为 23%。根据维基百科的统计，可再生能源发电最多的国家是中国，高于美国一倍多。因此，我们可以说：对绿色发展我们有信心！

表 4-6　可再生能源发电前十国家　（单位：TWh/a）

排序	国　家	年份	总计	水力发电	风力发电	生物能	太阳能	地热能
1	中　国	2014	1 300.0	1 066.1	160.0	42.0	43.2	—
2	美　国	2015	549.5	251.2	190.9	64.2	38.6	16.8
3	巴　西	2012	451.5	411.2	5.0	35.3	—	—
4	加拿大	2012	397.3	376.7	11.3	9.0	0.5	—

续 表

排序	国　家	年份	总计	水力发电	风力发电	生物能	太阳能	地热能
5	印　度	2014	199.1	131.6	37.1	25.5	4.9	—
6	德　国	2014	168.4	25.4	57.4	49.4	36.1	0.1
7	俄罗斯	2012	167.9	164.4	—	3.0	—	0.5
8	日　本	2014	148.6	81.0	5.0	35.5	24.5	2.6
9	挪　威	2014	139.0	136.6	2.2	0.2	—	—
10	意大利	2014	122.6	58.0	15.2	21.2	22.3	5.9

(一) 我国是可再生能源发电大国

1. 水力发电

水力发电就是利用工程措施将天然水能转换为电能的过程，是水能利用的基本方式，简单来说就是利用河流、湖泊等位于高处具有位能的水流至低处，将其中所含的位能转换成动能，再借发电机转换成电能的过程。其优点是不消耗燃料，不污染环境，水能可由降水不断补充，机电设备简单，操作灵活方便，但一般投资大，施工周期长，有时还会造成一定的淹没损失。水力发电常与防洪、灌溉、航运等相结合，进行综合利用，在我国能源中具有重要位置。

2004 年 9 月我国水电总装机容量突破 1 亿 kW 大关，一跃成为世界上最大的水力发电国家。根据 2014—2017 年《REN21 再生能源全球状态报告》的统计，2017 年全球水力发电装机容量达到 1 096 GW，水力发电最多的国家是中国，占全球总量的 28%，其次是巴西、美国、加拿大、俄罗斯和印度。估计 2016 年全球水力发电量为 4 022.9 TWh，比 2015 年增加了 3.2%。全球抽水蓄能电站估计为 150 GW，增幅约为 6.4 GW。同时我国建有世界上最大的水力发电站——三峡水电站。水力发电装机容量最多的国家、全球常规十大水电站如表 4-7、表 4-8 所示。

表 4-7　水力发电装机容量最多的国家　(单位：GW)

排　序	国　家	2013 年	2014 年	2015 年	2016 年
1	中　国	26.0	27.0	27.9	28.0
2	巴　西	8.6	8.5	8.6	9.0

续　表

排　序	国　家	2013 年	2014 年	2015 年	2016 年
3	美　国	7.8	7.5	7.5	9.0
4	加拿大	7.6	7.3	7.4	9.0
5	俄罗斯	4.7	4.5	4.5	4.0
6	印　度	4.4	4.3	4.4	4.0
其　他		41.0	41.0	39.7	40.0
世界总量		1 000 GW	1 055 GW	16 064 GW	1 096 GW

表 4-8　全球常规十大水电站　(单位：MW)

排　序	常规水电站电站名称	国　家	装机容量 MW
1	三峡大坝	中　国	22 500
2	伊泰普大坝	巴西、乌拉圭	14 000
3	溪洛渡大坝	中　国	13 860
4	吉里大坝	委内瑞拉	10 233
5	图库鲁伊大坝	巴　西	8 370
6	大吉力大坝	美　国	6 809
7	向家坝	中　国	6 448
8	龙滩大坝	中　国	6 420
9	萨扬舒申斯克水电站	俄罗斯	6 400
10	克拉斯诺霍尔斯克水电站	俄罗斯	6 000

我国是世界上水能资源最丰富的国家之一，大力开发水电能源符合我国可持续发展战略，可以缓解我国人口众多资源短缺的现状。因此，水力发电的发展趋势必然受到人们的广泛关注。近年来，国家投资建设了一大批基础设施，我们要牢牢抓住这不可多得的历史机遇，加速完成项目的前期准备工作，争取新开工一批水电建设项目，让其成为我国经济发展的新增长点。我国的水能资源主要分布在西南地区，但目前这些地区的开发率仅为 8%左右。随着西部大开发战略的实施，西电东输工程必将激活西部丰富的水力资源，发挥西部各省的地区优势，促进我国水电事业

的发展，从而改善我国的电力结构，满足当地经济发展对电力的需求，促进能源的平衡与优化配置。因此，我国在水力发电领域仍有巨大潜力及发展驱动力。

2. 风电场发电

在新能源发展进程中，风电凭借着其建设周期短、环境要求低、储量丰富、利用率较高等特点在世界各国得到了持续快速的发展。由于风力发电是低排放、低污染的低碳电力发展模式，因此将其作为电能可持续发展的重要战略选择之一。随着近年来风电技术的不断提高，世界各国的风电并网容量也在不断扩大。各个国家对风力发电的重视在不断提升，全球的风电装机容量在近几年中得到了显著的提高。我国可开发的陆地和海洋风能资源大约分别为 253 GW 和 750 GW。年平均风速达 6 m/s 以上的内陆地区约占全国总面积的 1%，仅次于美国和俄罗斯，居世界第三位。同时中国也迫切地需要一个无须进口且具有清洁、可靠、易于安装等特点的技术来实现电力的发展，因此，风力发电技术成为满足这些条件的不二选择。

根据《BP 世界能源统计年鉴》2017 年 6 月的报告，2016 年全球风电场年增长 15.6%，发电量为 959.5 TWh，其中发电量最多的国家是中国，中国于 2016 年超过美国，年增长 39.4%，发电量为 241.0 TWh，占全球总量的 25.1%，同时，中国也拥有世界最大的陆地风电场——甘肃酒泉风电基地。风力发电厂最多的国家、世界上十大陆地风电场如表 4-9、表 4-10 所示。

表 4-9 风力发电厂最多的国家 （单位：TWh）

国家	2011 年	2012 年	2013 年	2014 年	2015 年	2016 年		
						数量	比去年增长	世界
中国	70.3	96.0	142.2	156.1	185.8	241.0	29.4%	25.1%
美国	121.4	142.2	169.5	183.5	192.6	228.8	18.4%	23.8%
德国	48.9	50.7	51.7	57.4	79.2	77.4	−2.5%	8.1%
西班牙	42.4	49.5	53.9	52.0	49.3	48.9	−1.2%	5.1%
印度	24.5	30.1	33.6	33.3	32.7	44.8	36.5%	4.7%
英国	15.7	19.8	28.4	32.0	40.3	37.5	7.2%	3.9%
世界总计	436.5	526.9	644.4	709.3	828.0	959.5	15.6%	100.0%

表 4-10　世界上十大陆地风电场　（单位：MW）

	风电场名称	装机容量 MW	
1	甘肃酒泉风电基地	5 160	中　国
2	穆潘达尔风电场	1 500	印　度
3	贾伊风公园	1 064	印　度
4	艾塔风能中心	1 020	美　国
5	牧羊人平风电场	845	美　国
6	罗斯科风电场	781.5	美　国
7	马空心风能中心	735.5	美　国
8	摩羯座岭风电场	662.5	美　国
9	芬特奈里·柯吉拉克风电场	600	罗马尼亚
10	福勒岭风电场	599.8	美　国

近年来，在风电机组的设计和关键部件生产制造方面，我国的自主设计能力有所提高。通过技术引进、消化吸收、联合设计和自主研发等手段，打破了国外对兆瓦级机组设计制造技术的垄断。并且在引进技术基础上自主创新，开发出了适应中国风资源和气候特征的 1.5 MW 和 2 MW 低温型、高原型及超低风速型风电机组。同时，中国技术仍在发展进步，生产技术及控制技术将继续不断完善。

3. 太阳能光伏发电

太阳能发电分为光热发电和光伏发电。论销量、发展速度和发展前景，光热发电都赶不上光伏发电，且光伏发电较为普及，所以我们常说的太阳能发电往往指的就是太阳能光伏发电。太阳能光伏发电产业是 20 世纪 80 年代以来世界上增长最快的高新技术产业之一。中国光伏发电产业于 20 世纪 70 年代起步，90 年代中期进入稳步发展时期。太阳能光伏电池及组件产量逐年稳步增加。经过 30 多年的努力，已迎来了快速发展的新阶段。在“光明工程”先导项目和“送电到乡”工程等国家项目及世界光伏市场的有力拉动下，我国光伏发电产业迅猛发展。近年来，随着科研能力的提升和对光伏发电的深入认识，在国际光伏市场的巨大潜力推动下，我国光伏产业正以每年 30％的速度增长，2005 年光伏电池生产能力已达 200 MW 以上，实验室光伏电池的效率已达 21％，可商业化光伏组件效率达 14％—15％，太阳能光伏电池成本随之逐年大幅度下降，这对国内太阳能光伏产业走向壮大与成熟起到了决定作用。

“十二五”时期我国新增太阳能光伏电站装机容量约1 000万kW，太阳能光热发电装机容量100万kW，分布式光伏发电系统约1 000万kW，光伏电站投资按平均每千瓦1万元测算，分布式光伏系统按每千瓦1.5万元测算，总投资需求约2 500亿元。在2010年时，全球太阳能光伏电池年产量1 600万kW，其中我国年产量1 000万kW。而到2010年，全球光伏发电总装机容量超过4 000万kW，主要应用市场在德国、西班牙、日本、意大利，其中德国2010年新增装机容量700万kW。不过，我国太阳能资源十分丰富，适宜太阳能发电的国土面积和建筑物受光面积也很大，其中，青藏高原、黄土高原、冀北地区、内蒙古高原等太阳能资源丰富地区占到陆地国土面积的三分之二，具有大规模开发利用太阳能的资源潜力。

太阳能资源丰富、分布广泛，是21世纪最具发展潜力的可再生能源。随着全球能源短缺和环境污染等问题日益突出，太阳能光伏发电因其清洁、安全、便利、高效等特点，已成为世界各国普遍关注和重点发展的新兴产业。在此背景下，全球光伏发电产业增长迅猛，产业规模不断扩大，产品成本持续下降。我国光伏发电产业也得到迅速发展，已成为我国为数不多的、可以同步参与国际竞争并有望达到国际领先水平的行业。崛起了以尚德电力、英利绿色能源、江西赛维LDK、保利协鑫为代表的一批著名企业和以江苏、河北、四川、江西四大光伏强省为代表的一批产业基地。因此，企业以往以“年度”为单位进行战略以及策略调整的传统做法，在行业快速变化的今天显得有些力不从心甚至被动。所以，企业以“月度”为单位，根据行业最新发展动向适时进行策略乃至战略调整的经营手段，正日益受到许多大型企业管理者尤其是外资企业管理层的高度重视。太阳能发电最多的国家见表4－11。

表4－11　太阳能发电最多的国家　（单位：TWh）

国家	2011年	2012年	2013年	2014年	2015年	2016年		
						数量	比去年增长	世界
中国	2.6	3.6	8.4	23.5	38.5	66.2	71.5%	19.9%
美国	4.7	9.0	16.0	29.2	39.4	56.8	43.6%	17.1%
日本	5.4	7.4	12.9	23.5	36.6	49.5	34.8%	14.9%
德国	19.6	26.4	31.0	36.1	38.7	38.2	−1.6%	11.5%

续　表

国　家	2011 年	2012 年	2013 年	2014 年	2015 年	2016 年		
						数量	比去年增长	世界
意大利	10.8	18.9	21.6	22.3	22.9	22.9	−0.5%	6.9%
西班牙	8.7	12.0	12.7	13.7	13.9	13.6	−2.6%	4.1%
印　度	0.5	1.4	2.8	4.4	6.6	11.9	81.3%	3.6%
世界总计	64.7	100.0	137.6	196.3	256.2	333.1	29.6%	100.0%

4. 生物质能发电

生物质是指通过光合作用而形成的各种有机体，包括所有的动植物和微生物；生物质能则是太阳能以化学能形式贮存在生物质中的能量形式，即以生物质为载体的能量。生物质能源作为一种洁净而又可再生的能源，是唯一可替代化石能源转化成气态、液态和固态燃料以及其他化工原料或者产品的碳资源。据估计，全世界每年由光合作用而固定的碳达 2×10^{11} 吨，含能量达 3×10^{18} 千焦，可开发的能源约相当于全世界每年消耗能量的 10 倍；生成的可利用干生物质约为 1 700 亿吨，而目前将其作为能源来利用的仅为 13 亿吨，约占其总产量的 0.76%，资源开发利用潜力巨大。

生物质能发电技术是以生物质及其加工转化成的固体、液体、气体为燃料的热力发电技术，其发电机可以根据燃料的不同、温度的高低、功率的大小分别采用煤气发动机、斯特林发动机、燃气轮机和汽轮机等。

根据国家可再生能源中心统计，2015 年中国生物质能发电累计装机容量为 1.031×10^4 MW，占全部发电装机容量的 0.68%。2015 年全年生物质能累计发电量为 5 270×10^4 MWh，其中，农林生物质直接燃烧发电 2 700×10^4 MWh，垃圾焚烧发电 2 400×10^4 MWh，沼气发电 170×10^4 MWh。生物质能发电平均利用时间指生物质能发电装置按照发电量折合全年满负荷运行时间。2015 年生物质能发电平均利用时间为 5 350 h。

生物质能发电是目前总体技术最成熟、发展规模最大的现代化生物质利用技术。生物质能发电技术的推广应用符合国家能源战略多元化和发展绿色低碳经济的需求，对于推动我国生物质资源规模化、高效清洁利用具有重大的作用。在众多的新能源和可再生能源中，生物质能源的规模化开发无疑是一项现实可行的选择。

为此，国家相继出台的一系列促进生物质能产业发展的政策措施，为生物质能产业营造了良好的宏观政策环境，国有大型企业和跨国公司等大型企业也积极参与进来，极大地促进了产业的发展。生物质能的开发利用迎来了前所未有的历史机遇，这将全面促进中国生物质能产业的发展。

（二）创新人才培养

在绿色能源发展领域，专业人才短缺是制约行业发展的瓶颈之一。以风力发电为例，我国风电发展 20 多年来，培养的中高级技术人才较少，且层次偏低。人才的匮乏，致使不少风电场重建设轻管理，配套的维修服务跟不上，设备效益无法得到充分发挥。在装机容量不断扩大的情况下，风电专业人才的缺乏已成了极为突出的问题。缺少了人才的操作执行，再先进再"绿色"的能源产业也只能是一堆缺乏生命力的机器。因此，在各种新能源的发展过程中，必须重视与之相关的人才队伍的培养和建设。在人才短缺的情况下，关系到国民经济命脉的能源动力专业，也备受国家和社会的重视。作为现代社会的高级人才培养基地，高校除了要制定科学合理的能源动力人才培养方案之外，还要将"绿色教育"的理念，不断地贯彻和渗透到学生的全程培养中。

2008 年 12 月 6 日，在浙江大学举行的"全国第一届大学生节能减排社会实践与科技竞赛"决赛上，上海电力大学能环学院学生邢敏剑、张洪督、周紫君、徐刚设计的"液控节电多功能饮水机"一举夺得特等奖。此外，上海电力大学还有五项作品获得三等奖，五项作品获得优胜奖，并获得大赛优秀组织奖。上海电力大学拥有大批优秀能源学科创新导师，如特聘教授潘存云、冯伟忠等。潘存云教授享国务院特殊政府津贴、军队优秀专业技术人才一类岗位津贴，曾获军队院校育才奖金奖、全国模范教师、军队院校育才奖金奖、国防科技大学教学名师荣誉称号等。以潘教授为主讲的"千年机械话创新"课程入选国家级精品视频公开课。在学术研究方面取得了以"新型活塞式发动机"为代表的若干原创性发明成果。

知名电力专家冯伟忠教授是上海外高桥第三发电有限责任公司兼上海申能能源科技有限公司总经理、教授级高级工程师、中国能源学会副会长、中国动力工程学会锅炉专业委员会委员、中国电机工程学会汽轮机专业委员会委员，享受国务院特殊津贴，曾获全国五一劳动奖章、上海市科技领军人才、市重大工程立功竞赛杰出人物、市十大职工科技创新英才、全国低碳经济突出贡献人物、感动(中国)电力十大人物、何梁何利基金科学与技术创新奖等。2016 年美国工程师协会授予他“2016ASME 原动机委员会主导奖”。曾主持上海外高桥发电厂一期（4×300 MW 亚临界火电）2—4 号机组、二期（2×900 MW 超临界火电）、三期（2×1 000 MW 超超临界火电）工程建设及调试。2014 年 10 月，国家能源局命名外三电厂为中国唯一“国家煤电节能减排示范基地”。

他因破解高温蒸汽氧化导致的汽轮机叶片侵蚀及锅炉爆管这一世界难题，作为亚洲区的唯一代表站在了全球顶尖的伦敦电力论坛上；他通过一系列的科技创新和发明，把上海外高桥第三发电厂的两台百万 kW 超超临界机组做成了世界新标杆，287 克/kWh、282 克/kWh、280 克/kWh、276 克/kWh、251 克/kWh……在机组负荷率仅为 75%的情况下连年刷新供电煤耗世界最低纪录。按照 2008 年全国火电机组平均供电煤耗 349 克/kWh 计算，每送出一度电比全国平均水平节约 60 克标准煤，一年可节煤 85 万吨，节省 5 亿元；他提出和领衔研发并组织实施了“零能耗脱硫”等 11 项世界首创技术、“超超临界机组参数和运行方式优化”等 6 项国内首创项目，刷新了 18 项行业纪录，使中国燃煤发电技术一举超越世界最先进水平。同时冯伟忠也在现代火力发电技术和节能减排方面作出了突出的贡献。

当前，中国的能源与环境问题严重，新能源开发利用受到越来越多的关注。新能源一方面作为传统能源的补充，另一发方面可有效降低环境污染。我国可再生能源和新能源开发利用虽然起步较晚，但近年来也以很快的速度增长。自 2006 年《可再生能源法》正式生效后，政府陆续出台了一系列与之配套的行政法规和章程来推动新能源的发展，中国新能源行业进入发展的快车道。

此外，中国相对较低的生产成本，同样对推动绿色能源的发展有举足轻重的作用，以风力发电为例，风力发电成本近两年就在下降。我国可再生能源发展“十三五”规划提出，到 2020 年，风电项目电价可与当地燃煤发电同台竞争，光伏项目电价可与电网销售电价相当。虽然风力发电成本比火力发电成本还高近一倍，但若风力发电成本下降趋势持续，风力发电成本未来将会与火力发电成本看齐。

不可回避的是，我国新能源发展过程中仍遇到不少困难和阻力。近年来风电、光伏等电源建设过快，但消纳能力建设开发不足，弃风弃光问题成为新能源发展道路上一大掣肘因素。政府有关部门表示加快推进电力体制改革，完善清洁能源优先发电计划，实施重点水电跨省区消纳工作方案，组织开展水火、风火等替代发电市场化交易，促进清洁能源多发满发和在更大范围内的消纳。

思考题

1.如何理解绿色发展?

2.你身边有哪些能源创新?

3.你觉得我国未来的能源创新在哪些领域?

参考文献与续读书目:

[1] 郑悦红,郭汉丁,等.我国能源现状分析及发展策略[J].城市,2018(1).
[2] 刘雪凤,郑友德.论我国新能源技术专利战略的构建[J].中国科技论坛,2011(6).
[3] 周亚虹,蒲余路,等.政府扶持与新型产业发展——以新能源为例[J].经济研究,2015(6).
[4] 国家可再生能源中心.国际可再生能源发展报告 2016[R].北京:中国环境出版社,2016.
[5] 李俊峰,蔡丰波,乔黎明,等.2014 中国风电发展报告[R].北京:中国环境科学出版社,2014.
[6] 王明华,李在元,代克化.新能源导论[M].北京:冶金工业出版社,2014.

第五章 能源与环境——煤炭是原罪吗

走向生态文明新时代，建设美丽中国，是实现中华民族伟大复兴的中国梦的重要内容。中国将按照尊重自然、顺应自然、保护自然的理念，贯彻节约资源和保护环境的基本国策，更加自觉地推动绿色发展、循环发展、低碳发展，把生态文明建设融入经济建设、政治建设、文化建设、社会建设各方面和全过程，形成节约资源、保护环境的空间格局、产业结构、生产方式、生活方式，为子孙后代留下天蓝、地绿、水清的生产生活环境。

——习近平：致生态文明贵阳国际论坛2013年年会的贺信（2013年7月18日）

十九大报告提出，坚持人与自然和谐共生，建设生态文明是中华民族永续发展的千年大计。必须树立和践行绿水青山就是金山银山的理念，坚持节约资源和保护环境的基本国策，像对待生命一样对待生态环境。

21世纪，人类社会进入高度现代文明阶段，支撑这个现代文明的重要资源当下非化石能源莫属。然而一只无形的“辩证”大手正挥舞着告诉人们在享受高度文明的同时，必须养护生态。在我国，化石能源的自然禀赋更是苛刻：煤炭占了九五成。如何处理好使用能源与保护环境的关系问题，让广大人民得到绿水青山，保持中华民族可持续发展便是摆在我们面前的迫切课题。

一、能源发展历程与环境的关系

距今大约170万年前，我国最早的猿人“元谋人”便开始会用火了。不管是被动用火（如一个闪电点燃了干草，猿人将这种火保存在山洞里），还是后来学会主动用火（如钻木取火、用燧石与铁矿石碰撞摩擦取火），都表明人类开始使用能量的一种形式——热能。能源是能量的载体，火的使用开启了人类与能源相遇的不解之缘，人类文明前进的步伐中都留下了使用不同能源的烙印。

人类自古至今一直在使用的生物质能源是薪柴(俗称柴火)。人类的薪柴时期较长,自从使用火之后就一直在使用柴火作为能源,但在近代薪柴的使用占比迅速降低,表明人类使用薪柴等生物质能源的量在迅速减少。那么,谁替代了它们呢?那就是化石能源(煤炭、石油、天然气的总称)。煤炭时期开始于18世纪,在20世纪初达到一个峰值后便开始减少,之后在20世纪中叶进入了石油时期,随后进入了天然气、核能等多种形式能源时期。科学家预测,未来将是清洁或可再生能源的天下。能源为什么会有这样的发展历程?人类使用能源的变迁过程究竟与所生存的环境之间有着怎样的联系呢?

(一) 薪柴时期能源与环境的关系

大家知道,地球上几乎所有能源都来自太阳能的转换。植物叶子通过光合作用将水和二氧化碳变化成植物所需的有机养分,太阳能被转换成植物中的生物质能。植物被食草动物所吃,食草动物被食肉动物所吃,其中一部分成为人类的食物。能量流动过程中,最终转换成人体的生物质能,用于农耕和狩猎。在这个阶段,植物吸收二氧化碳生产出人和动物需要的能量,人和动物活动中呼出二氧化碳供植物使用,从而形成一个闭合循环。地球上植物越多,能够养活的人和动物就越多。

随着火的使用,人类文明前进了一步,可以烧煮食物,后来又冶炼金属而进入青铜器时代。在这个阶段,人类燃烧薪柴获得热能。薪柴燃烧后生成草木灰并释放出二氧化碳,草木灰可以作为植物肥料,二氧化碳再被植物吸收,从而也形成一个闭合循环。但是这时由于人类燃烧薪柴,所以排放的二氧化碳量也增加了,消耗的植物量也增加了,因此能够养活的人和动物就相对减少,人类使用薪柴能源与环境之间就达成一个新的平衡。

这就是我们所说的人类使用薪柴作为能源的薪柴能源时期的景象。

薪柴时期,人类刚开始是靠自身"体力"来工作的,后来驯化了马、牛等动物便使用"畜力"来为人类做一些工作,随着人类生产的不断扩大,甚至一部分人奴役另一部分人来为自己工作,被奴役者称为"奴隶",他们的"体力"被用来工作。而这时,薪柴仅仅被用来燃烧煮熟食物,即使在青铜器时代也仅仅被用来冶炼金属。从能量转换角度看,人类用来工作的"体力"或"畜力"来自食物链上的能量转换。在"植物—食草动物—食肉动物—人"食物链中,植物叶子的光合作用,将太阳能转换为植物的生物质能,然后沿食物链被一级一级地转换成动物或人的生物质能。这些生物质能被动物或人消耗就表现为"畜力"或"体力"而被用来工作或被说成对环境做功了(转换成了机械能)。随着时间的推移,人类又学会了使用风能(如风车、帆船等)、水能(如水车磨坊等)。而上述薪柴烧煮食物或冶炼金属是人类利用了生物质能到热能的转换功能。从现代观点看,这些能量转换有着以下几个特点:其一,参与转换的能源的能量密度低;其二,这些能源都是可再生的;其三,这些能源转换过程中没有有害物质生成,所以被称作清洁能源。由于“可再生”特点,如植物“一岁一枯荣”,决定人类生活必须是慢节奏的,要等植物生长起来才能使用;由于“能量密度低”特点,决定人类生产规模不能太大,生产水平不能太高。再加上“没有有害物质生成”的特点,可以说这个时期人类虽然使用了薪柴,但仍然能与所生存的环境友好相处。

薪柴时期能源与环境的这种平衡关系直到18世纪人类大量使用煤炭作为能源后才被打破。

(二)煤炭时期能源与环境的关系

人类社会文明每向前推进一步都需要得到能源的支持。薪柴时期,我们从食物、水和风中获取能量,但这些能源自身存在不足。食物有生长周期,也有丰年和灾年之分;水和风有季节性差异,存在干旱无雨或无风情况,也存在暴雨成灾或飓风等情况,这些状况说明这些能源并非随时可用。人类社会的发展需要更为高效的能源,历史把这个机会给了煤炭。

人类使用煤炭作为能源也不是突然发生的事情,纵观历史,这也是随人类生活和生产需求而产生的。

11世纪中国宋朝,中国人使用木炭炼铁(早于欧洲400多年),后因木材短缺而几乎停顿,再后来因为在中国北部地区发现并使用丰富的煤炭而解决了问题。虽然中国人使用煤炭时间早于英国人,但是因大量使用煤炭而产生的工业革命并没有落在中国,可能是当时北方战乱多导致经济中心南移,远离了煤炭矿藏丰富的北方的原因。直到20世纪中国人才广泛使用煤炭来代替生物质能源。

随着社会的发展,细分行业不断增加,对能源的需求不断增加,各国出现木材短缺的情况。17世纪初,荷兰人开始大量使用泥炭来取暖、烹饪和生产,荷兰煤炭矿藏少而泥炭储量丰富。因此,第一次工业革命也没有发生在荷兰。

英国煤炭储量丰富,但到了18世纪初,地表浅层煤炭很快就被挖完,于是开始挖深井煤矿,但很快遇到了坑洞积水问题。为了将矿井中的水抽出,动用了人力、畜力、风车、水车等,但都没能解决问题。因为这些能源提供的能量不足以解决高效抽水问题，直到英国人托马斯·纽可门发明了蒸汽机才解决了这个问题。

这里要提一下现代能量转换观点。人类利用能量的过程实质上是能量的传递和转换过程，即能量从一个地方传递到另一个地方或者从一种形式转换成另一种形式。我们来看人类主动用火过程，无论是钻木取火还是碰撞燧石取火，都是一个摩擦生热过程，也就是机械能转换成热能的过程。在薪柴时期的几千年中，没有人探索过它的逆过程，即热能能否转换成机械能。有了火之后的几千年中，人类烹饪或冶炼金属，都是热能到热能的利用。直到生产中需要更好的能量来代替畜力和人力时，人类发现蒸汽能够实现热能转换成机械能而提供动力，于是蒸汽机问世了。

纽可门蒸汽机一上市，就被大量用于矿井抽水，从而进一步促进了煤炭的开采。1764 年，英国人詹姆斯·瓦特改良了纽可门蒸汽机，使其出力提高了 2 倍，应用范围也从矿井抽水扩展到磨粉、造纸、冶炼等行业。之后，高压蒸汽机就问世了，带给英国真正的工业革命。首先对交通运输业产生了重大影响，有了蒸汽机火车和轮船，大大缩短了人们之间的距离；其次，因瓦特发明而影响最大的行业是纺织业，机器织布使全球衣服制成品产量呈指数级数增长，造就了一大批纺织工人。

第一次工业革命改变了全球政治经济格局。18 世纪，印度、中国和欧洲的 GDP 累计占全球的 70%（各占约三分之一），但到了 20 世纪初，中国跌至 7%，印度跌至 2%，而欧洲上升至 60%，美国为 20%。煤炭的使用把英国推上了世界霸主地位。

古人云，“祸兮福所倚，福兮祸所伏”。正当人们庆祝蒸汽机给人类带来繁荣时，煤炭带给环境的危害也在同时降临。

英国人大量使用煤炭之后，逐渐发现伦敦烟雾弥漫的天气异常难受，不再是人类适宜的居住地。1952 年 12 月的一天，伦敦人起床后发现天空中雾气（按现代标准就是雾霾）异常浓重，能见度只有几米，天黑得如同夜晚一般，更糟糕的是很多人出现窒闷难忍的症状，很快各个医院都挤满了生命垂危的病人。对大雾天气司空见惯的伦敦人这时候开始惊慌失措了。事后统计，在短短的几天里竟夺去了 4 000 多人的生命，这就是著名的伦敦烟雾事件。伦敦烟雾事件证实了煤炭带给环境的危害，那么问题出在哪儿呢？

现代科学告诉我们，煤是由有机物质和无机物质混合组成的。煤的元素成分为：碳（C）、氢（H）、氧（O）、氮（N）、硫（S）等，燃烧过程中转换为烟气（CO_2、NO_x、SO_2等气体）和粉尘。其中，基本化学原理如下。

碳(C)元素为煤炭中主要提供热量的元素，燃烧后生成二氧化碳。排放到大气中的二氧化碳会增加大气的保温效果，是全球气候变暖的主要因素(也称温室气体效应)。

$$C+O_2=CO_2$$

氢(H)元素在燃烧后生成水，对环境没有影响。

$$2H_2+O_2=2H_2O$$

氮(N)元素在燃烧后生成氮氧化物，如一氧化氮 NO 排入大气时遇水会形成酸雨而危害环境。

$$4NO+2H_2O+3O_2=4HNO_3$$

一氧化氮(NO) 还会破坏大气的臭氧层而使地表遭受过量紫外线照射。

$$NO+O_3=NO_2+O_2$$

硫(S)元素在燃烧后生成有害气体二氧化硫，排入大气时遇水形成酸雨也会危害环境。

$$2SO_2+O_2=2SO_3$$
$$SO_3+H_2O=H_2SO_4$$

从上述分析可以看出，煤炭燃烧一方面给人类提供了高效的热能，但另一方面煤炭的燃烧产物给人类居住的环境带来危害。持续、大量地排放二氧化碳，打破了薪柴时期植物吸收二氧化碳的平衡，造成地球表面温度不断上升；有害气体和粉尘的排放直接威胁着人类的健康。伦敦烟雾事件就是煤炭燃烧后生成的有害物质造成的。所以说，煤炭时期能源与环境的关系变得不是很友好，人类面临着温室气体效应、排烟污染和粉尘污染等三大环境问题的挑战与考验。

(三) 伦敦烟雾事件的启示

从英国人大量使用煤炭开始到伦敦烟雾事件发生，不到两百年的时间，人类对煤炭的认识发生了重大变化。从开始欢呼它带给我们第一次工业革命，到现在讨厌它制造了雾霾、大气污染等，可谓态度对比鲜明。不管怎么说，伦敦烟雾事件还是留给我们一些有益的启示。

伦敦烟雾事件是人类被动地发现煤炭的负面效应，并以 4 000 多人的生命为代价换来了经验教训。假如一开始我们就主动地去探究问题，是否就可以避免这类悲剧发生呢？当人类发现煤炭可作为能源燃烧获得热能时，不要急于使用，可以先对它的各种特性作一全面探究，分清了利弊才使用，可以省去很多弯路。这就是全面看待问题的辩证思维。客观世界中，事物之间本来就是相互依存又相互制约的辩证关系。当我们发现煤炭能够燃烧放出热能在蒸汽机中能够转换成机械功时，并没有去研究燃烧产物对环境的危害，因此发生了不幸事件。假如一开始我们发现煤炭的热能可做功时，不急于使用，而是去全面研究煤炭的各种特性，在全面了解了煤炭的属性后，我们在开发蒸汽机的同时，也开发出脱硫、脱硝和除尘装置，这样人类才不会被动地被环境教训。因此，伦敦烟雾事件留给我们的启示之一是：开发新能源时，要全面透彻地研究该能源的各种属性，在作出客观、辩证的评价后才决定利用与否。

第一次工业革命之所以被称为“革命”，是因为给人类社会和生活带来很大变革。机器动力代替了畜力、人力，大大地解放了生产力；蒸汽火车和轮船代替了马车和帆船，大大地缩短了人类的时空；机器织布代替了手工织布，大大地解决了人类的“丰衣”问题。这一切都是拜煤炭所赐，于是人类对化石能源的需求越来越多，并朝着贪婪方向发展。在不到两百年时间中，伦敦烟雾事件便给了人们一记响亮的警钟，这也是留给我们的启示之二：人类文明的高速发展与能源资源的相对有限的矛盾。化石能源带给人类高度文明，但化石能源的污染问题和资源有限问题（亦称资源耗尽问题）将是21世纪人类处理能源与环境关系不得不面对的挑战。地球进入人类文明时代，化石能源带给人类的文明程度是空前的，是薪柴时期无法比拟的，但是现在人们担心这种文明是短暂的。人类社会的发展是永续的，因此在开发利用化石能源时要全面考虑可持续发展，不可盲目冒进甚至滥用，要合理统筹使用地球上的化石能源，要留给人们解决化石能源的污染问题和资源有限问题的时间。

二、化石能源与环境污染问题

（一）雾霾与煤炭的使用有何关联

雾霾，顾名思义是雾和霾。

雾是由大量悬浮在近地面空气中的微小水滴或冰晶组成的气溶胶系统。多出现于秋冬季节，是近地面层空气中水汽凝结（或凝华）的产物。雾的存在会降低空气透明度，使能见度恶化。如果目标物的水平能见度降低到1 000米以内，就将悬浮在近地面空气中的水汽凝结（或凝华）物的天气现象称为雾。形成雾时的大气湿度应该是饱和的，由于液态水或冰晶组成的雾散射的光与波长关系不大，因而雾看起来呈乳白色、青白色或灰色。

霾，也称灰霾，是空气中的灰尘、硫酸、硝酸、有机碳氢化合物等粒子组成的烟雾，它能使大气混浊，如果水平能见度小于10 000米时，就将这种非水成物组成的气溶胶系统造成的视程障碍称为霾或灰霾。

雾霾天气是一种大气污染状态，二氧化硫、氮氧化物以及可入肺颗粒物（PM2.5）是雾霾主要组成物，前两者为气态污染物，可入肺颗粒物是加重雾霾天气污染的罪魁祸首。它们与雾气结合在一起，让天空瞬间变得灰蒙蒙的。

大气颗粒物按其颗粒大小可以分为以下几类：（1）总悬浮颗粒物（TSP），粒径多在100 μm以下，以10 μm以下最多；（2）飘尘，粒径大多小于10 μm，可在大气中长期飘浮；（3）降尘，粒径一般大于10 μm，在大气中能因自身的重力作用而很快沉降下来；（4）可吸入粒子（PM10），空气动力学直径（D_p）≤10 μm，易于通过呼吸过程而进入呼吸道；（5）可入肺粒子（PM2.5），空气动力学直径（D_p）≤2.5 μm，可通过支气管和肺泡进入血液，0.1 μm左右颗粒物可以沉积在肺部，甚至可穿过肺泡进入血液中，对人体危害极大。PM2.5是其他大气污染物的主要载体，携带有大量的重金属和有机污染物，所吸附的多环芳烃是肺癌主要致癌因子。

大气颗粒物的消除与颗粒物的粒度、化学性质密切相关。通常有两种消除方式：干沉降和湿沉降。干沉降是指颗粒物在重力作用下沉降，或与其他物体碰撞后发生的沉降，颗粒物粒径越大，重力沉降速率越大（如表5－1）。湿沉降是指通过降雨、降雪等使颗粒物从大气中去除的过程。湿沉降包括雨除和冲刷两种机制。粒径小于1 μm的颗粒物，主要作为云的凝结核成雨降落，以雨除的机制去除；云下粒径4 μm以上的颗粒物主要通过雨滴的弹性碰撞或扩散、吸附，以冲刷的机制得以去除。大气颗粒物主要以湿沉降方式去除（占80%—90%），但湿沉降对半径为2 μm左右的颗粒物无明显去除作用，这是PM2.5形成空气污染的主要原因。所以现在即使实施大气污染物超低排放，PM2.5也会不可避免地在大气中累积，成为大气主要污染物，一旦气象条件满足，则形成雾霾现象。据《2017年生态环境公报》统计，2017年我国74个新标准第一阶段监测实施城市中有58个城市的大气主要污染物为PM2.5。

表 5－1　不同粒径颗粒物的沉降速率

颗粒直径/μm	沉降速率/(cm·s^{-1})	到达地面所需时间
0.1	8×10^{-5}	13—98 a
1	4×10^{-3}	2—13 a
10	0.3	4—9 h
100	30	3—18 min

数据来源：戴树桂：《环境化学(第 2 版)》，北京：高等教育出版社，2006 年版。

二次颗粒物、燃煤和汽车尾气是 PM2.5 的主要来源，据统计其对 PM2.5 贡献率分别为(25±1)%、(17±2)%和(10±2)%。二次颗粒物是大气中某些污染组分(二氧化硫、氮氧化物、碳氢化合物等)，或这些组分与大气成分之间发生反应而产生的颗粒物。

冬季雾霾高发，主要原因是取暖需求导致燃煤量高于夏季，烟尘排放量大。更重要的是天气因素，逆温层的出现会对污染物的扩散造成很大的影响。平静而晴朗的冬季夜晚更容易发生雾霾。

逆温层是雾霾的帮凶。逆温层好比一个锅盖覆盖在城市上空，使城市上空出现了高空比低空气温更高的逆温现象。污染物在正常气候条件下，从气温高的低空向气温低的高空扩散，逐渐循环排放到大气中。但是逆温现象下，低空的气温反而更低，导致污染物停留不能及时排放出去。逆温层阻碍了空气的垂直对流运动，抑制了烟尘、污染物、水汽凝结物的扩散，几十米甚至几百米厚的逆温层像一层厚厚的被子罩在城市的上空，近地面处的污染物“无路可走”，只好“原地不动”，越积越厚，烟尘遮天蔽日，空气污染势必加重。

冬季更加容易发生雾霾便与逆温层有关。在冬季夜间，地面向外发出大量辐射，迅速降温，而由于白天接收到的太阳辐射又相对较少，这样就造成了近地面空气温度低，而高层空气温度高，因此近地面的冷空气不会向高空运动，高层的暖空气也不能降落到地面，于是各自保持着稳定的状态，在垂直方向上也就没有了空气交换，这样更容易形成雾霾。

居民生活和工业生产燃煤排放出来的二氧化硫(SO_2)，经光直接氧化或自由基氧化形成三氧化硫(SO_3)，SO_3 溶于水生成硫酸(H_2SO_4)，硫酸再与大气中的氨(NH_3)化合而生成硫酸铵[$(NH_4)_2SO_4$]二次颗粒物。硫酸也可以与大气中其他金属离子化合生成各种硫酸盐颗粒物，硫酸盐颗粒物具有较强的光吸收和光散射能力，从而降低大气的能见度。

燃煤排放的二氧化硫、颗粒物以及由二氧化硫氧化所形成的硫酸盐颗粒物所形成的气溶胶，在逆温气象条件下可造成硫酸烟雾污染。在硫酸烟雾形成过程中，SO_2转化为SO_3的氧化反应主要靠雾滴中锰、铁、氨的催化作用而加速完成。硫酸烟雾多发生在冬季气温较低、湿度较高和日光较弱的气象条件下。

硫酸烟雾对呼吸道有刺激作用，严重时可导致死亡。在1952年的伦敦烟雾事件中，在大雾持续的5天时间里，丧生者达4 000多人，在大雾过去之后的两个月内有8 000多人相继死亡。

（二）汽车尾气给环境带来什么？

汽车尾气是产生光化学烟雾的直接原因。早晨，汽车、工厂等污染源排入大气碳氢化合物（HC）和氮氧化物（NO_x）等一次污染物。含有NO_x和碳氢化合物的大气，在阳光紫外线的强烈照射下，发生一系列复杂的化学反应，产生一些氧化性很强的物质，如臭氧（O_3）、醛类（RCHO）、过氧乙酰硝酸酯（PAN）、硝酸（HNO_3）和过氧化氢（H_2O_2）等，这些氧化性产物与反应物的混合物形成的烟雾污染现象即为光化学烟雾。

烃和NO是汽车尾气中的一次污染物，NO_2、O_3和醛是在日光照射下由大气光化学反应产生的二次污染物。光化学烟雾在白天形成、傍晚消失，污染高峰出现在中午或稍后。

光化学烟雾的形成条件是大气中有氮氧化物和碳氢化合物的存在，大气温度较高，而且有较强的日光照射，多发生在夏、秋季。

光化学烟雾的危害有：(1) 损害人和动物的健康；(2) 影响植物生长；(3) 破坏建筑材料；(4) 降低大气的能见度。光化学烟雾的控制对策有：(1) 污染源源头控制，控制工业污染源与移动污染源；(2) 绿色出行，乘坐公共交通或者采用无污染运输；(3) 植树造林，环境绿化。

（三）化石能源是怎样制造酸雨的？

酸性降水是通过降雨、雪、雾、冰雹等将大气中的酸性物质迁移到地面的过程，最常见的是酸雨。

洁净的大气，当二氧化碳的体积分数为330×10^{-6}时，大气中水的pH为5.6。

国际上一直将5.6作为判断酸雨的界限，pH小于5.6的降雨称为酸雨。当大气中水含有硫酸或硝酸时，其pH将低于5.6，即形成酸雨。

工业生产、民用生活中燃烧煤炭排放出来的二氧化硫，以及燃烧石油和汽车尾气排放出来的氮氧化物，经过“云内成雨过程”，即水汽凝结在硫酸根、硝酸根等凝结核上，发生液相氧化反应，形成硫酸雨滴和硝酸雨滴；又经过“云下冲刷过程”，即含酸雨滴在下降过程中不断合并吸附、冲刷其他含酸雨滴和含酸气体，形成较大雨滴，最后降落在地面上，形成了酸雨。

酸雨中的阴离子主要是硫酸根和硝酸根离子，通过硫酸根和硝酸根离子的浓度比值将酸雨的类型分为三类：硫酸型或燃煤型，硫酸根/硝酸根＞3；混合型，0.5＜硫酸根/硝酸根＜3；硝酸型或燃油型，硫酸根/硝酸根≤0.5。根据硫酸根和硝酸根离子在酸雨样品中的浓度可以判定降水的主要影响因素是二氧化硫还是氮氧化物。二氧化硫主要是来自煤炭的燃烧，氮氧化物主要是来自汽车尾气等污染源。我国以煤炭为主要燃料，酸雨类型属硫酸型。而以石油为主要燃料的国家酸雨类型多属硝酸型。

世界上最严重的三大酸雨区是西北欧、北美和中国。20世纪以来，全世界的酸雨污染范围日益扩大。原只发生在北美和欧洲工业发达国家的酸雨，逐渐向一些发展中国家扩展，如印度、东南亚国家、中国等。同时酸雨的酸度也在逐渐增加。

我国最严重的三大酸雨区是华中酸雨区、西南酸雨区和华东沿海酸雨区，经过近几年的努力治理，发生酸雨的面积明显缩小，发生酸雨的强度明显减弱。

酸性污染物的排放及转换条件是影响酸雨形成的主要因素。一般说来，某地SO_2污染越严重，降水中硫酸根离子浓度就越高，导致pH越低，越容易形成酸雨。

大气中的氨(NH_3)对酸雨形成是非常重要的。氨是大气中唯一的常见气态碱。由于它溶于水，能与酸性气溶胶或雨水中的酸反应，起中和作用而降低酸度。土壤中氨的挥发量随着土壤pH的上升而增大。我国京津地区土壤pH为7—8以上，而重庆、贵阳地区则一般为5—6，所以我国大气氨水平呈现北高南低的规律，这与中国酸雨多发生在南方的分布状况一致。

气象条件和地形也是影响酸雨形成的重要因素，如果气象条件和地形有利于污染物的扩散，则大气中污染物浓度降低，酸雨就减弱，反之则加重(如逆温现象)。

防治酸雨的重要措施有：开发新能源，如氢能、太阳能、水能、潮汐能、地热能等；使用燃煤脱硫技术，减少二氧化硫排放；工业生产排放气体处理后再排放；少开车，多乘坐公共交通工具出行；使用天然气等较清洁能源，少用煤。

（四）化石能源与低碳生活的关系

温室气体指的是大气中能吸收地面反射的太阳辐射，并重新发射辐射的一些气体，如水蒸气、二氧化碳、大部分致冷剂等。它们的作用是使地球表面变得更暖，类似于温室截留太阳辐射，并加热温室内空气的作用。二氧化碳（CO_2）、甲烷（CH_4）、氧化亚氮（N_2O）、氟利昂等是地球大气中主要的温室气体。

温室气体影响全球气候变暖的能力是用全球变暖潜力值（Global Warming Potential）来衡量的，全球变暖潜力值指温室气体影响全球气候变暖的能力，以二氧化碳为基准，1 单位二氧化碳使地球变暖能力为 1，其他气体均以其相对数值来表示。全球变暖潜力值会随着时间改变，政府间气候变化专门委员会（IPCC）提议用 100 年的全球变暖潜力作为对照标准。《京都议定书》中主要气体的全球变暖潜力值如表 5－2 所示。

表 5－2　主要气体的全球变暖潜力值

气　　体	全球变暖潜力值	大气中的浓度（mg/m^3）
二氧化碳（CO_2）	1	353
甲烷（CH_4）	21	1.72
一氧化二氮（N_2O）	310	0.000 31
氢氟烃（HFCs）	150—11 700	0.000 85
全氟碳化物（PFCs）	6 500—9 200	—
六氟化硫（SF_6）	23 900	—

注：大气中的浓度为 1990 年数据，数据来源于《京都议定书》。

由于大气中二氧化碳浓度远远大于其他温室气体，尽管其全球变暖潜力值远低于其他温室气体，但二氧化碳对全球气候变暖的贡献最大，其温室效应贡献占到 50％以上。碳排放是温室气体排放的简称。温室气体中最主要的气体是二氧化碳，因此可以用碳作为代表，简单地将“碳排放”理解为“二氧化碳排放”。

1 吨标准煤的能量，约为 0.7 吨纯碳充分燃烧释放的热量。二氧化碳与碳的分子量之比为 3.7，0.7 吨乘以 3.7 即得出：消耗 1 吨标准煤的能源，排放的二氧化碳量约为 2.6 吨。《中华人民共和国 2017 年国民经济和社会发展统计公报》显示，我国全年能源消费总量 44.9 亿吨标准煤，其中实际消费的化石燃料能源量占 87.0％，消费化石能源排放的二氧化碳量为101.6亿吨。

来自太阳各种波长的辐射中，到达地面的辐射有少量短波长的紫外光、大量的可见光和长波红外光。这些辐射在被地面吸收后，最终都以长波辐射的形式又返回外空间，从而维持地球的热平衡。

全球变暖的主要原因是人类在近一个世纪以来大量使用化石燃料，排放出大量的二氧化碳等多种温室气体造成的。温室气体（如CO_2）像温室的玻璃一样，它允许来自太阳的可见光射到地面，也能阻止地面重新辐射出来的红外光返回外空间。因此，二氧化碳起着单向过滤器的作用。大气吸收了地面辐射出来的红外光，把能量截留于大气中，从而使大气温度升高，这种现象为温室效应。

1896年，瑞典科学家Svante Arrhenius发表题为《空气中碳酸对地面温度的影响》的论文，首次针对大气中二氧化碳浓度对地表温度的影响进行量化。

从1958年起，气候学家就在美国夏威夷的冒纳罗亚火山上持续测量二氧化碳浓度，测量结果显示，二氧化碳的浓度正在持续上升，而且上升趋势与全球的化石燃料燃烧相关。1985年，苏联和法国科学家在南极大陆Vostok钻取冰芯，推演出了42万年来的二氧化碳浓度。20世纪90年代初，政府间气候变化委员会提出到2050年全球平均温度将上升3.5℃。

全球变暖的后果，会出现全球降水量重新分配、冰川和冻土消融、海平面上升等现象，不仅危害自然生态系统的平衡，而且威胁人类的食物供应和居住环境。

针对全球气候变暖的挑战，国际社会在1992年制定了《联合国气候变化框架公约》（以下简称《公约》），并于1997年12月在日本京都召开的《公约》第三次缔约方大会上达成了《京都议定书》（以下简称《议定书》）。《议定书》要求30多个附件一国家（包括发达国家和经济转型国家）在2008至2012年间，将温室气体的排放量平均比1990年削减5.2%以上。《议定书》于2005年2月16日正式生效。到2009年2月，一共有183个国家通过了《议定书》（超过全球排放量的61%）。这标志着国际社会进入了一个实质性减排温室气体的阶段。

2016年签订的《巴黎协定》是继1992年《联合国气候变化框架公约》、1997年《京都议定书》之后，人类历史上应对气候变化的第三个里程碑式的国际法律文本，形成了2020年后的全球气候治理格局。《巴黎协定》主要目标是将21世纪全球平均气温上升幅度控制在2℃以内，并将全球气温上升控制在前工业化时期水平之上1.5℃以内。

《巴黎协定》是迄今最复杂、最敏感，也是最全面的气候谈判结果，它在如此短的时间里得以生效，体现了世界各国面对气候变化采取全球行动的坚定决心，它的生效使得政府、城市、地区、公民、企业和投资者的努力得以具体化，这是人类在战胜气候变化威胁上的一个历史转折。

《国务院办公厅关于印发能源发展战略行动计划（2014—2020年）的通知》（国办发〔2014〕31号）指出，坚持“节约、清洁、安全”的战略方针，加快构建清洁、高效、安全、可持续的现代能源体系；重点实施四大战略之一——绿色低碳战略；着力优化能源结构，把发展清洁低碳能源作为调整能源结构的主攻方向；坚持发展非化石能源与化石能源高效清洁利用并举，逐步降低煤炭消费比重，提高天然气消费比重，大幅增加风电、太阳能、地热能等可再生能源和核电消费比重，形成与我国国情相适应、科学合理的能源消费结构，大幅减少能源消费排放，促进生态文明建设。到2020年，非化石能源占一次能源消费比重达到15%，天然气比重达到10%以上，煤炭消费比重控制在62%以内。

三、能源可持续发展理论

从上述两节中，我们了解到人类文明发展史与能源发展史存在相互依存又相互制约的关系。从使用薪柴能源到使用煤炭、石油、天然气等化石能源，我们的生活发生了翻天覆地的变化，但与此同时我们也要面对化石能源对环境的污染以及被快速利用而面临耗尽等问题。面对这些问题，科学家在思考什么呢？

（一）面对能源与环境问题，人们在思考什么？

有人把地球比作在宇宙中孤独地航行的太空船，它依靠太阳引力周而复始地围绕太阳转圈。船上现有72亿乘客，乘客的数量还在以每天约23万人或每年约8 300万人的速度增长。这艘太空船没有码头可以靠岸进行补给和维修保养，乘客们赖以生存的只有太阳投放的能量和地球本身的资源，出现任何故障或损坏也只能由乘客们自行维修和解决。

前面章节说到，在地球上开采化石燃料获取人类所需的能量曾经是一种非常便利的方式，并由此导致了第一次工业革命的发生，但人类也很快认识到了使用化石燃料带来的严重环境问题。其一，人类现有的生活方式使得人类对化石能源的需求还在持续增长，但是化石能源是一种不可再生能源，那么我们这种生活方式还能持续多久？化石能源耗尽之日人类该怎么办？其二，化石燃料燃烧后产生的污染对人类健康和所依赖的生存环境造成严重影响。其三，能源资源全球分布不均，产生贫富差距问题。

地球是目前已知唯一存在生命的星球，人类是这个星球的主宰者。能源是人类赖以生存的资源，当能源与环境的关系出现不和谐之后，人们不得不思考我们使用能源的方式是不是存在问题。在经历了众多挫折之后，人们终于发现，要做地球的主宰者，让人类社会永续发展，在使用能源问题上必须坚持可持续发展观点。

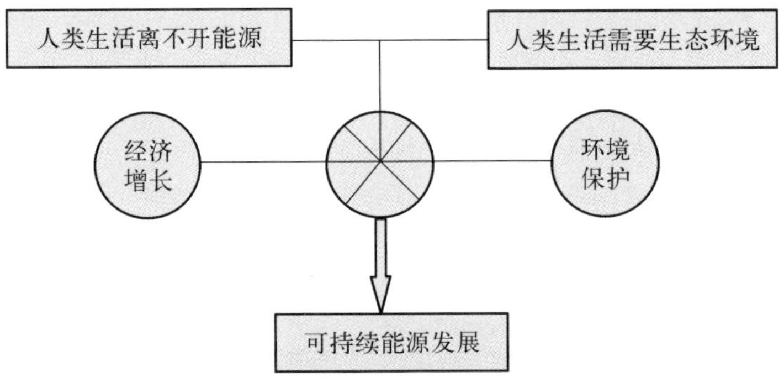

图 5－1　寻求经济与环境和谐发展的方式

从图 5－1 可以看出，人类生活离不开能源，而经济增长支撑着人类现代文明，化石能源支撑着经济增长。然而化石能源的使用对环境产生的污染会威胁人类生存所需的洁净生态环境。面对“经济增长”和“环境保护”，人类应该持有可持续的能源发展观。

可持续发展的基本含义是既满足当代人的需求又不危害后代人满足自身需求能力的发展。也就是说，要保证人类社会能永续发展。因此，在使用能源为人类服务时，方方面面都要围绕“可持续”开展。

(二) 可持续观点是现代产物吗?

可持续发展观点并非当代才有，历史上有很多中外学者都用不同的方式表达过。例如：“钓而不纲，弋不射宿”（孔子，《论语 · 述而》）；“山林非时不升斤斧，以成草木之长；川泽非时不入网罟，以成鱼鳖之长”（《逸周书 · 文传解》）；“人类消费的物质限制”（李嘉图 Richardo，1017）；“人类的经济活动范围存在着生态边界”（马尔萨斯 Malthus，1820）。这些封山育林、休养生息的“永续利用”思想就是朴素的可持续发展思想。

20 世纪以来，人类经历了两次世界大战，饱尝了自相残杀的苦难后，世界经济进入了一个飞速发展时期，以煤炭为燃料的工厂烟囱到处林立，人们以为这就是美好生活，然而接二连三的世界公害打破了人们的幻想，如伦敦烟雾事件、日本水俣病（甲基汞中毒）等。这些事件引起了人们对公害的关注，一些科学家着手研究污染的治理工作。随着研究的深入，科学家发现这是一个复杂的系统工程。1962 年，美国生物学家卡森女士出版了一本令世人震惊的科学论著《寂静的春天》，揭示了人类对生态环境的破坏，描述了一个没有任何生命活力的春天的景象，在她的书中出现了“可持续发展”观点。1972 年，一批科学家在罗马俱乐部发表了《增长的极限》报告，提出限制目前人口和资本的快速增长模式。1987 年，世界环境与发展委员会在《我们共同的未来》报告中阐述“可持续发展”概念。1992 年，联合国环境与发展大会在巴西召开，形成了《21 世纪议程》等众多公约，第一次正式提出“可持续发展”思想，是一份实现人类社会可持续发展的行动纲领。1994 年，我国政府制定了《中国 21 世纪议程——中国 21 世纪人口、环境与发展白皮书》，2003 年，我国开始实施《中国 21 世纪初可持续发展行动纲要》，真正将可持续发展思想落实到行动中。

那么，什么是可持续发展观点？通常，人们习惯从时间尺度上理解，可持续发展就是人类的“永续发展”，是既满足当代人的需求又不危害后代人满足自身需求能力的发展，人类希望一代一代生存下去。

从系统论观点看，可持续发展不仅要在时间上可持续，满足一代又一代人的发展需求，也要在空间尺度上满足全球当代人的发展需求。地球是目前已知唯一人类可居住的星球，没有全球当代人的共同发展，就没有人类一代又一代的永续发展。所以这是一个系统工程，涉及人类社会、经济、环境等方方面面。因此，可持续发展观点具有丰富的内涵，主要表现在以下几个方面。

1. 可持续发展观点中首先要谈的是“发展”问题。按照辩证唯物主义观点，运动是绝对的，静止是相对的。人类社会进化到现代不可能停下来，还要继续朝前发展。人类使用了煤炭，发明了蒸汽机，同时也破坏了环境，但是人类不可能再回到农耕时代依靠薪柴能源生活。历史车轮滚滚向前，发展是人类永恒的主题。如何发展将是关系到人类是否能永续生存的关键问题。事实证明依靠大量消耗化石能源得到的快速发展是不可取的，也是不可持续的。一是化石能源不可再生，总有一天会消耗殆尽；二是使用化石能源后带来的环境问题等。因此，我们要寻求一种可持续的发展方式。

2. 可持续发展有两个关键点，一是“协调性”，二是“公平性”。地球上出现人类之后，除了赖以生存的自然环境之外，又多了一个人类社会。首先，可持续发展要做到“协调性”，是人口、经济、社会、环境、资源等各种社会属性因素和客观自然界属性因素之间的协调发展，这是一个系统工程，用以解决人与环境、资源间出现的问题。其次，可持续发展要做到“公平性”，这是人类社会的社会属性决定的。在资源分配和福利分享问题上，从时间维度看可持续发展要做到代际的公平发展；从空间维度看可持续发展要做到代内的公平发展。否则，贫穷、掠夺、战争等人类社会问题会加剧能源资源的消耗、生存环境的破坏，最终破灭人类永续生存的美好愿望。

3. 为什么要提“可持续发展”？因为现在人类遇到了“不可持续”的问题了。如何解决这些问题？当然是靠人类的聪明才智，要靠人类的科技进步来解决问题。针对人与环境、资源的矛盾，我们要发展清洁煤技术、新的生活方式和经济增长模式，寻找清洁、可再生的新能源等，通过不断的科技进步为人类可持续发展提供保障。

（三）化石能源是否可持续？

卫星数据显示我们唯一的家园地球是一个脆弱的星球，冰川融化、雾霾肆虐、物种灭绝。一方面很多人生活在食物、饮用水、医疗极度匮乏的环境中，而另一方面大量的资金和自然资源被投放到军事活动中。我们不禁要问：我们这种以化石能源支持的生活方式需要改变吗？

1950 年，全世界 23 亿人口，能源消耗 2.85 TW；2010 年，全世界 68 亿人口，能源消耗 15 TW。按这个口径测算，到 2050 年，全世界将达到 90 亿人口，要消耗能源 40 TW，需建设 48 000 座燃煤电站（每座电站 500 MW）。这个艰巨任务，依靠现有化石能源系统是很难完成的。因为，首先化石能源是不可再生的，按现代人类消耗速度很快将会用完；其次，化石能源的燃烧产物比如二氧化碳也将大大超出植物吸收转化能力，地球平衡的生态系统将崩溃。

使用化石能源的现代社会，人类活动正在超越地球资源的承载能力，跨越地球的“生态边界”。气候变暖、物种灭绝、矿藏枯竭，甚至有的化学元素也将从地球上消失。我们已经习惯“生产—销售—购买—使用—丢弃”的生活方式；理所当然地认为只要找到插座就能给手机充电；人们乐此不疲地不断地更换、升级手机、电脑、汽车等，却全然不知这背后支撑我们现代文明生活的化石能源系统即将崩溃。

地球上的国家贫富差距很大。美国、日本、德国等 G8 国家人口只占全球人口的 12%，而一次能源消费却接近世界总供给量的一半。且不说富裕国家的这种高能耗生活方式的不可持续性，就说贫穷国家还在不断向这种高能耗生活方式看齐，全然不知这种人类社会的不公平潜藏着战争的威胁。战争会消耗大量能源和各种地球资源，造成地球环境的严重破坏。和平时代各国的军事装备也会占用和消耗大量资源和能源。

对此我们能做些什么呢？首先，应该让政治家、企业家、各行各业的人们认识到能源可持续发展的重要性，这样，整个人类社会才会行动，比如改变现有的生活方式。其次，改进化石能源利用技术，发展清洁煤等技术，延长化石能源的使用时间，为人类寻找到新能源留下时间。再次，寻找新能源（不排除向外星球寻找），发展太阳能、风能等可再生能源，为人类的永续发展作贡献。

四、中国能源与环境保护政策

（一）我国的能源与环境保护措施

中国已经制定了雄心勃勃的环境保护政策，2013 年 9 月出台的《大气污染防治行动计划》明确提出：到 2017 年，全国地级及以上城市可吸入颗粒物浓度比 2012 年下降 10%以上，空气质量优良天数逐年提高；京津冀、长三角、珠三角等区域细颗粒物浓度下降 25%、20%、15%，其中北京市细颗粒物年均浓度控制在 60 $\mu g/m^3$。

与此同时修订了相关的标准体系。2012 年 2 月 29 日修订颁布了《大气环境质量标准》(GB3095 - 2012)，标准自 2016 年 1 月 1 日起实施。新标准增加了 PM2.5 指标，一些指标较以前更为严厉（表 5 - 3），如二氧化氮日平均值二级标准由以前的 0.12 mg/m^3 下降至 0.08 mg/m^3。

表 5 - 3　我国大气环境质量标准(GB3095)2012 年修订前后对比(日平均值)

污染物名称	取值时间	二级标准	
		GB3095 - 1996	GB3095 - 2012
二氧化硫(SO_2, mg/m^3)	日平均	0.15	0.15
二氧化氮(NO_2, mg/m^3)	日平均	0.12	0.08
一氧化碳(CO, mg/m^3)	日平均	4.00	4.00
臭氧(O_3, mg/m^3)	小时平均	0.20	0.20
可吸入颗粒物(PM10, mg/m^3)	日平均	0.15	0.15
可入肺颗粒物(PM2.5, mg/m^3)	日平均	—	0.075

续 表

污染物名称	取值时间	二级标准	
		GB3095－1996	GB3095－2012
总悬浮颗粒物(TSP,mg/m^3)	日平均	0.30	0.30
氮氧化物(NO_x,mg/m^3)	日平均	0.10	0.10
铅(Pb,$\mu g/m^3$)	年平均	1.0	1.0
苯并[a]芘(B[a]P,$\mu g/m^3$)	日平均	0.01	0.002 5

2011年7月18日修订批准了《火电厂大气污染物排放标准》(GB13223－2011),标准自2012年1月1日起实施。新标准增加了Hg及其化合物指标,SO_2、NO_x和烟尘指标较以前大幅度降低(表5－4),如二氧化氮物的排放浓度限值由以前的450 mg/m^3下降至100mg/m^3。此标准中的二氧化硫和氮氧化物的要求远高于主要发达国家。

表5－4　我国火电厂大气污染物排放标准(GB13223)2011年修订前后对比

国家	颁布时间	排放限值/(mg/m^3)			
		SO_2	NO_x	烟尘	Hg及其化合物
美国	2005	184	135	20	0.02(烟煤) 0.18(褐煤)
欧盟	2002	200	200	30	0.03
日本	2006	172	200	40	—
中国	超低排放	35	50	5	
	GB13223－2011	100	100	30	0.03
	GB13223－2003	400	450	50	—

中国政府还进一步提出了在燃煤发电机组实施超低排放的计划。超低排放是指火电厂燃煤锅炉在发电运行、末端治理等过程中,采用多种污染物高效协同脱除集成系统技术使其大气污染物排放浓度达到天然气燃气轮机组的排放限值标准(表5－4),即烟尘不超过5 mg/m^3、二氧化硫不超过35 mg/m^3、氮氧化物不超过50 mg/m^3,较《火电厂大气污染物排放标准》(GB13223－2011)中规定的燃煤锅炉排放限值分别下降75%、30%和50%,是燃煤发电机组清洁生产水平的新标杆。

国家发改委、环境保护部、国家能源局于 2014 年 9 月 12 日发布《关于印发〈煤电节能减排升级与改造行动计划(2014—2020 年)〉的通知》(发改能源[2014]2093 号)。该通知要求严控大气污染物排放,明确提出:新建燃煤发电机组应同步建设先进高效脱硫、脱硝和除尘设施,不得设置烟气旁路通道;东部地区新建燃煤发电机组大气污染物排放浓度基本达到燃气轮机组排放限值(即超低排放),中部地区新建机组原则上接近或达到燃气轮机组排放限值,鼓励西部地区新建机组接近或达到燃气轮机组排放限值;支持同步开展大气污染物联合协同脱除,减少二氧化硫、汞、砷等污染物排放。

环境保护部、国家发改委、国家能源局 2015 年 12 月 11 日印发了《全面实施燃煤电厂超低排放和节能改造工作方案》通知,将超低排放改造任务完成的时间提前了,明确提出:具备条件的燃煤机组要实施超低排放改造。在确保供电安全前提下,将东部地区原计划 2020 年前完成的超低排放改造任务提前至 2017 年前总体完成,要求 30 万 kW 及以上公用燃煤发电机组、10 万 kW 及以上自备燃煤发电机组实施超低排放改造。将对东部地区的要求逐步扩展至全国有条件地区,要求 30 万 kW 及以上燃煤发电机组实施超低排放改造。其中,中部地区力争在 2018 年前基本完成;西部地区在 2020 年前完成。力争 2020 年前完成改造超低排放燃煤机组 5.8 亿 kW。

(二) 中国能源与环境保护政策的落实与实施

目前我国环境保护政策的落实与实施与以前相比,主要在以下两方面有突破。

1. 责任更明确

中华人民共和国第十二届全国人民代表大会常务委员会第八次会议于 2014 年 4 月 24 日修订通过了《中华人民共和国环境保护法》,新修订的《环境保护法》自 2015 年 1 月 1 日起施行。新修订的《环境保护法》明显加大了政府环境责任,新条文中有三分之一的条款涉及了政府责任,特别是通过设立环境保护目标责任制,确保环境质量好转。新修订的《环境保护法》第二十六条规定:“国家实行环境保护目标责任制和考核评价制度。县级以上人民政府应当将环境保护目标完成情况纳入对本级人民政府负有环境保护监督管理职责的部门及其负责人和下级人民政府及其负责人的考核内容,作为对其考核评价的重要依据。考核结果应当向社会公开。”该条确立的环境保护目标责任制,一方面显示了本届政府改善和提升环境品质的决心,另一方面,也给各级政府特别是负有环境保护监督管理职责的部门带来了巨大压力。

环境保护目标责任制明确了地方行政首长在改善环境质量上的权力、责任，对多层次、全方位推进环境保护工作，有着十分重要的意义。

中国共产党第十八届中央委员会第四次全体会议审议通过了《中共中央关于全面推进依法治国若干重大问题的决定》，自 2014 年 10 月 23 日起实施。《决定》要求："健全依法决策机制，建立重大决策终身责任追究制度及责任倒查机制，对决策严重失误或者依法应该及时作出决策但久拖不决造成重大损失、恶劣影响的，严格追究行政首长、负有责任的其他领导人员和相关责任人员的法律责任。"这项要求的出台为即将实施的环境保护目标责任制提供了强有力的政策保障。

2. 监测手段的提升——严格执法

2015 年 8 月 29 日修订发布的《中华人民共和国大气污染防治法》第二十四条明确提出：重点排污单位应当安装、使用大气污染物排放自动监测设备，与环境保护主管部门的监控设备联网，保证监测设备正常运行并依法公开排放信息。

第二十九条规定：环境保护主管部门及其委托的环境监察机构和其他负有大气环境保护监督管理职责的部门，有权通过现场检查监测、自动监测、遥感监测、远红外摄像等方式，对排放大气污染物的企业事业单位和其他生产经营者进行监督检查。

2010 年 1 月 19 日公布实施的《环境行政处罚办法》(环境保护部令第 8 号)第三十六条明确提出：环境保护主管部门可以利用在线监控或者其他技术监控手段收集违法行为证据；经认定的有效性数据，可以作为认定违法事实的证据。

经过近几年不懈努力，我国空气质量得到明显好转(见表 5-5)，《大气污染防治行动计划》确定的空气污染治理任务超额完成(见表 5-6)。2013—2017 年，74 个新标准第一阶段监测实施城市六项污染指标浓度，除臭氧和二氧化氮外，其他四个指标浓度值均有显著降低，五年内 PM2.5、PM10、SO_2、NO_2和 CO 分别下降了 34.7%、32.2%、57.5%和 24.0%。

表 5-5 2013—2017 年 74 个城市六项污染指标浓度

污染物名称	年份				
	2013	2014	2015	2016	2017
≤2.5 um 颗粒物，$\mu g/m^3$	72	64	55	50	47
≤10 um 颗粒物，$\mu g/m^3$	118	105	93	85	80

续　表

污染物名称	年份				
	2013	2014	2015	2016	2017
臭氧，μg/m³	139	145	150	154	167
二氧化硫，μg/m³	40	32	25	21	17
二氧化氮，μg/m³	44	42	39	39	40
一氧化碳，mg/m³	2.5	2.1	2.1	1.9	1.9

注：数据来源于2012年—2016年《环境状况公报》和《2017年生态环境状况公报》。

表5-6　《大气污染防治行动计划》目标达成情况

地　区	2012年 PM2.5，μg/m³	2017年 PM2.5，μg/m³	计划目标	实际达成
京津冀	106	64	下降25%	下降40%
长三角	67	44	下降20%	下降34%
珠三角	47	34	下降15%	下降28%
北京市	89	58	≤60 μg/m³	58 μg/m³

注：数据来源于《2012年环境状况公报》和《2017年生态环境状况公报》。

五、我国能源的环境问题的应对措施

作为人类生存和发展的重要物质基础，煤炭、石油、天然气等化石能源支撑了19世纪至20世纪近200年人类文明的进步和社会的经济发展。然而，化石能源的不可再生性和人类对化石能源的巨大消耗，使化石能源正在逐渐走向枯竭。我国煤炭储量相对丰富，但从中长期来看，仍面临诸如赋存条件、勘探水平、运输条件、安全因素等多方面因素的限制，能被有效开发利用的煤炭资源量明显不足。同时，大量的化石能源消费，引起温室气体排放，使大气中温室气体浓度增加，导致全球气候变暖。化石能源，特别是煤炭的使用带来大量的二氧化硫和烟尘排放，也是造成我国大气污染的主要因素。随着化石能源储量的逐步降低，全球能源危机也日益迫近。

为了应对化石能源出现的问题，早在2014年，我国政府就制定了《能源发展战略行动计划(2014—2020年)》。以开源、节流、减排为重点，确保能源安全供应，转变能源发展方式，调整优化能源结构，创新能源体制机制，着力提高能源效率，严格控制能源消费过快增长，着力发展清洁能源，推进能源绿色发展。

根据该行动计划，针对化石能源对环境产生的负面影响，我国在产业和技术层面采取了一系列应对措施：发展清洁煤发电技术；淘汰落后产能，“上大压小”关停小火电机组；建设水电、风电、核电等清洁或可再生大型能源基地。

（一）我国能源与环境的现状

过去100多年里，发达国家先后完成了工业化，消耗了地球上大量的自然资源，特别是能源资源。当前，一些发展中国家正在步入工业化阶段，能源消费增加是经济社会发展的客观必然。中国是当今世界上最大的发展中国家，发展经济与消除贫困是中国政府和中国人民在相当长一段时期内的主要任务。中国是目前世界上能源生产和消费的大国，能源供应持续增长，为经济社会发展提供了重要的支撑；能源消费快速增长，为世界能源市场创造了广阔的发展空间。中国已经成为世界能源市场不可或缺的重要组成部分。中国政府正在加快发展现代能源产业，坚持节约资源和保护环境的基本国策，把建设资源节约型、环境友好型社会放在工业化、现代化发展战略的突出位置，努力增强可持续发展能力，对维护全球能源安全，正在发挥着越来越重要的积极作用。

那么，当前我国能源与环境的现存关系又是怎样的呢?

首先来看我国能源资源和能源消费的现状：我国化石能源资源以煤炭为主，煤炭占主导地位，当前，化石能源剩余探明可采储量总计约为896亿吨标准煤，其中煤炭占91.2%，石油占3.9%，天然气占4.9%；改革开放以来，随着人民生活水平不断提高，我国能源消费量也在不断升高，目前已超过美国成为世界最大能源消费国家，1980—2013年，我国能源年消费量由6亿吨标准煤增长到37.5亿吨标准煤。

可以看出，在整个能源结构中，以煤为主的火力发电在当前和今后相当长一段时期内仍是我国电力供应的主要力量，对国家经济社会发展和人民生活水平提高具有非常重要的保障作用。如前面章节所述，以煤为主的火力发电是烟尘、二氧化硫、氮氧化物等大气污染物排放的主要来源，我国大气污染严重，烟尘、SO_2、NO_x、Hg排放总量已居世界第一，形势十分严峻。

这就需要我们解决一个矛盾：一方面，随着人民生活水平不断提高能源消费量也在增长，当前和今后相当长一段时期内依赖的仍然是煤炭资源；另一方面，煤炭资源的不可再生性和使用过程中污染排放问题严重的特点，又限制了煤炭资源的利用。

要解决这个矛盾，我们可以从两个方面着手：一方面，从煤炭自身寻找答案，寻求洁净煤发电技术；另一方面，从煤炭外寻找答案，寻求新的替代能源，这就是可再生洁净能源。

（二）洁净煤发电技术

我国当前和今后相当长一段时期内，煤炭仍然是电力生产的主要燃料，以煤炭为主的能源结构也是我国目前不可改变的事实。但是，煤炭的利用造成了环境的污染，于是，人们把罪魁祸首指向煤炭的利用。把板子全打在煤炭身上，实际上这是很冤枉的，不能真正解决问题。我国这么多人口，都希望过现代化的生活，能源需求越来越大，在我国缺油、少气的资源条件下，靠什么来满足这么庞大的能源消费量呢？答案是，仍然要靠煤炭，但同时要解决煤炭使用对环境造成的污染问题，这就需要从煤炭自身寻找答案，发展洁净煤发电技术，如图 5－2 所示。

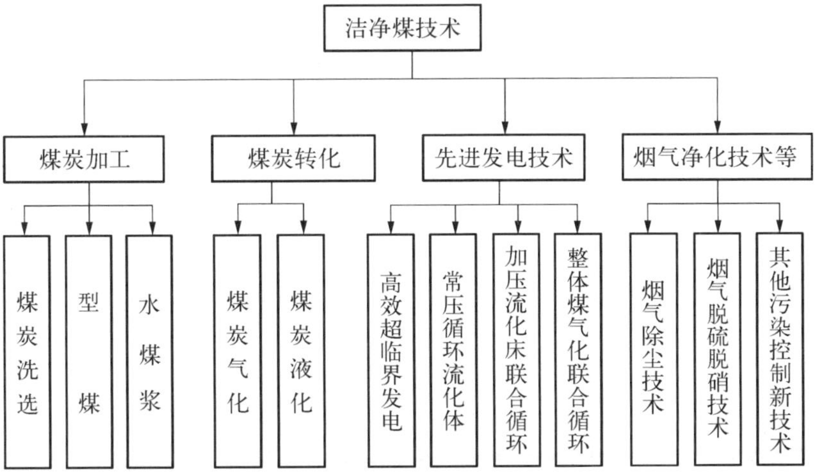

图 5－2 洁净煤发电技术

洁净煤技术是指减少污染和提高效率的煤炭加工、燃烧、转换和污染控制技术的总称，是当前世界各国解决煤炭利用带来环境问题的主导技术。主要包括：煤炭加工技术（选煤、型煤、水煤浆），煤炭转化技术（煤炭气化、液化），先进发电技术（超临界发电、流化床燃烧、整体煤气化联合循环发电），烟气净化技术（除尘、脱硫和脱硝技术）等。

推进煤炭清洁高效利用是我国能源产业转型变革的重要任务，发展洁净煤技术，是中国能源发展的战略需求。早在《中共中央关于制定国民经济和社会发展第十二个五年规划的建议》中，就提出要“推动能源生产和利用方式变革，构建安全、稳定、经济、清洁的现代能源产业体系。加快新能源开发，推进传统能源清洁高效利用”。

煤炭的清洁高效利用在我国有哪些具体的案例呢？

1. 烟气脱硫和脱硝技术

2015年《中国环境状况公报》显示：2010—2015年，我国安装脱硫设施的煤电机组由5.8亿kW增加到8.9亿kW，安装率由83%增加到99%以上，全国二氧化硫排放总量下降18.0%；2010年至2015年，我国安装脱硝设施的煤电机组由0.8亿kW增加到8.3亿kW，安装率由12%增加到92%，全国氮氧化物排放总量下降18.6%。这些燃煤火电机组安装脱硫和脱硝装置为打赢蓝天保卫战迈出了实质性的步伐。

2. 采用先进的高效超临界燃煤发电技术，进一步提高能效，减少排放

上海外高桥第三发电厂当前实际运行性能：在全年平均负荷率为75%—81%的条件下，全年平均发电煤耗（包括脱硫和脱硝）为276 gce/kWh（gce为克标准煤，下同），折算到额定负荷下的发电煤耗为264 gce/kWh；全年平均发电效率（包括脱硫和脱硝）为44.5%，折算到额定负荷下的发电效率为46.5%。而同年全国平均发电煤耗318 gce/kWh。该厂烟气排放浓度：粉尘7.55 mg/m^3，二氧化硫17.7 mg/m^3，氮氧化物15.19 mg/m^3，均已达到气体燃料的排放指标。对比原世界运行效率最高的丹麦Nordjylland电厂3号411 MW两次再热、低温海水冷却机组，其最低发电煤耗（不含供热）为286.08 gce/kWh（净效率42.93%，平均负荷率89%），折合75%负荷率下的发电煤耗为288.48 gce/kWh。相比之下，我国燃煤发电技术已经走在世界前列。为此，上海外高桥第三发电厂被《华尔街日报》称为世界上最高效和最清洁的电厂

3. 整体煤气化联合循环发电技术（英文简称IGCC）

整体煤气化联合循环发电技术是将煤气化技术和燃气蒸汽联合循环技术相结合的动力系统。煤气化技术提供洁净的煤气，燃气蒸汽联合循环技术充分利用燃气系统和蒸汽系统各自优点而提高机组的发电效率。所以说，IGCC技术是一种有发展前景的高效洁净煤发电技术。我国华能公司在天津投建了一套200 MW级的IGCC电站，运行效果良好。

4. 我国煤电站的“上大压小”政策

“上大压小”是指在建设大容量、高参数、低消耗、少排放机组的同时，相对应地关停一部分小火电机组。其目的是降低能源消耗，减少污染排放，压缩落后生产能

力。主要措施是：建设单机 30 万 kW 机组要关掉其容量 80%的小机组，建设单机 60 万 kW 机组要关掉其容量 70%的小机组，建设单机 100 万 kW 机组要关掉其容量 60%的小机组，也可按等煤量计算。

神华国华电力分公司舟山电厂 4 号机组——35 万 kW 国产超临界燃煤发电机组于 2014 年 6 月 26 日移交生产，标志着国内首台“近零排放”燃煤发电机组顺利投入商业运行。该机组是浙江省“上大压小”项目，运行同时相应关停 22 万 kW 小机组。该机组 168 小时试运行期间，浙江省环境监测中心现场取样监测数据显示其排放水平为：粉尘 2.55 mg/m^3、二氧化硫 2.86 mg/m^3、氮氧化物 20.5 mg/m^3，均优于现行燃气机组排放标准。

洁净煤技术是减少煤炭污染最有效的办法之一。洁净煤技术的发展不但为煤炭工业带来发展契机，而且还将对电力工业和发电设备制造业带来深刻的影响。在未来的十几年内，我国洁净煤产业将成为国家关注的重点产业。通过实施洁净煤技术，煤矿企业在经济上增加盈利，环境由此得到改善，使经济增长和保护环境协调发展。我国是燃煤大国，大力发展洁净煤技术有更重要意义。依托最先进的燃煤和环保技术，煤炭完全可以更清洁地使用，与环境更友好，更符合可持续发展的理念，我们应重新审视对煤电的认识，建设真正的绿色煤电。

（三）我国清洁能源的建设情况

作为全球第二大经济体，同时也是最大的能源生产国和消费国，我国已形成了以煤炭为基础，石油、天然气、核能、可再生能源全面发展的能源供给体系，能源技术装备水平明显提高，生产生活用能条件显著改善。尽管我国能源发展取得了巨大成绩，但也面临着能源需求压力巨大、能源供给制约较多、能源生产和消费对生态环境损害严重、能源技术水平总体落后等挑战。对于长期处于主体地位的传统化石能源，其生产和消费过程的效率低、不清洁、不安全问题十分突出。无论从现实还是从未来看，极度依赖能源消耗的粗放型发展已经走到了尽头。党的十八大报告指出，要推动我国能源生产和消费革命，控制能源消费总量，加强节能降耗，支持节能低碳产业和可再生能源发展，确保国家能源安全。这是在准确分析国内外能源形势的基础上作出的科学决策。

可再生能源是清洁能源的发展方向之一，可再生能源包括太阳能、水能、风能、生物质能、海洋潮汐能等。可再生能源被利用消耗后可以再生，另外可再生能源对环境的污染较小。近年，我国在推行洁净煤技术的同时，也在大力发展可再生能源，特别是水能和风能。

水能是一种可再生能源，水能主要用于水力发电。水力发电将水的势能和动能转换成电能。水力发电的优点是成本低、可连续再生、无污染，缺点是受水文、气候、地貌等自然条件的限制大，容易被地形、气候等多方面的因素所影响。开发水能对江河的综合治理和利用具有积极作用，对促进国民经济发展，改善能源消费结构，缓解由于消耗煤炭、石油资源所带来的环境污染有重要意义，因此世界各国都把开发水能放在可再生能源发展战略的优先地位。

我国大型水电基地主要分布在长江、黄河、珠江等大河的上中游。我国水能利用有以下几个特点：

1. 我国水能资源极为丰富，理论蕴藏量为 6.8 亿 kW，其中可开发的约有 3.8 亿 kW，但分布不均，主要分布在西南、中南（长江三峡、西江中上游）、西北（黄河上游）地区。

2. 我国大型电站比重大，且分布集中。各省（区）单站装机 10 MW 以上的大型水电站有 203 座，其装机容量和年发电量占总数的 80%左右；而且 70%以上的大型电站集中分布在西南四省。

3. 资源的开发程度较低。到 2015 年，全国仅开发利用了 9.5%的水电资源，尚未开发利用的占绝大部分。因此，我国开发水电的潜力很大。

风能是因空气流动做功而提供给人类的一种可利用的能量。空气流速越高，动能越大。风能特点是量丰富、分布广泛、干净。人们利用风轮可以把风的动能转化为发电机轴的旋转动能推动发电机发电。中国风力发电近 10 年以年均 55%的速率快速增长，目前，中国内地已建成的大型风电场达 40 多个，风力发电机组达 1 864 台，累计装机总规模 567 MW。现有千万 kW 级风电基地若干，主要分布在新疆、内蒙古、渤海和东海等地。

开发利用可再生能源符合国家绿色环保、节能减排的大趋势。积极发展可再生能源，可以增加我国能源供给，减少温室气体排放。随着科技的进步，可再生能源的作用将会越来越重要，发展风能和水能等可再生能源将推动我国的能源结构转型。

核能也是清洁能源之一。它与火力发电极其相似，只是以核反应堆及蒸汽发生器来代替火力发电的锅炉，以核裂变能代替矿物燃料的化学能。它是实现低碳发电的一种重要方式。举例来说，核电厂每年要用掉 50 吨的核燃料，只要 2 个标准货柜就可以运载。如果换成燃煤，则需要 515 万吨，每天要用 20 吨的大卡车运 705 车才够。如果使用天然气，需要 143 万吨，相当于每天烧掉 20 万桶家用瓦斯。国家核电中长期发展规划计划新增投产 2 300 万 kW 核电站，主要安排在浙江、江苏、广东、山东、辽宁和福建 6 个沿海省份。

(四) 煤炭必然带来污染吗？

从上述章节中我们可以看出，在能源与环境的关系中，化石能源既给人类带来繁荣，又给人类带来环境污染，必须辩证地看待这个问题。煤炭本身并无原罪，如果人类不去利用它，它在那儿仍然是煤炭，不会对环境产生任何污染；因为人类不正确利用它而形成了环境污染，把罪归咎于煤炭是不妥的。

人类在煤炭利用上犯的错误在于急功近利地利用，一发现煤炭可以燃烧就立刻利用，没有对它的组成成分进行全面分析，因此没有发现它的有害成分燃烧后会污染环境。

在我国，煤炭在一次能源消费中的主导地位在相当长的一段时间内很难发生根本变化。“富煤、贫油、少气”是我国化石能源资源的鲜明特点，我国是传统的煤炭生产和消费大国，按照现有的发展条件，必然离不开煤炭。然而燃煤污染物排放是大气污染的主要元凶之一，在环保重压之下，限煤、控煤、去产能之声此起彼伏，越来越多的人开始认为煤炭行业开始走向没落，将慢慢被天然气、页岩气等清洁能源所取代。但现实并不那么乐观，在一定时期内，煤炭依然是我国的主要能源这一地位不可能改变。

以往煤炭粗放式利用带来了很多环境问题，但这不是煤炭本身的问题，而是人没有把煤炭利用好。环保重压之下，煤炭的清洁利用成为必然选择，直接带动煤炭行业及涉煤行业产业升级。从国际上看，煤炭的清洁利用也不乏先例。不少发达国家也大量使用煤炭，2012 年，美国、德国的人均煤炭消费量就与我国相近。特别是 20 世纪 80 年代，德国煤炭年消费量曾超过 5 亿吨，每平方千米煤炭消费强度接近今天的京津冀地区，但环境却治理得很好，经验值得借鉴。为此，加快推广煤炭清洁利用技术，才是实施能源转型、保障能源安全的主要路径。我们的思路需要从控煤变成控排放。

煤炭是我国的基础能源，其本身对环境构成的威胁并不大，煤炭清洁利用其实可以比天然气更环保。煤炭的清洁利用技术已经取得了巨大进步，我们对煤炭的认识也应有所改变。事实上，我国煤炭清洁利用的脚步，早已实际迈出很多年。

思考题

1. 薪柴时期、煤炭时期能源与环境的关系分别怎样？

2. 化石能源与酸雨有什么关系？

3. 化石能源是否可持续？

4. 如何正确看待煤炭是否有原罪？

参考文献与续读书目：

[1] 尼克拉·艾莫里，文思卓·巴尔扎尼.可持续世界的能源[M].陈军，李岱昕，译.北京：化学工业出版社，2014.

[2] 黄素逸，高伟.能源概论(第二版)[M].北京：高等教育出版社，2013.

[3] 刘振亚.全球能源互联网[M].北京：中国电力出版社，2015.

[4] 刘茜，杨小谭.上海外高桥第三发电有限责任公司[J].世界环境，2013(3).

[5] 刘佳骏，史丹，李宇.中国主要水电基地生态环境脆弱度判定与绿色发展对策研究[J].中国能源，2016，38(4).

[6] 黄兴山.我国启动6个千万千瓦级风电基地规划和建设[J].中外能源，2009(3).

[7] 阿尔弗雷德·克劳士比.人类能源史：危机与希望[M].王正林，王权，译.北京：中国青年出版社，2009.

[8] 鄂勇，伞成立.能源与环境效应[M].北京：化学工业出版社，2006.

[9] 戴树桂.环境化学(第二版)[M].北京：高等教育出版社，2006.

[10] 国务院办公厅.国务院办公厅关于印发能源发展战略行动计划(2014—2020年)的通知[EB/OL].2014-11-19.http://www.gov.cn/zhengce/content/2014-11/19/content_9222.htm.

[11]《洁净煤技术科技发展"十二五"专项规划》解读[EB/OL].2012-05-16.http://www.gov.cn/gzgt/2012-05/16/content_2138215.htm.

第六章　国际能源合作——中国能源如何走出国门

我们已经确立“一带一路”建设六大经济走廊框架，要扎扎实实向前推进。要抓住新一轮能源结构调整和能源技术变革趋势，建设全球能源互联网，实现绿色低碳发展。要完善跨区域物流网建设。我们也要促进政策、规则、标准三位一体的联通，为互联互通提供机制保障。

——习近平：《携手推进“一带一路”建设——在“一带一路”国际合作高峰论坛开幕式上的演讲》(2017 年 5 月 14 日)

国际能源合作是当今国际合作的重要组成部分，对国际能源合作的理解有多个角度。其中，从经济学、国际经济与贸易的角度理解国际能源合作是重要视角之一。本章对国际能源合作的理解从基于经济学的“供给需求”理论、国际经济与贸易学的“自然资源禀赋理论”“比较优势理论”来理解国际能源合作背景及目标、我国能源现有格局以及面临的挑战、能源合作的方式以及重点能源领域的合作内容。通过对国际能源合作的分析，理解国际化能源电力人才的需求是什么。

一、如何从理论的视角理解国际能源合作

(一) 自然资源禀赋理论

自然资源禀赋理论，是指由于各国的地理位置、气候条件、自然资源蕴藏等方面的不同，导致各国会根据其所拥有的自然资源生产其相应的产品。在此基础上，会形成相应的国际分工。这主要有四个方面的原因。第一是自然资源的“有与无”产生分工。这种有与无决定了一些国家要生产这种产品，而另一些国家根本不能生产这种产品，只能依赖进口。[①] 第二是“多与少”产生分工。一些国家尽管蕴藏着较少的自然资源，但其需要量却很大；另一些国家尽管蕴藏量比较大，但其需

① 赵训清.湖北省小城镇建设的模式选择与政策研究[D].武汉理工大学，2012.

要量相对比较小，这就形成一些国家要向国内生产小于国内需要的国家提供一部分资源产品。第三主要是经济上的原因。第四是战略上的原因。自然资源禀赋理论适用于解释那种建立在自然资源条件或地质、地理条件产品生产条件下的国际分工。

根据自然资源禀赋理论，世界不同的国家，分布在不同的大洲、大洋，各国的自然资源禀赋是不一样的。这些自然资源禀赋差异的存在自然产生了国际上的分工。对资源稀少的国家比如说梵蒂冈、哥斯达黎加、新加坡等，必须通过国际贸易的形式获取发展所需的资源。

资源的有与无、多与少，都形成各国在资源拥有上的相对优势或比较优势。这就产生了世界资源的流动。

（二）比较优势理论

大卫·李嘉图在其代表作《政治经济学及赋税原理》中提出了比较成本贸易理论（后人称为“比较优势理论”）。根据比较优势原理，每个国家都集中生产并出口其具有“比较优势”的产品，进口其具有“比较劣势”的产品。中国一句古话“两利相权取其重，两害相权取其轻”较好地说明了比较优势理论：即一国在两种商品生产上较之另一国均处于绝对劣势，但只要处于劣势的国家在两种商品生产上劣势的程度不同，处于优势的国家在两种商品生产上优势的程度不同，则处于劣势的国家在劣势较轻的商品生产方面具有比较优势，处于优势的国家则在优势较大的商品生产方面具有比较优势。两个国家分工专业化生产和出口其具有比较优势的商品，进口其处于比较劣势的商品，则两国都能从贸易中得到利益。

（三）供给与需求理论

供给与需求是经济学中最基本的理论。供给与需求的分析方法是经济学基本的理论分析框架之一。

需求是指消费者在一定价格条件下对商品的需要量。它包括两个条件，即消费者愿意购买和有支付能力。如果消费者没有支付能力，即使有获得某种使用价值的愿望，也不能形成有效需求。

供给是指在某一特定时期内，经营者在一定价格条件下愿意并可能出售的产品量。如果没有意愿，即使有能力也不能形成供给。

供给与需求在能源领域的表现是，有富裕能源的国家，可以供给有需求的国家。它除了有富裕的能源，还有能源产品或是能源服务，提供给有需求的国家。那么需求方就是指稀缺能源、产品，或是稀缺能源服务的国家。当双方都有意愿时，就会产生各自出口与进口的意愿，即出口方表现为集中生产并出口具有比较优势的能源及能源产品，进口方则表现为进口缺乏或者处于比较劣势的能源及能源产品。

(四) 关于"一带一路"的质疑和误读

1. 关于"一带一路"

"一带一路"(The Belt and Road，缩写为B&R)是"丝绸之路经济带"和"21世纪海上丝绸之路"的简称。2013年9月和10月，中国国家主席习近平分别提出建设"新丝绸之路经济带"和"21世纪海上丝绸之路"的合作倡议。"一带一路"是开放性、包容性区域合作倡议。"一带一路"提出的时代背景一方面基于国际社会正在发生的复杂深刻的变化，包括国际金融危机深层次影响持续显现，世界经济缓慢复苏，发展分化，国际投资贸易格局和多边投资贸易规则酝酿深刻调整，各国面临的发展问题依然严峻。共建"一带一路"顺应世界多极化、经济全球化、文化多样化、社会信息化的潮流，秉持开放的区域合作精神，致力于维护全球自由贸易体系和开放型世界经济。① 另一方面，共建"一带一路"可有效促进各国具有优势的自然资源和经济要素有序自由流动，实现资源的高效配置和市场深度融合，从而开展区域间更大范围、更高水平、更深层次的区域合作，共同打造开放、包容、均衡、普惠的区域经济合作架构。②

2. "一带一路"三条主线

北线是从中国到中亚到俄罗斯再到欧洲；中线从中国到中亚，再经西亚、波斯湾再到地中海；南线是从中国到东南亚到南亚然后经过印度洋。

3. "一带一路"六条经济走廊

六条经济走廊分别是中蒙俄经济带、新亚欧大陆经济带、孟中印经济带、中巴经济走廊、中国中亚西亚经济走廊，以及中国中南半岛经济走廊。

阅读资料：中巴经济走廊建设目标明确

巴基斯坦政府2019年1月18日召开会议回顾中巴经济走廊的进展情况。

---

① 王宁霞，李治国."一带一路"背景下中华优秀传统文化对外传播的路径探索[J].发展，2019(3)：13-14.

② 张红宇，蒋玉石.循环递进"一带一路"倡议创造的内外市场及大中小企业协同发展的新契机[M].成都：西南交通大学出版社，2017.

会议确定了中巴经济走廊短期至中期的建设目标，并明确工业、社会经济、农业及瓜达尔港等四大重点领域列为未来一段时间中巴经济走廊建设的优先领域。巴基斯坦总理伊姆兰·汗在会上呼吁各方加速中巴经济走廊建设，尽早为巴民众带来福祉。

伊姆兰·汗在会上指示建立中巴经济走廊商业咨询委员会，该委员会由巴基斯坦的企业家、金融机构负责人及商会代表组成，未来将为巴基斯坦政府提供推进中巴经济走廊产业园区建设的政策建议。

他还呼吁与会者加快推动中巴经济走廊项下各领域建设。“项目早日完工能够为巴基斯坦人民带来巨大的社会效益和经济机会”，伊姆兰·汗说。

会上还决定新开设四个经济特区：开伯尔—普什图省的拉沙基(Rashaki)经济特区、信德省的塔贝吉经济(Dhabeji)特区、费萨拉巴德的M-3经济特区以及伊斯兰堡的一个经济特区。按照计划，前三个经济特区将于2019年6月底前破土动工，拉沙基经济特区将成为首个开工建设的经济特区。

中巴经济走廊是“一带一路”建设重要先行项目，也是中巴重要合作平台。中巴经济走廊项下22个项目，涉及港口、交通基础设施、能源和产业合作四个领域，总投资190亿美元。目前已完成11个项目，其余11个项目正在建设中。

2018年4月，有着巴基斯坦“三峡工程”之称的尼鲁姆—杰卢姆水电站首台机组实现并网发电，正式进入商业运营阶段。几乎同一时间，卡西姆港燃煤电站二期正式进入商业运行。值得一提的是，6月进入商业运营的巴基斯坦三峡风电二期项目，投产日期比协议规定整整提前了91天。此外，中巴经济走廊首个水电投资项目卡洛特水电站也成功实现大江截流，标志着该项目正式进入全面建设阶段，预计首台机组将于2021年4月投产发电。

建设中巴经济走廊是中巴两国各界达成的共识，不仅符合中巴两国人民的愿望和利益，更顺应了时代的发展。随着早期收获项目的陆续完成，走廊建设将进入充实拓展的新阶段。

（资料来源：中国“一带一路”网）

4. 国际社会对“一带一路”的质疑和误读

国外有些人士对“一带一路”存在误解，认为中国在搞新的殖民主义，提出中国威胁论。不少“一带一路”国家学者受西方教育影响，也对中国“一带一路”倡议意图怀有质疑。一方面，部分国外政界与学界人士将“一带一路”简单当作中国国内政策的延续，即为解决国内问题而配套的外交战略，如转移过剩产能，倾销国内商品等；另一方面，也将其看作中国试图改变现有地区和国际秩序、获得地区和全球主导权的国家战略，即中国试图改写国际规则，核心问题是规则导向还是发展导向。[①]

实际上“一带一路”强调“企业为主体、市场化运作、政府服务、国际标准”。为什么部分人士感觉是中国的政府工程呢？这是由“一带一路”初期阶段的沿线国家国情及基础设施建设本身的特殊性决定的。“一带一路”六大经济走廊沿线65个国家中，有8个最不发达国家，16个非WTO成员国，24个人类发展指数低于世界平均水平的国家，如果一刀切实行欧洲倡导的高标准市场原则，如同让小孩与运动健将一同赛跑，脱离实际。因此要实事求是，实现自上而下、自下而上有机结合。中国主张，发展是解决所有难题的总钥匙；规则当然重要，但要不断成熟、循序渐进。中国改革探索出的“政府—市场”双轮驱动经济发展模式正在弥补“一带一路”沿线国家发展短板，带来基础设施建设的第一桶金，通过养鸡生蛋而非杀鸡取卵，增强自主发展能力，同时培育新的市场。中国改革开放探索出一条工业走廊、经济走廊、经济发展带模式，先在沿海地区试点，继而在内陆港口城市和内陆地区试点推广，形成经济增长极、城市群，从而带动整个中国的改革开放。这其实是双赢选择的结果。

二、能源合作的背景和目标

本部分将通过自然资源禀赋理论，来探讨能源合作的背景和目标，在比较优势理论的框架下来看我们国家能源的现状和面临的挑战，从供给需求角度讨论我国国际能源合作的方式和内容。

(一) 世界各国家自然资源禀赋不同

国际能源合作不限于中国与“一带一路”国家的合作，还包括中国与美国、欧洲、

① 王义桅.“一带一路”的中国两难[J].公共外交季刊，2018(2).

澳大利亚等发达国家的能源合作。这里主要集中论述中国与“一带一路”沿线各国的能源合作。

世界各个国家的资源禀赋是不同的，例如煤炭分布就极为不均。欧亚大陆、亚太地区，还有北美洲是产煤区，而世界其他区域的煤则比较缺乏。石油的分布主要在中东地区，俄罗斯石油比较多，北美加拿大石油较为丰富。世界天然气资源分布不均，以中东、欧洲、欧亚天然气为主。世界其他地方天然气相对来说则比较缺乏。地球上的太阳能比较丰富的地区基本上在南半球。

根据资源禀赋理论，不同的地方的资源拥有不一样，两利相权取其重，则资源拥有方要取对其发展更有优势的方面。如北半球缺少太阳能，而南半球太阳能资源丰富，则太阳能丰富的区域会设法大力发展太阳能。根据比较优势理论：每个国家都集中生产并出口具有比较优势的产品。国际能源合作是各国自身发展的需要，是各国能源发展、能源消费非常理性自然的选择。

所以，资源禀赋不同是国际能源合作的重要背景之一。

（二）全球能源面临的转型

能源合作背景的第二个主要原因是全球能源面临转型。在世界能源基本消费中，煤的消费占所有能源消费的28.1%，石油占33.3%，天然气占24.1%。煤与石油消费的总和占到61.4%（如图6-1）

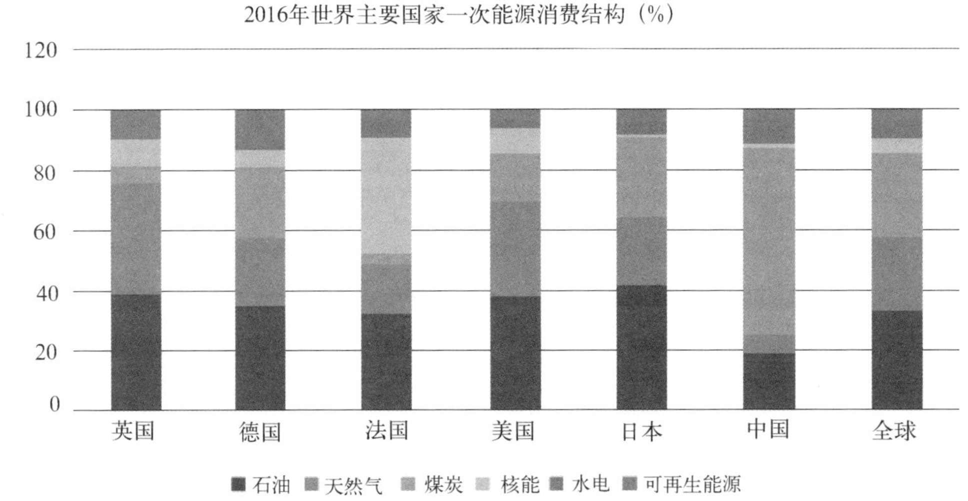

图6-1　世界能源消费结构

（来源：《BP世界能源统计年鉴2017》）

煤和石油的消费占到了一半以上，说明使用电的二氧化碳排放系数达0.997。石油的二氧化碳排放系数达0.942，而天然气的二氧化碳排放系数只有0.439，水电、核电、地热、太阳能、潮汐能、波浪能、风能等可再生能源的二氧化碳排放量都为0。由此可见：目前全球均面临能源由化石能源向可再生能源的转型。这也是当今世界各国都在寻求能源转型的重要原因。

所以，全球能源由传统能源向新能源转型是国际能源合作的现实背景之二。

（三）“一带一路”沿线各国经济及能源状况

1. “一带一路”沿线各国人类发展指数（HDI）不高

中东欧、西亚、东北亚大多数处于高HDI，东南亚、南亚、中亚、北非处于中和低等HDI，中国为高HDI0.727。可见，“一带一路”沿线各国的人类发展指数并不高，生活水平一般。

2. “一带一路”沿线各国能源资源丰富

表6-1 世界石油天然气煤炭储量前15位国家

排名(2014)	石油储量	天然气储量	煤炭储量
1	委内瑞拉	俄罗斯	美 国
2	沙特阿拉伯	伊 朗	俄罗斯
3	加拿大	卡塔尔	中 国
4	伊 朗	美 国	澳大利亚
5	伊拉克	沙特阿拉伯	印 度
6	科威特	土库曼斯坦	德 国
7	阿联酋	阿联酋	乌克兰
8	俄罗斯	委内瑞拉	哈萨克斯坦
9	利比亚	尼日利亚	印度尼西亚
10	尼日利亚	中 国	土耳其
11	哈萨克斯坦	阿尔吉尼亚	哥伦比亚
12	卡塔尔	伊拉克	巴 西
13	美 国	印度尼西亚	加拿大

续　表

排名(2014)	石油储量	天然气储量	煤炭储量
14	中　国	莫桑比克	波　兰
15	巴　西	哈萨克斯坦	希　腊
“一带一路”国家	9	11	7

资料来源：根据世界能源统计年鉴历年数据整理。

由表中可以看出：石油、煤、天然气三种能源储量排前15位国家中的大部分都集中在“一带一路”相关国家。

3. 中亚五国的能源状况

中亚包括哈萨克斯坦、吉尔吉斯斯坦、塔吉克斯坦、乌兹别克斯坦、土克曼斯坦等。

中亚以其关键的地理位置和能源资源优势，不但是我国倡导的“一带一路”倡议的重要支撑，也是多个国家能源战略的枢纽，包括美国的“新丝路计划”、俄罗斯主导的欧亚经济联盟、蒙古国的“草原之路”，以及印度的“季风计划”等[①]都以中亚地区作为各自战略布局的立足点。我国与中亚五国中的三国接壤，有不可替代的相邻地缘优势。

中亚五国除具有地理位置优势外，其能源资源也非常丰富。中亚的油气资源非常丰富，在里海发现了大油田。另外，风能、太阳能、生物质能和水能等可再生能源资源也非常丰富。

中亚五国油气资源丰富，哈萨克斯坦石油探明储量39亿吨，占全球石油探明储量的1.8%，储产比49.3；煤炭探明储量336亿吨，占全球探明储量的3.8%，储产比为316。土库曼斯坦石油探明储量1亿吨，储产比为7.1；天然气探明储量17.5万亿立方米，占全球探明储量的9.4%。而且中亚—里海油气资源的开发将提上议事日程。里海石油储量是近30年全球陆地最大的油气新发现，是仅次于中东的第二大油气富集区，能源潜力巨大。中亚地区拥有全球最多的尚未建成投产的或半投产状态的大型油气田项目。

除了油气资源丰富，中亚地区还有丰富的风能、太阳能、生物质能和水能等可再生能源资源。中亚地处北半球西风带，是世界上最适合开发风能的地区之一；中亚地区沙漠广阔，适合建大型太阳能电站；中亚的人均水能资源高居世界第一。然而，可再生能源储量虽然丰富，但开发利用率极低，中亚地区可再生能源发电占比不足1%。

---

① 姜安印，刘博，黄洁.“一带一路”背景下中国—中亚能源合作研究述要[J].贵州省党校学报，2017(1)：63－70.

中亚国家经济发展水平较低，其能源输出作为国家的支柱产业也一直受制于其滞后的基础设施体系。在电力基础设施方面，中亚沿线国家电力设施普遍老旧，电力技术落后，电工装备制造能力不强，对于电力投资和建设有着迫切的合作意愿①。同时这些国家也有一些短板，就是电力发展落后，能源技术落后，可再生能源开发利用率低。

我国与中亚各国在能源领域的合作由来已久，打造了良好的能源合作基础和互信基础。“一带一路”倡议是中国和中亚国家深化能源领域合作、实现互利共赢的新的战略契机。通过加入“一带一路”倡议，中亚国家的油气资源能拓展更大的市场，如东北亚、南亚以及太平洋沿岸国家的市场。尤其对于能源和资源丰富的哈萨克斯坦和土库曼斯坦来说，能源出口多元化是国家长期战略。

从合作成果看，中国和中亚国家在油气领域的合作成果令人瞩目。中哈原油管道、中亚天然气管道 A/B/C 线已建成并成为中国西北方向的重要能源战略通道。2014 年 9 月中国—中亚天然气 D 线开工建设，D 线从土库曼斯坦出发途经乌兹别克斯坦、塔吉克斯坦、吉尔吉斯斯坦，预计 2020 年完工②。

中国和中亚国家还在电力领域开展合作。目前，由中国公司承建的吉尔吉斯斯坦“达特卡—克明”500 kV 南北输变电工程已经顺利竣工。比什凯克热电站厂改造项目正在实施，将解决比什凯克周边地区电力供应短缺的问题。乌兹别克斯坦安格连电厂工程是中国在乌兹别克斯坦的第一个火电厂施工项目。

4. 中东 17 国

中东 17 国包括巴林、埃及、伊朗、伊拉克、以色列、约旦、科威特、黎巴嫩、阿曼、卡塔尔、沙特阿拉伯、叙利亚、阿拉伯联合酋长国、也门、巴勒斯坦、塞浦路斯和土耳其。

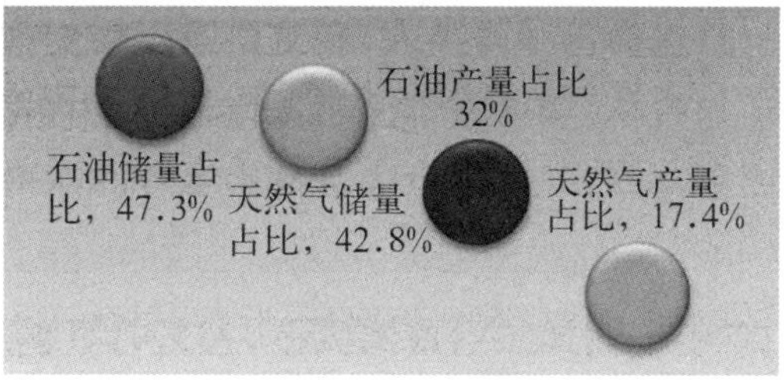

图 6－2　中东石油及天然气储量及产量占比

中东被称为“全球的石油库”。中东的石油储量占到全球的 47%，也即全球一半的石油都在中东地区。天然气的储量占全球的 42%。石油产量占全球的 32%，天然气占全球的 17%。中东地区的石油还没有完全开发出来，潜

① 张红宇，蒋玉石.循环递进“一带一路”倡议创造的内外市场及大中小企业协同发展的新契机[M].成都：西南交通大学出版社，2017.

② 赵腊平.建立全球能源治理新模式的中国智慧[N].中国矿业报，2018－06－20.

力比较大。

需要引起重视的是,并不是所有的中东国家都很富裕。不少中东国家由于各种原因,比如叙利亚等国,即经常在打仗,国家经济比较落后。

中东与中国合作的热点是油气,中国是石油进口大国,中东主要石油输出国对中国市场的依赖加大。

5. 南亚及东南亚各国资源情况

南亚 8 国包括阿富汗、尼泊尔、不丹、印度、巴基斯坦、孟加拉、斯里兰卡、马尔代夫。

东南亚 11 国是越南、老挝、柬埔寨、泰国、缅甸、马来西亚、新加坡、印度尼西亚、文莱、菲律宾、东帝汶。

南亚及东南亚国家缺少化石能源,非常匮乏,导致其油气对外的依存度不断上升。

印尼、马来西亚和越南为天然气出口国,对外需求也高。这些地方的可再生能源潜力比较丰富,包括水能、风能,但是开发利用水平低,而且这些地方电力短缺、技术落后。

"一带一路"六个经济带中有三个经济带都是在南亚和东南亚地区,包括中巴经济走廊、中南半岛经济走廊、蒙中印经济带。通过这三个经济走廊可以重点发展与这些国家经济合作。

通过以上分析得知,"一带一路"沿线国家面临电力设施发展落后、电力需求大、水电资源未开发程度高等现状。总体来看,"一带一路"国家的油气资源、可再生资源丰富;但是经济发展水平较低,发展经济和改善人民生活的愿望强烈;基础设施体系落后,电力设施老旧,技术落后,对电力投资和建设的合作意愿迫切。

相反,中国电力水平处于世界领先地位,与"一带一路"沿线国家关系密切。因此面对"一带一路"沿线国家良好的投资市场和机遇,中国电力企业积极"走出去",纷纷开展海外电力投资工程项目,不仅提高了中国电力企业的国际声望,优化了中国电力市场供需调控,也极大地促进了"一带一路"沿线国家电力基础设施的发展,提高当地居民的生活质量。

所以,"一带一路"沿线各国经济发展水平和资源现状是其要求国际能源合作的重要原因。

6. 国际能源合作的目标

国际能源合作目标是想要保证我们国家的能源安全,建立一个重组的能源供应体系，中国主导下的能源话语权，实施全球化的能源战略，提升中国的国际竞争力。同时，推动“一带一路”的能源合作、共商、共建、共享、共赢。

三、我国能源现有格局以及面临的挑战

（一）中国能源现状

中国能源最最基本情况就是六个字：富煤，少油，缺气。讲到能源，一般就是指这三部分内容，其他的能源提得比较少。中国的能源消费结构以煤为主，占66%，天然气为5%。

（二）中国与世界能源消费结构对比

目前，世界能源消费中石油消费为40%，中国为23%；世界的煤炭消费是27%，中国为66%。世界的煤和石油加起来是67%，中国的石油和煤加起来几乎达90%，这就是中国雾霾严重的主要原因，因为我国的能源消费是以石油、煤为主。

另外，我国可再生能源在电力中的占比非常低。由图6－3可见，欧盟可再生能源发展领先，美国即使到2030年也达不到欧盟的可再生能源的普及率。中国则需要更长时间追赶。

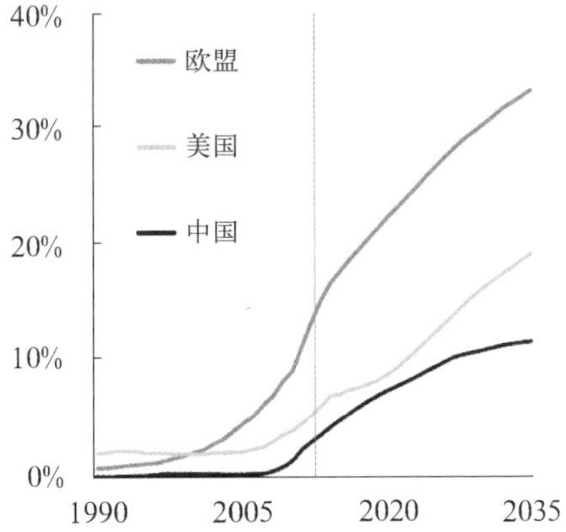

图6－3　美国、欧盟、中国可再生能源在电力中的占比

（来源：《BP世界能源统计年鉴2016》）

不仅如此，中国能源分布不均。我国的能源主要集中分布在北方和西边，经济发达的东部地区和南部地区能源则相对较少。

而分布在西部的能源，由于分布的地势集中在山区或沙漠，开发的难度也比较大。比如在西南地区的页岩气，主要集中在山区，开发难度较大。中国能源的分布不均，是中国“北煤南运，西气东输，西电东送”的主要原因。

（三）“一带一路”国际合作与中国经济的互补性

我国有优质产能，比如钢铁产量世界排名第一。我国有充裕的外汇储备，2018年9月中国外汇储备3.08万亿美元，排世界第一。日本1.26万亿，排名第二。通过

“一带一路”可以解决中国经济发展中的问题。

根据比较优势理论：通过能源国际合作，解决国民经济发展过程存在的能源紧缺，以及为有需求的国家输送优势产能。用我国优质的资源跟其他国家进行交换。

“一带一路”国际合作与中国经济的互补性主要表现在：第一，“一带一路”国家劳动力分布不均衡，需要促进劳动力转移；第二，“一带一路”国家自然资源拥有量不均衡，需要优势互补；第三，公共资源(教育、健康医疗、基础设施等)中西亚地区明显落后，需要进一步加强；第四，中国具有产能优势、能源电力技术优势、教育资源优势；第五，我国在电源、电网基础设施的设计、建设、运营方面实力领先且有丰富的跨国投资建设经验。

“一带一路”国家资源禀赋各异，经济互补性较强，我国寻求和平合作、开放包容、互学互鉴、互利互赢。“一带一路”合作的理念是共商、共建、共享、共赢。

(四) 我国能源合作面临的挑战

我国在进行“一带一路”的投资合作时所要承担的风险非常大，包括政治风险、经营风险、安全风险。首先是政治风险，“一带一路”沿线国家有很多是属于发展中国家，有些国家立法不够完善，市场机制不完备，因宗教冲突、恐怖袭击等社会因素导致政治风险高。其次是经营风险，包括汇率风险、运营风险、战略风险等。再次是安全风险，包括自然风险，如地震等。还有文化冲突也是风险因素之一。如何防范、控制和规避风险，是我国在“一带一路”国际能源合作中必须特别重视的问题。

四、国际能源合作的方式以及重点能源领域的合作内容

国际能源重点领域的合作方式主要包括三方面：一是能源开发、投资建厂(上游)；二是能源贸易，包括能源及电力设备出口(下游)；三是能源电力教育培训(下游)。

(一) “一带一路”国家电力情况介绍

1. “一带一路”沿线国家电力发展落后

“一带一路”沿线国家大多数是发展中国家，电力工业相对落后，电力产业基础设施薄弱、设备陈旧、技术落后，导致部分国家虽然拥有清洁资源，但电力开发程度低，电力供应不能自给自足。“一带一路”沿线国家的未通电人口比例较高，居民用电质量低。世界银行数据显示，2014 年仍存在未通电人口的“一带一路”沿线国家有 21 个，未通电人口约 4.1 亿(仅印度就高达 2.7 亿)，目前仍未能有很大改善。其

中东帝汶、缅甸、柬埔寨和孟加拉未通电率分别高达 54.6%、48%、43.9%和 37.6%。“一带一路”沿线国家通电人口比例如表 6－2 所示。电力供应短缺，严重影响了国家经济建设和人民生活水平的提高。

表 6－2 2017 年部分“一带一路”沿线国家电力情况

国 家	人均发电量（MWh/capita）	人均耗电量（MWh/capita）	通电人口比例
印 尼	0.91	0.82	97.6%
马来西亚	0.49	4.66	100%
缅 甸	0.29	0.25	57%
菲律宾	0.82	0.74	91%
泰 国	2.615	2.62	100%
印 度	1.054	0.86	84.5%
巴基斯坦	0.586	0.49	99.1%
俄罗斯	7.408	6.59	100%
土耳其	3.38	2.96	100%
智 利	4.176	3.97	100%
孟加拉	0.366	0.33	75.9%
埃 及	1.988	1.75	100%
波 兰	4.288	4.01	100%
巴 西	2.798	2.52	100%
南 非	4.538	4.15	84.2%

数据来源：世界银行相关报告

从电力基础设施看，“一带一路”沿线国家电力发展很不均衡，电力基础设施建设水平参差不齐。尤其是南亚、东南亚、西亚和北非几个地区的国家大多数处于工业化、城市化过程中，电力工业欠发达，电网等基础设施建设落后且普遍存在电源设备老化、超负荷运转严重、管理不善等问题。另外，“一带一路”沿线地区和国家清洁能源占比较低，在水电和可再生能源项目开发上有巨大潜力。

2. 与“一带一路”沿线国家电力合作空间大

“一带一路”沿线国家具有未通电人口比例较高、电力需求大、水电能源开发程度较低等特征,从表 6－3 可以看出“一带一路”沿线国家水电资源开发程度低。东盟 5 个国家、中东北非地区的装机容量平均每年新增超过 1 000 万 kW,拉丁美洲地区的装机容量平均每年新增超过 700 万 kW,这些地区的电力供给严重短缺,电力设备落后,存在很大的电力投资空间。此外欧洲和澳大利亚等国家实施电网私有化给中国电力企业海外投资提供了便利条件。同时南方电网接壤越南、老挝、缅甸等国家,具有良好的地缘优势,周边这些国家都属于新兴发展中国家,电力需求增长较快,但落后的电力基础设施不能满足发展需求,因此也为电力企业“走出去”提供了大量的潜在机会以及发展空间。

表 6－3　2017 年部分“一带一路”沿线国家水电资源潜力

国　　家	未开发(GWh/年)	潜力总量(GWh/年)	开发程度
俄罗斯	1 509 829	1 670 000	10%
中　国	1 013 600	2 140 000	41%
印　度	540 000	660 000	21%
印度尼西亚	388 289	401 646	3%
塔吉克斯坦	299 269	317 000	5%
尼泊尔	205 777	209 338	2%
巴基斯坦	172 820	204 000	14%
土耳其	149 100	216 000	27%
缅　甸	134 224	140 000	4%

数据来源：世界能源理事会相关报告

“一带一路”沿线亚非国家对电源项目、电网互联、开发可再生能源和先进电力技术需求强烈,但亚洲、非洲以及新兴国家自身基础较弱,对电力跨国投资和技术支持有刚性需求。同时这些国家能源资源丰富,如中亚有丰富的煤炭、油气资源,东南亚有丰富的水力资源等,与我国电力合作潜力巨大。

(二) 中国电力企业国际产能合作情况

我国电力企业国际产能合作包括对外直接投资、对外承包工程、装备出口和技术服务出口三种类型。其中对外电力投资是电力合作的重要内容之一。

1. 电力企业对外投资情况

我国电力企业国际产能合作稳步上升，总体呈现增长态势。截至2017年底，我国电力企业境外累计对外直接投资总额为746.01亿美元，2017年中国主要电力企业对外直接投资流量如图6-4所示。对外承包工程项目新签合同累计2 305.76亿美元、营业总额累计1 435.54亿美元，其中2017年对外承包工程项目年度新签合同金额543.74亿美元，同比增长11.3%；2017年对外承包年度营业额765.96亿美元，是2016年度的4.2倍。2017年，中国主要电力企业年度出口电力装备总额20.43亿美元，其中设备直接出口1.85亿美元，境外工程带动设备出口总额18.58亿美元，同比增长122%。2017年电力技术服务总额达31.66亿美元。其中，境外工程带动出口服务技术31.37亿美元，技术直接出口服务总额仅为2 914.01万美元，境外工程带动出口服务技术占据大部分份额。

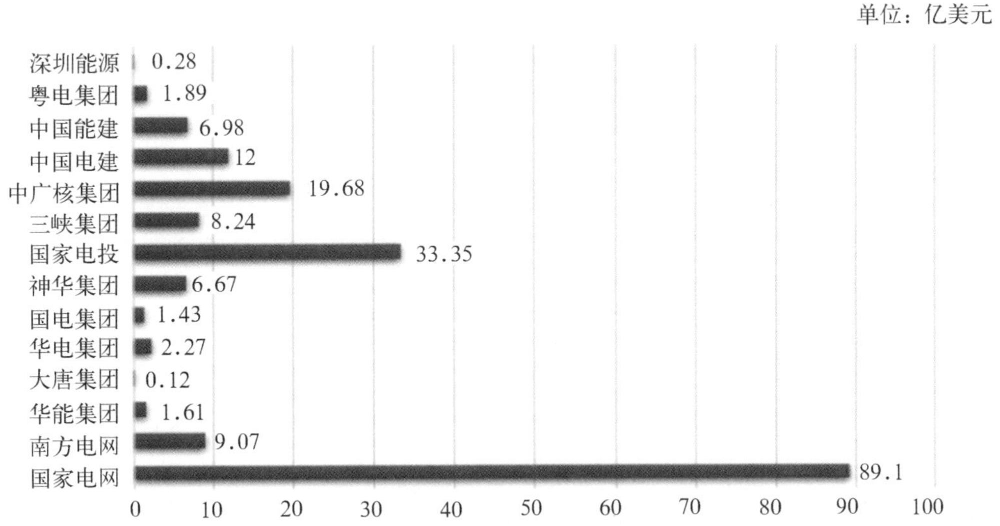

图6-4　2017年中国主要电力企业对外直接投资流量

（数据来源：中国电力国际产能合作企业联盟）

2. 投资领域集中在火电和新能源

从投资领域来看，2017年投资领域主要涉及火电、水电、新能源、输变电及矿产资源等领域。对外直接投资项目为26例，其中新能源和火电投资项目数量都是6例，占比都为23%；水电和输变电投资项目持平数量都为5例，占比为19%；矿产投资项目1例，占比为4%；其他投资项目3例，占比为12%。根据以上数据可以看出，火电作为传统可靠的能源，依然受到很多国家的欢迎，中国在火电建设方面有极为丰富的经验，在这方面的投资比较得心应手；而新能源投资占比领先符合全球发展绿色能源的规划，我国近几年在新能源方面也积累了一定的投资经验，因此也在加强对海外新能源的产能输出。

3. 投资流向欠发达和发达国家

2017 年中国主要电力企业对外直接投资项目情况如表 6－4 所示，从投资区域来看，2017 年对外投资 26 个项目中亚洲有 11 例，占比 42%；欧洲为 8 例、大洋洲 4 例、非洲 1 例。从投资目的国来看，2017 年对外投资总共涉及 20 个国家，对外投资前四位的国家分别为：澳大利亚、巴基斯坦、巴西、葡萄牙，澳大利亚是最受欢迎的投资国。说明由于不发达国家的政治风险较大，导致电力对外投资流向欠发达国家和发达国家。

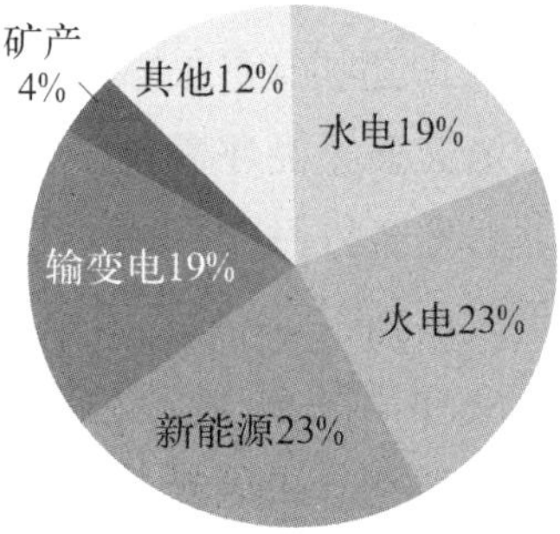

图 6－5 2017 年中国电力企业对外直接投资领域分布

（数据来源：中国电力国际产能合作企业联盟）

表 6－4 2017 年中国主要电力企业对外直接投资项目情况

单位名称	项目名称	国家	投资额（万美元）	股比（%）	投资模式	投资领域
国家电网	希腊国家电网公司股权并购项目	希腊	36 636	24	并购投资	输变电
	巴西 CPFL 公司股权投资项目	巴西	779 838	94.75	并购投资	输变电
	葡萄牙国家能源网股权投资项目增资	葡萄牙	7 376	25	增资	输变电
	印度投资建厂项目	印度	2 228.43	100		输变电
华能集团	柬埔寨桑河二级水电站	柬埔寨	97 316	51	BOT	水电
	澳洲电力项目	澳大利亚	13 500	50	增资	煤电
	大士—新能源海事水资源私人有限公司	新加坡	14 722.09	60	DBOO	其他
国家电投	巴西圣西芒水电站项目	巴西	252 400	51	并购投资	水电
	澳大利亚克劳兰 8.4 万 kW 风电项目	澳大利亚	17 100	100	绿地投资	风电
	马耳他马萨屋顶光伏示范项目	马耳他	24.35	70	绿地投资	太阳能

续　表

单位名称	项　目　名　称	国　家	投资额（万美元）	股比（%）	投资模式	投资领域
三峡集团	南公1水电站项目	老　挝	28 830	65	BOOT	水电
	增持葡萄牙电力公司股份	卢森堡		1.92	并购投资	输变电
	葡萄牙ENEOP风电项目	葡萄牙	28 199.84	16.33	并购投资	风电
中广核	马六甲燃气发电项目	马来西亚		100	绿地投资	气电
	英国PAULETTE40 MW陆上风电建设项目	英　国		100	绿地投资	风电
	法国FUJIN二期124 MW陆上风电项目	法　国		100	并购投资	风电
中国电建	意大利吉泰公司股权收购项目	意大利	2 460	80	并购投资	其他
	津巴布韦旺吉燃煤电站BOO项目	津巴布韦	148 800	36	BOO	煤电
	孟加拉吉大港超临燃煤电站BOO项目	孟加拉	249 600	30	BOO	煤电
中国能建	越南海阳2×600 MW燃煤项目	越　南	186 850	70	BOT	煤电
	巴基斯坦SK水电站项目	巴基斯坦	196 200	98	BOOT	水电
	巴基斯坦阿扎德帕坦水电站项目	巴基斯坦	160 000	80	BOOT	水电
	哈萨克斯坦克孜勒奥尔达州西里区西里镇日产2 500吨熟料水泥生产线新建项目	哈萨克斯坦	17 802.78	70	绿地投资	其他

资料来源：《中国电力国际产能合作发展报告》

（三）“一带一路”的国际油气合作

“一带一路”沿线国家集中了俄罗斯、中亚国家及中东地区的重要油气资源国，覆盖了全球五成以上的石油供给潜力和七成以上的天然气供给潜力。

中东、中亚、俄罗斯石油总产量占全球石油总产量的47%。天然气优势更加明显，在已探明储量中，中东、中亚、俄罗斯占全球总量的七成。俄罗斯和中亚国家天然气探明储量占全球总量的27.8%。“一带一路”沿线国家富裕的油气资源与我国能源结构形成很强的互补。我国的能源禀赋是“富煤、缺油、少气”，随着经济体量不断壮大，油气资源的对外依存度持续攀升。2016年，我国原油的对外依存度已由2000年的30.2%上升到了65%，天然气对外依存度则超过三分之一。俄罗斯、中亚和中东地区是我国重要油气进口地，2016年，我国原油进口总量的61.8%来自俄罗斯和中东，天然气进口总量的50%来自中亚。同时，我国也是俄罗斯、中亚、中东地区国家的最重要的油气出口地。由此可见，在“一带一路”建设中，油气合作是能源合作的重中之重，3年来，各国积极呼应“一带一路”倡议，我国与沿线国家的油气合作步伐逐步加快，合作领域进一步拓展，合作成果更加显现。

石油是最早在“一带一路”沿线地区开展国际合作的能源品种之一。中国石油在中亚、中东、亚太、俄罗斯等“一带一路”沿线地区和国家的合作项目已经取得了有效进展，目前在19个国家执行近50个油气合作项目。特别是通过加快推进油气战略通道建设，中俄原油管道、中哈原油管道、中亚天然气管道、中缅天然气管道等一批重点油气工程项目相继投产，基本实现了油气进口来源和通道的多元化，对国家能源安全的保障能力进一步增强。

目前，中国石油已在全球53个国家和地区建立了71个营销服务机构，基本建成覆盖全球主要产油国的装备市场国际营销网络。所属制造企业已在4个国家建成4个装备组装和加工制造企业，在18个国家建成维修服务中心和仓储中心，装备出口到80多个国家。

中国石化已在“一带一路”沿线国家的油气勘探开发、石油和炼化工程服务、原油、设备材料及石化产品贸易等领域开展了合作，近五年累计合作投资金额近千亿美元。中国石化在“一带一路”沿线国家的上游领域拥有或参与项目18个，主要位于俄罗斯、哈萨克斯坦、印度尼西亚、缅甸、伊朗、叙利亚、沙特、也门、埃及、蒙古等国家。截至2016年底，中国石化累计投资203.11亿美元，累计获得权益油产量9 831.6万吨。

在石油工程服务领域，中国石化向20多个“一带一路”沿线国家提供石油工程服务，业务涵盖钻井、测井、物探、地面工程等，并带动了设备及材料出口。2011—2016年累计签订工程技术服务合同745个，合同金额109.8亿美元，累计完成合同金额78.6亿美元。

在炼化工程服务领域，2011—2016年期间，中国石化与10个“一带一路”沿线国家和地区新签国际业务合同72个，合同金额95.27亿美元，累计完成合同金额73.49亿美元。项目涵盖伊朗、沙特、哈萨克斯坦、阿联酋、印度、马来西亚、泰国等国家。

(四)“一带一路”的电源项目合作

我国在电源、电网基础设施的设计、建设、运营方面实力领先且有丰富的跨国投资建设经验。我国电源装机容量世界第一，电网电压等级世界最高，电力系统规模世界最大。各项电力技术如特高压交直流输电技术、火电超超临界、大型空冷、核电技术世界领先。在“一带一路”电力合作中，中亚煤炭、油气资源丰富，东南亚水利资源丰富，这些都是可以选择的合作对象。

电源项目，输变电工程项目和跨国电网互联互通是电力合作的主要方式。在已经投资的项目中，涉及水电、火电、风电、核电以及新能源等，火电的项目就达到了80多个。电网互联互通项目，我国和俄罗斯、蒙古、吉尔吉斯斯坦、越南等国家均有合作。

阅读资料：国家电网、国家电投等八大能源央企海外投资版图

电力央企是与“一带一路”沿线国家开展投资合作的重要角色。根据中国企业联合会、中国企业家协会发布的2018年“中国跨国公司100大及跨国指数”名单，国家电网公司排名第9，中国电建排名第19，华能集团排名第32，中国能建、国家能源投资集团、华电集团和大唐集团分别排在35位、38位、59位和87位。

本文根据公开信息整理了八家主要电力央企已投产和在建的境外投资项目。

国家电网

截至2017年6月底，国家电网公司已成功投资运营巴西、菲律宾、葡萄牙、澳大利亚、意大利、希腊等七个国家和地区的骨干能源网，境外投资195亿美元，境外权益资产600亿美元。

华能集团

据报道，截至2018年8月，华能集团境外装机近1 000万kW，分布在澳大利亚、新加坡、缅甸、英国、柬埔寨和巴基斯坦6个国家。

国家能源集团

2017年，中国国电集团公司与神华集团有限责任公司合并重组为国家能源投资集团有限责任公司。2017 年 11 月，合并后的国家能源投资集团还与美国西弗吉尼亚州签署投资总额达 837 亿美元的谅解备忘录，投资领域包括西弗吉尼亚州的电力和化工项目。

华电集团

华电集团官网显示，截至 2017 年底，集团公司境外控股在运电厂总装机 139.2 万 kW，在建电厂装机 132 万 kW，已核准待开工 132 万 kW。

大唐集团

中国大唐开展国际业务的分支企业、专业公司有 8 家，驻外机构及项目部共 28 个，境外总资产近 130 亿元，业务涉及"一带一路"沿线 16 个国家。

南方电网

南方电网官网显示，2017 年通过南方电网向我国香港地区送电量占其用电量的 28.8%，向澳门的送电量占其用电量的 73.5%。截至 2017 年底，公司累计向越南送电 335.78 亿 kWh，向老挝送电 10.55 亿 kWh，向缅甸进口电量 155.47 亿 kWh。

三峡集团

截至 2017 年底，三峡集团海外投资和承包业务覆盖欧洲、美洲、非洲等 40 多个国家和地区，境外投资超过 630 亿元，境外资产超过 1 100 亿元，境外可控和权益装机规模近 1 700 万 kW；三峡集团是葡萄牙电力公司第一大股东，是德国最大海上风电项目的控股者，是巴西第二大私营电力企业。

国家电投

国家电投官网显示，国家电力投资集团海外投资有限公司资产分布在澳大利亚、智利、巴西等国，海外公司在运总装机容量 2 815 MW。全资拥有澳大利亚太平洋水电公司、特拉格风电公司和巴西圣西芒水电公司。此外，国家电投旗下上市公司上海电力在马耳他、巴基斯坦和日本等地拥有多个能源项目。

（资料来源：中国电建网）

（五）"一带一路"沿线国家可再生能源合作

"一带一路"沿线国家的可再生能源非常丰富，水资源理论蕴藏量占世界总量的 40%，风能、太阳能也非常丰富。

但是这些地区的开发程度还非常低，像中亚国家可再生能源发电占比不足 1%，亚太地区非水可再生能源平均消费占比约2%，远远低于经合组织的4.5%；全球水电装机开发程度约25%，亚洲和非洲水电开发程度分别为22%和8%，开发潜力巨大，是今后水电建设的重点地区。

我国在可再生能源开发方面有很大的优势，可再生能源以及相关低排放能源领域的国内投资已经位列世界前列；我国水电、风电、光伏装机容量和年发电量均居世界首位，核电在建规模世界最大。风电、光伏、核电技术发展趋于成熟，成本不断下降，多项新能源技术居世界先进水平；中国的开发成本远远低于这些国家自己开发的成本，这是我国在这方面的主要优势。

五、如何成为国际化能源电力人才

近年来随着"一带一路"倡议的实施以及国内电力市场趋于饱和，我国电力企业的国际产能合作呈现快速上涨趋势，然而我国电力企业在"走出去"的同时，也面临着一系列的人力资源风险，而人力资源作为跨国企业国际产能合作中的核心资源，直接关系着海外投资的成败。根据中国贸促会做的关于中国企业国际产能合作和经营状况的调查，中国企业只有不到33%的海外投资项目能够达到预期目标，与发达国家企业有较大差距；而在制约中国企业海外投资的关键要素或障碍中，人力资源因素一直高居首位。

（一）能源电力国际化人才稀缺

我国电力企业在国内开展投资项目时，拥有极为丰富的经验和人力资源，但海外投资与国内投资不同，海外投资需要既精通电气工程的专业知识又精通当地语言、文化、法律知识的国际化复合型人才。我国的人才比例占人力资源总数的5%，而国际化人才数量只占人才总数的5%，其稀缺程度可想而知。例如国家电网在巴西、葡萄牙、乌拉圭等国布点投资时，急需懂葡萄牙语的综合型人才，因为这些国家都是葡萄牙语系，当地语言交流以葡萄牙语为主。上海电力建设公司在印度尼西亚玛巴电厂有30年的运维权，该公司急需熟悉印尼当地语言并且拥有热能动力、工程管理以及法律等方面知识的综合型人才。但是目前我国大部分高校，尤其电力类院校的专业外语培养主要以英语为主，而且工科专业极少开设经济类、管理类、人文类等课程；因此电力企业很难招聘到满足各项条件的国际化人才，综合型国际化人才稀缺已成为企业海外发展的重要制约瓶颈。

(二) 能源电力国际化人才面临东道国人才招聘问题

电力企业在海外进行投资时，对本地的人才需求也十分旺盛，然而在当地招聘人才时中资企业往往面临着语言差异和企业认可度问题。例如有些电力企业在马来西亚、印度尼西亚、新加坡、泰国等东南亚国家投资时，理所当然地认为在当地招聘精通中文和技术的华侨员工较为容易，但招聘结果往往并不如意。东南亚虽然有众多华侨，但华侨的中文掌握程度却有很大差别。新加坡以及马来西亚的很多华侨都接受过华文学校的教育，中文相对较好；而泰国和印度尼西亚的情况就完全不同，当地大部分华人不会中文，即使会一些中文也仅仅限于日常生活交流，无法进行商业交流。

我国电力企业在海外招聘时还面临着当地人才对中资企业的认可度不高的问题，欧美以及日韩电力企业进入海外市场的时间较早，企业本土化以及企业品牌在东道国的认可度都较高，当地员工也能够接受这些外资企业的工作文化；而我国电力企业随着“一带一路”倡议的实施，才逐渐大规模进入当地市场，当地人士的认可度还是较低的。同时有些电力企业在招募的过程中，没有加强宣传力度甚至没有相应的英文或当地语言招聘信息；有些企业则在招聘信息中出现年龄、性别等歧视性词句，这些都会降低当地人才对我国电力企业的认可度。

(三) 电力企业国际化人才需求

电力企业属于资金密集型和技术密集型的企业，我国电力企业国际产能合作需要大量的人才来支撑，既需要大批掌握最新技术的科研人员、设计人员和管理人员，又需要很多拥有丰富的实践经验以及熟练操作能力的现场工作人员。

电力企业按照国际化战略目标研究国际化人才规划，对目标人才分层级，与高校合作培养具有专业知识、管理经验、跨文化沟通能力的国际化人才队伍。高校应该将企业的人才需求与高校人才培养计划紧密结合，把企业需求纳入高校课程体系与培养方案中，为企业做订单式人才培养计划。总的来说，目前，我国走出去的能源电力企业的国际化人才需要的基本条件如下：

1. 掌握本专业知识，这是最基本的职业素养；

2. 熟练掌握至少一门外语。现在只有英语是不够的，应该再掌握一门外语如日语、葡萄牙语。

3. 知识复合型人才。现代企业需要的人才需要懂一点经济，懂一点法律，懂一点国际贸易。一个企业去海外投资，不可能把所有的团队都带出去，如果一个精简的团队可以完成很多不同领域的工作，对企业是非常有利的。

4. 关注被投资国的信息。熟悉这些国家的当地文化、人文、历史、习俗。

思考题

1. 国际能源合作的理论依据是什么？
2. “一带一路”国际能源合作是否可以盈利？
3. 中国与“一带一路”沿线国家能源国际合作存在哪些风险？如何化解？
4. 如何从比较优势的视角看中国与中亚各国的国际能源合作？
5. 毕业后如准备应聘能源电力国际企业，在校时应做怎样的知识储备？

参考文献与续读书目：

[1] 金立群，林毅夫.“一带一路”引领中国：国家顶层战略设计与行动布局[M].北京：中国文史出版社，2015.
[2] 葛剑雄，胡鞍钢，林毅夫，等.改变世界经济地理的“一带一路”[M].上海：上海交通大学出版社，2015.
[3] 余建华.世界能源政治与中国国际能源合作[M].沈阳：长春出版社，2011.
[4] 戚文海.中俄能源合作战略与对策[M].北京：社会科学文献出版社，2006.
[5] 杨解君.国际能源合作与国际能源法[M].北京：世界图书出版公司，2012.
[6] 李渤.经济全球化背景下的中印能源合作模式[M].北京：时事出版社，2011.

第七章　能源利用——如何推动中国的能源消费革命

> 推动能源消费革命，抑制不合理能源消费。坚决控制能源消费总量，有效落实节能优先方针，把节能贯穿于经济社会发展全过程和各领域，坚定调整产业结构，高度重视城镇化节能，树立勤俭节约的消费观，加快形成能源节约型社会。
>
> ——习近平：《在中央财经领导小组第六次会议上的讲话》（2014 年 6 月 13 日）

能源是国家经济发展的“生命之源”，能源消费是衡量一个国家经济水平的标志。随着时代发展，我国能源消费主体与种类日趋多样化；消费主体从传统工业到多样化耗能产品，消费种类从常规化石能源到风能、太阳能、核能等多元综合能源。虽然我国能源强度持续下降，能源效率持续提高，但终端能耗规模持续增长；由此形成反弹效应，新增能源消费巨大，抵消了能效提升带来的节能效果。因此，我国亟须一场能源消费革命，推动能源消费观念的转变，促进能源消费技术的创新，加快能源节约型社会的形成。

一、为什么要推动能源消费革命

（一）全球能源转型的战略需求

纵观全球能源体系，正处于新一轮转型期，能源消费结构和态势均发生着巨变。在此背景下，中国急需掌握全球能源转型的特征和方向，追踪典型国家的能源战略，制定适合本国国情的能源消费革命战略，为适应世界能源消费新形势和能源安全新格局，提前布局。

1. 经济发展推动能源消费转型

世界各国普遍经历了经济发展推动的能源转型。以人均能源消费为标准，大致可分为三类：第一类是人均收入低于 5 000 美元(按购买力平价计算)的国家，其经济发展水平较低，人均能源消费也很少；第二类是人均收入水平在 5 000 至 1.5 万美元的国家，由于工业化、城市化进程的推进，能源需求呈快速增长态势；第三类是人均收入超过 1.5 万美元的国家，这些国家大多已完成了工业化进程，能源需求增速逐渐减缓。

美国和加拿大是高收入、高能耗型的典型代表，两国在 1960 年代至 1980 年代末，人均收入的翻番伴随着人均能源消费的迅速增长。这种高增长、高能耗模式是高能耗产业快速增长和居民高能源消费模式的共同结果。一方面，人口密度低，交通能耗高；另一方面，两国在经济高速发展期没有重视能效提升。

不同于美加两国，日本和欧洲的能耗水平相较收入增长提速相对缓慢。这些国家的人均收入与美加类似，人均能耗水平却仅为其一半。除轻工业占比高、交运能耗少等因素外，日本和欧洲积极推广的能效提升措施也发挥了重要作用。此类经济体中，西班牙和意大利的人均能耗水平更低，主要因为两国服务业更发达，经济占比更大。此外，两国气候好，供热、供冷能耗需求小。

2. 新一轮能源消费转型的主要特征

气候变化是全球性问题，需各国参与共同解决。迄今为止，各国单位 GDP 能耗和二氧化碳排放量均呈下降趋势。2010 年以来，能耗和二氧化碳排放量增加呈现与经济增长脱钩加速的迹象。2015 年多国签署《巴黎气候协定》，标志着世界各国越来越关注气候变化，均在积极主动推进二氧化碳排放与经济增长脱钩。欧盟在此领域处于领先地位，其 GDP 在 1990 年至 2005 年间增长 50%，但同期二氧化碳排放量则下降了 20%以上；日本也基本实现了二氧化碳排放量总体保持平稳的态势。在积极应对气候变化和环境保护的大背景下，消费者对清洁能源服务的需求与日俱增，这共同形成了新一轮向低碳清洁能源转型的典型消费特征。

另一方面，电气化水平的提升和数字化进程的推进是全球能源消费转型的又一重要特征。随着中国等发展中国家更多地向服务型经济转变，以及消费者希望获得更加清洁、灵活、个性化的能源服务，电气化水平正稳步上升，特别是在交通运输领域。新型信息通信技术在能源体系中的应用也将对能源消费的转型升级产生多方面影响，电力数字化将有效增加全球电力需求响应潜力，提升交通运输领域的电气化水平，也可能对制造业能源使用和消费方式产生影响。

3. 主要国家的能源转型战略

美国能源转型战略的目标是，保持其在全球能源体系中的地位，提升美国国家能源保障度，强化能源生态环境保护，保证美国的能源安全，从而巩固和维持其霸权地位。综合来看，美国能源战略经历了三个发展阶段，依次为传统能源战略、新能源战略和能源独立战略。

俄罗斯的能源战略则是以能源为武器，保障俄罗斯的安全；以能源为基础，推动俄罗斯的经济发展、产业转型；以能源为纽带，巩固俄罗斯与各国的关系。该国将整个国家构建在能源销售基础上，其内政外交各个方面政策都紧密配合其能源战略。

英国作为全球低碳发展的引领者，改变了能源发展的单一路径，确立了以市场为导向的能源创新体系。英国政府在提高能源利用效率和减少碳排放方面加大投入，在建筑、交通、生产等领域制定严格的奖惩标准和政策，为其能源的可持续利用和能源安全战略奠定坚实基础。

日本国土面积小、能源资源匮乏，主要通过两个方面实现能源战略转型。一方面，通过能源外交、政策引导、海外能源开发体系、多元化能源获取模式等手段确立稳定的海外能源供应；另一方面，国内开展“开源节流”能源战略，提倡开发新能源及替代能源，推广节能环保技术，提高能源利用效率。

（二）中国新形势下的新需求

当前，中国经济发展已经进入增速换挡、结构升级、区域协同、创新驱动的“新常态”，能源消费的增量也逐步从高耗能工业用户向居民生活、商业建筑和战略性新兴产业转移。为适应这种需求模式的转变，有必要充分释放环保政策、能源体制改革红利，深入推进能源消费革命。

1. 能源供需失衡要求能源消费革命

改革开放以来，我国经济增长越来越依赖能源的消耗。能源消费量大于能源生产量，供需矛盾凸显。同时，虽然总量大，但我国人均能源消费仍较发达国家低。我国经济未来若要达到发达国家水平，能源需求将成倍增长。因此，我国急需能源消费革命。

（1）天然气供需失衡

天然气是优质高效、绿色清洁的低碳能源。提高天然气消费量可有效治理大气污染、应对气候变化等问题。近年来，我国宏观经济向好，政府推动煤改气，天然气消费量不断增长。在消费增长的拉动下，中国天然气产量快速增加，2017 年产量为 1 480 亿立方米，同比增长 8.16%，增速较 2016 年的 1.68%有显著提高。但生产增长还是不能满足消费需求，供需仍不平衡，导致我国天然气进口量不断攀升。2017

年中国内地天然气净进口量约为 924.4 亿立方米，对外依存度由 2016 年的 34.7%增至 39%。2017 年的进口天然气净增量占内陆天然气供应净增量的 63.5%。从 2011 年至 2017 年，中国天然气对外依存度增长了 80%。从未来中国天然气供需变化前景来看，对外依存度还将大幅增加。

（2）原油供需失衡

截至 2017 年底，中国战略石油储备量已达 3 773 万吨。与此同时，2017 年，中国原油需求强劲，超过美国成为全球最大的原油进口国，进口量达到 901 万桶/日，年进口总量首次突破 4 亿吨。随着需求不断增加，原油供需日益紧迫。

2. 生态环境问题驱动能源消费革命

第一，我国社会发展面临生态环境压力。我国制造业体量大，粗放式生产方式造成能源消耗严重，环境压力大。在奠定世界工厂地位的同时，我国也进入了环境压力高峰期，能源消耗对环境的负面影响驱动着我国推进能源消费革命。以大气雾霾为例，近年来雾霾天气出现的频率越来越高，严重程度加大。经能源消费分析可知，主要因为煤炭不能有效清洁利用，采暖期煤耗大。因此，只有通过能源消费革命，推广居民集中采暖，才能促进能源的可持续开发利用，营造良好环境。

第二，作为发展中的大国，中国有责任为世界环境改善作出贡献，做出表率。2014 年 12 月 12 日，中美联合在北京发布应对气候变化联合声明，我国首次正式提出预计在 2030 年左右二氧化碳排放达到峰值，并计划在 2030 年前将非化石能源占一次能源消费比重提高到 20%左右。2015 年 12 月的联合国气候变化巴黎会议上，我国根据自身国情，提交了国家自主贡献文件，再次明确了我国二氧化碳排放到 2030 年左右达到峰值的减排目标。我国在国际上做出的承诺需要能源消费革命的推进才能得以实现。

3. 能源体制改革倒逼能源消费革命

为形成能源消费强度和消费总量双控的新机制，倒逼能源消费革命，近年来，我国聚焦重点领域和关键环节，深入推进能源体制改革。具体改革任务为以下几个方面：

第一，深化电力体制改革。加快推进电力市场建设，完善电力市场规则和办法，探索开展电力现货交易，逐步构建中长期交易与现货交易相结合的电力市场，持续推进辅助服务市场建设，大幅度提高电力市场化交易比重，进一步降低企业用能成本，为高耗能企业转变能源消费模式提供空间。

第二，深化油气体制改革。积极推动管网、勘探开发等方面体制改革，完善油气管网公平接入机制，促进油气管网向第三方市场主体公平开放，健全油气勘探开发区块竞争出让和退出机制，探索管道设施融资和运营模式。深化油气勘查开采、进出口管理、管网运营、生产加工、产品定价体制改革和国有油气企业改革，释放竞争性环节。让第三方市场主体采用竞争模式促进行业的能源利用模式转变。

第三，将能源消费总量纳入地方政府考核指标体系。虽然能源消费考核会对地方 GDP 造成影响，但会倒逼地方政府改变本地能源消费方式，减少高耗能、劳动密集型产业，发展新型战略产业，转变经济发展方式，调整能源消费结构。

第四，形成新的能源消费环节税收调节机制。国家可以通过能源消费环节税收调节，严格控制高耗能产业，通过地方政府行政控制行为与价格、税收等市场化手段的有机结合，推动能源消费模式转变。

二、中国能源消费的过去、现在和未来

我国有句箴言："以古为镜，可以知兴替。"要规划好中国能源消费革命，就要了解我国能源消费的过去、分析现状，这样才能做出正确的判断，规划好未来。本部分通过能源消费的发展历程以及未来发展分析，为能源消费革命提供论证依据。

（一）中国能源消费历史

能源是整个社会发展和经济增长最基本的驱动力，是人类赖以生存和发展的基础。我国古代能源消费以生物质能、煤炭为主，随着技术发展，石油和天然气也逐渐得到应用。

1. 生物质能的利用

生物质能是光能、热能的载能体资源，它们种类多、数量大、分布广、易获取、可再生，并且使用方便。这种资源是古代先民使用最早、最普遍的能源，也一直是古代社会最重要的生产、生活用能。

传统生物质能是指以低效炉灶等工具，通过直接燃烧等传统技术利用的生物质能。其优点是容易燃烧、污染少、灰分低等；缺点是热值及热效率低，且体积大、不易运输和大量储藏。我国古代先民开发利用了草本植物、木本植物、木炭、竹炭、生物油脂、动物粪便、蜡、酒等多种生物质能源资源，通过原始、简单的直接燃烧获取所需的光能或热能，用于加热和照明，广泛应用于不同生活、生产领域。

2. 煤炭的利用

煤炭，在中国古代称为“石炭”“乌薪”“黑金”“燃石”等。我国最早记载煤的著作为战国时期的《山海经》。此后，《汉书·地理志》上也记载：“豫章郡出石可燃，为薪。”这说明江西南昌附近人民早在汉代已经在生活中使用煤炭。1975 年根据对河南郑州古荥镇冶铁遗址的挖掘，发现当地人从西汉中叶至东汉前期，是以煤为冶铁的燃料的。北魏地理学家郦道元在《水经注·河上》篇中第一次在文献中记载用煤冶铁。三国时期，曹操在邺都兴建冰井台，井深 50 米，贮煤数十万公斤。南北朝时期，我国北方家庭已广泛使用煤取暖、烧饭。唐朝，南方也开始广泛使用煤。到宋朝时，煤炭在京都汴梁已是家用燃料。庄季裕的《鸡肋篇》中“数百万家，尽仰石炭，无一家燃薪柴火者”即是明证。元朝时，意大利的马可·波罗看到中国用煤盛况，并在他写的《马可·波罗游记》一书中做了记载，致使欧洲人把煤当成奇闻传颂。明朝时，煤炭作为冶铁的主要燃料。著名科学家宋应星在《天工开物》中记载“冶铁”，提到用煤约为占十分之七。宋朝时，我国已广泛使用焦炭炼铁。1961 年，广东新会县发掘出南宋炼铁遗址，人们发现其间除了有炉渣、石灰石、铁矿石外，还有焦炭。这是目前所知的，世界上使用焦炭炼铁的最早实例，比欧洲早了 500 多年。

3. 石油的利用

石油在古代又称“石漆”“水肥”“石脂”“猛火油”“雄黄油”“石脑油”等。最早记载石油的文献是公元 1 世纪的《汉书·地理志》。书中云：“高奴，有洧水可燃。”高奴即今陕北延长县一带。《后汉书·郡国志注》对石油产地、性质作了较详细的描述：产于石下；比水轻，像肉汁一样浮在水面，但不能吃，有毒性；燃烧时，发出明亮的光焰；有了正式名称——石漆。到了晋代，石油不但用作燃料，还用于机械润滑。北魏至隋唐时代，中国西北多处发现石油，劳动人民用石油涂牛皮，既可润泽皮革又可防水。宋朝时，劳动人民开始用含蜡量极高的固态石油制成蜡烛，用以照明。宋朝著名科学家沈括发明用石油作墨，最早把石油用作石油化工原料，他在《梦溪笔谈》中明确提出“石油”一名。

4. 天然气的利用

中国古代天然气的开采和掘井技术与盐井开采紧密相连。四川开凿的许多盐井，同时也是天然气井，当时叫火井。最先记载中国用火井煮盐的是晋朝张华所著《博物志》，这在人类能源史上留下了光辉一页，它比英国 1668 年使用天然气约早 1300 年以上。明朝宋应星在著名的《天工开物》一书中，对火井煮盐作了详细的记述。

(二) 中国能源消费现状

1. 能源消费总量

如图 7-1 所示，改革开放以来，我国经济快速发展，1978 年至 1997 年，能源生产和消费量保持平稳增长。2000 年以后，改革进一步深化，中国经济迎来飞速发展，能源消费及能源生产总量保持强劲增长。2016 年，我国能源消费总量达到 44.9 亿吨标准煤，比 1978 年增长了 6.9 倍。能源生产量和消费量均增长，但两者增长趋势并不一致。1992 年我国能源消费总量首次超过能源生产总量。自此，我国从能源出口国变成能源进口国，而且能源生产与消费的差距逐渐拉大。2016 年能源消费总量比生产总量高 9 亿吨标煤，如果继续发展下去，差距将会进一步拉大，我国能源消费的进口依赖度会逐渐增大，国家能源安全会受到很大影响。

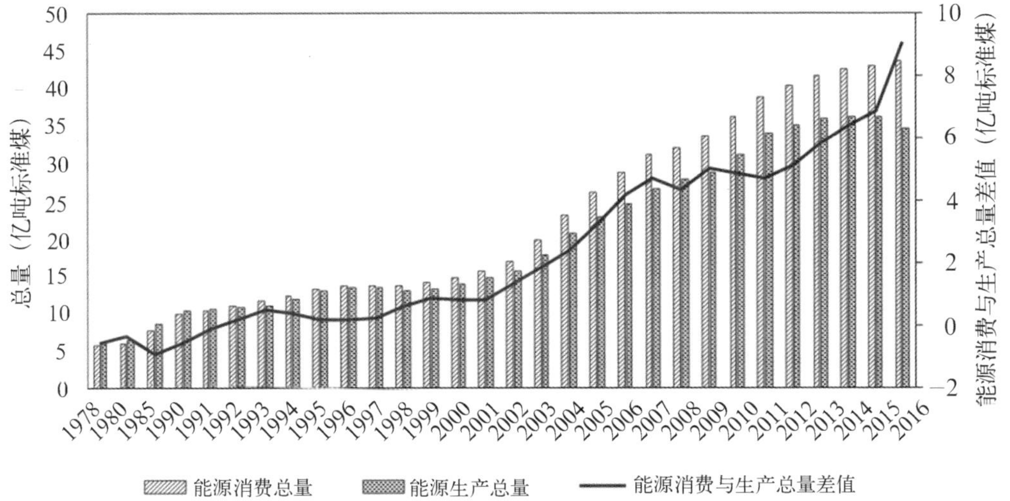

图 7-1　1978—2016 年中国能源消费与生产情况

（数据来源：《中国统计年鉴 2017》）

能源是经济发展的基础，能源与经济的协调发展是经济社会可持续发展的原动力。能源消费与经济增长有着两层关系：一方面，经济增长对于能源具有依赖性，即能源促进了经济增长；另一方面，能源的发展要以经济发展为前提，因为经济增长促进了能源的大规模开发和利用。由图 7-2 可知，能源消费增长率与国内生产总值增长速度总体趋于一致，在经济高速增长和非高速增长时期，经济增长对能源消费均可以产生正向的促进作用，其中，经济高速增长阶段，其促进效应的持续期较短，如 1990 年至 1994 年。1998 年，受亚洲金融危机的影响，经济发展受到很大影响，能源消费也由此发生巨大波动。1998 年至 2004 年，在一系列经济刺激政策下，我国经济经历了较长时间的快速增长，由此带动了能源消费的快速增长。此外，可以看到，2010 年以来，我国经济已逐渐趋稳，同样，能源消费增长也逐渐趋缓。

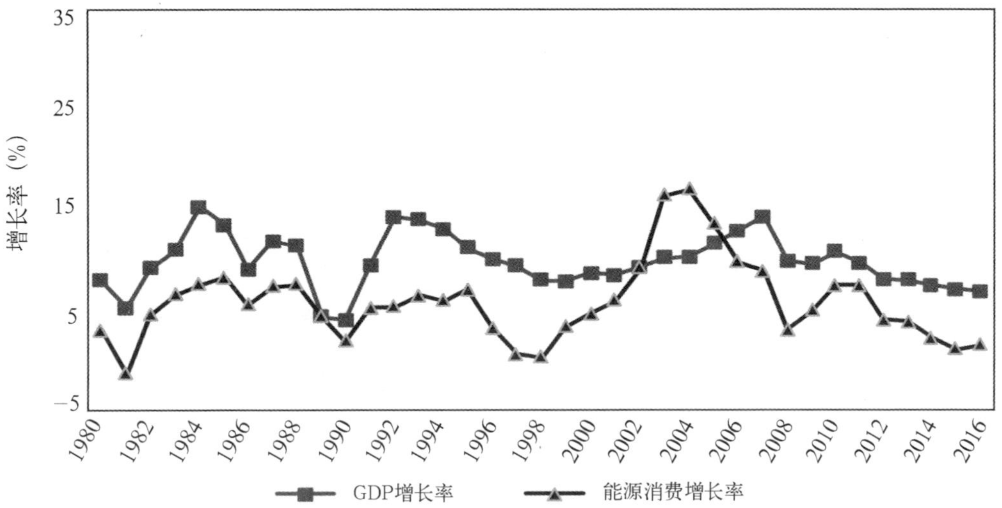

图 7－2　1985—2016 年中国能源消费增长率与 GDP 增长率

（数据来源：《中国统计年鉴 2017》）

2. 能源利用效率

改革开放以来，我国在能源领域实行“开发与节约并重，把节约放在首位”的方针，能源开发与节约工作取得重大进展，能源利用效率稳步提升。1980—2000 年，我国实现了以能源翻一番经济增长翻两番、以能源低增长支持经济高增长的目标，保证了支撑国民经济发展的能源需要。从图 7－3 可知，我国单位(万元)GDP 能源消费量随着 GDP 的增加逐年下降，这是我国实施节能降耗政策的成果。其中 1990 年至 2001 年间降幅最大，2001 年单位 GDP 能耗比 1990 年降低了 83.8%。主要是这 10 年间，我国高度重视节能降耗技术的推进，出台了多项政策法规，1998 年首次将能源节约写进法律，开始实施《中华人民共和国节约能源法》。2005 年至 2016 年间，单位 GDP 能耗降低幅度有所减缓，但是国家仍然加大降低能耗力度，从技术和政策上继续寻求新的突破。2016 年，全国能源消费总量为 43 亿吨标准煤，GDP 总量为 74.4 万亿元，单位 GDP 能耗为 0.58 吨标准煤，比 2015 年降低了 8.6%。

3. 不同领域能源消费

我国能源消费领域主要包括工业、制造业、交通运输业、建筑业、农林牧渔业、生活消费和其他行业。

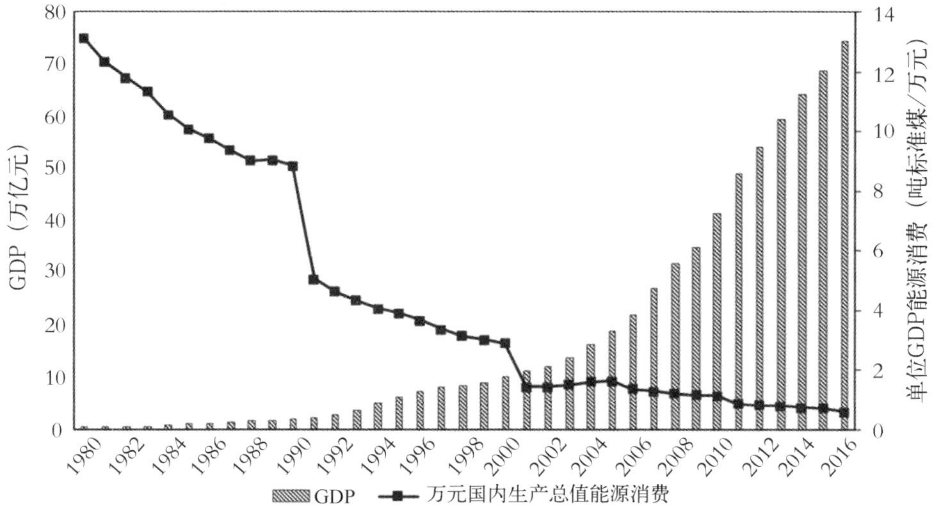

图 7-3　1980—2016 年 GDP 与单位 GDP 能源消费统计图

（数据来源：《中国统计年鉴 2017》）

图 7-4 所示是我国终端能源消费构成，从图中可以看出，工业能源消费总量最多，其次是制造业。工业能源消费总量从 2001 年的 9.2 亿吨标煤增加到 2011 年的 27.8 亿吨标煤，仅用 10 年时间翻了一倍。近年来工业和制造业能源消耗量增长变

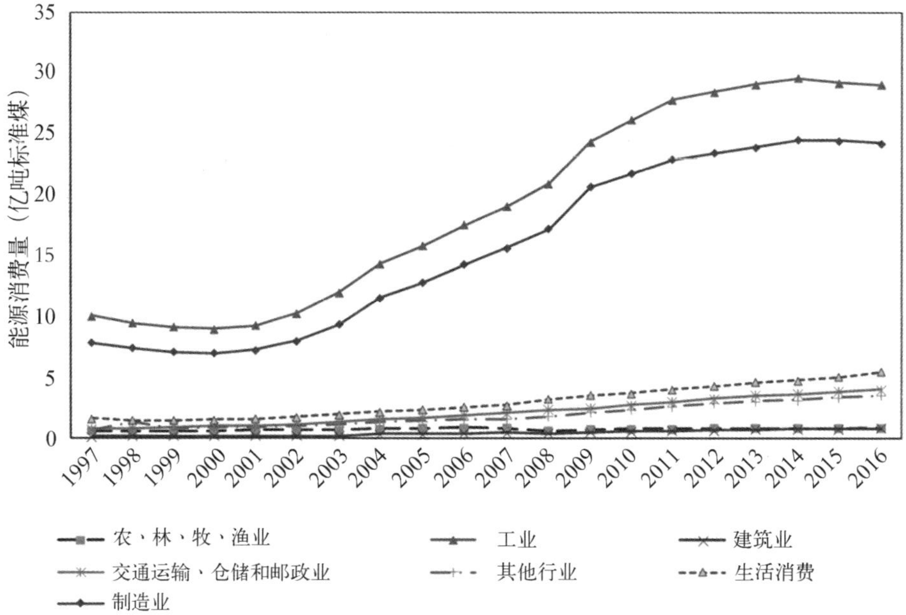

图 7-4　我国部分领域能源消费量

（数据来源：《中国统计年鉴》(1998—2017)）

缓,2016 年工业和制造业总能耗比 2014 年降低 1.47%,这是由于我国加大了对高耗能工业、制造业的改造,但是其基数非常庞大,还有很大的进步空间。从图中也可以看出,近年来建筑业的能源需求量增长也较为缓慢,其主要和我国的房地产行业的发展有关;交通运输业从 2011 年起增长速度也开始减缓,主要因为近几年来我国的交通行业发展迅速,逐渐步入快速化、低碳化、共享化的时代;生活消费能源需求呈逐渐上升趋势,这主要归因于我国居民生活水平的逐渐提高。因此,优化调整能源消费结构可以从调整产业结构入手,降低工业能耗,大力扶持第三产业、低耗能产业的发展。

4. 不同能源品种的消费

从 2006 年至 2016 年,煤炭占能源消费总量的比重逐年减少,2016 年煤炭占比为 62%,比 1990 年减少了 18.6%。石油占能源消费总量的比重徘徊在 20%左右,近年来,由于新能源汽车、电动汽车等行业的发展,所占比例有所减少,截至 2016 年,石油占总能源消费的比例为 18.3%,相比 1978 年减少了 4.4%。自 20 世纪 80 年代以来,我国天然气占能源消费的比重持续增长,尤其是近几年能源消费模式的转变以及环境污染压力的增大,天然气作为清洁能源受到国家的鼓励和支持,其占比从 1995 年的 1.8%增长到 2016 年的 6.4%,提高了 2.5 倍。此外,一次电力及其他能源(包括核电、水电、太阳能等)的占比也逐年增长。这是一种良性的发展趋势,能源消费种类向着更多元、更环保、更节能的方向发生着变革。

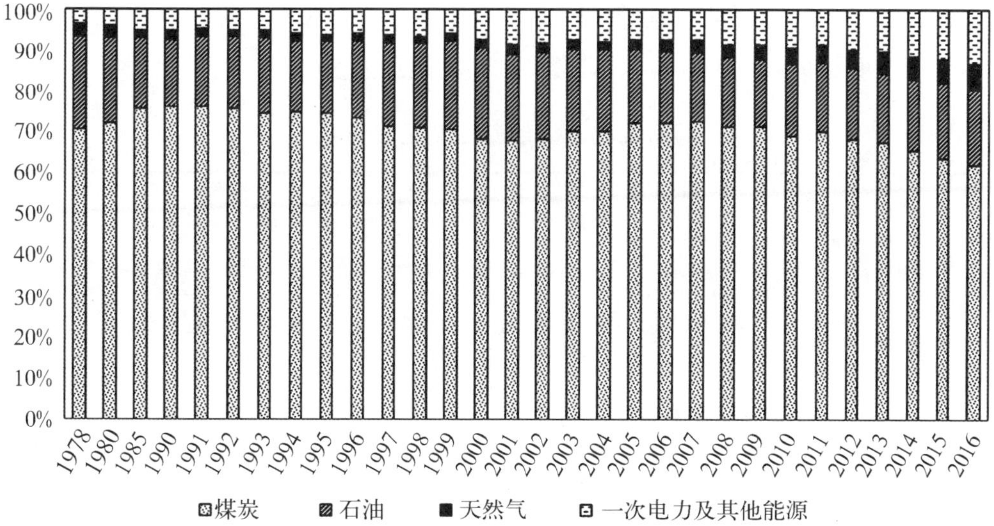

图 7-5 中国能源消费构成(1978—2016)

(数据来源:《中国能源统计年鉴 2017》)

5. 不同地区能源消费

影响能源消费的主要因素包括能源价格、经济能力、产业结构、人口、能源供给能力以及消费群体的收入水平等，因此全国各地区能源消费量存在很大差异。如图7－6所示，随着地区GDP的增加，其单位GDP能耗整体呈现下降趋势。北京地区单位GDP能耗为0.27吨标准煤/万元，仅为宁夏地区的15％，辽宁地区的28％。

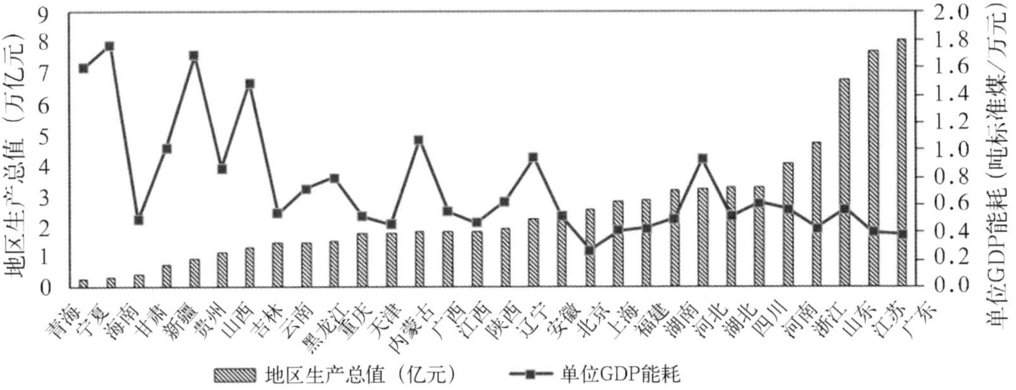

图7－6 中国各地区生产总值及单位产值能耗

（数据来源：《中国统计年鉴2017》）

根据能源强度的高低，可以将我国各省区市分为三大类，如表7－1所示。低能源强度区域主要集中在经济发达的东部沿海地区；高能源强度区域主要集中于我国西部地区。例如山西省作为我国煤炭产地，其能源消费结构以煤炭为主，能源利用效率低，工业结构以重工业为主，导致了较高的能源强度。

表7－1 能源强度区域表

能源强度区域	具体省区
低能源强度区域	北京、广东、浙江、上海、海南、江苏、福建和江西共8个省市
中能源强度区域	天津、广西、安徽、山东、河南、湖南、陕西、重庆、黑龙江、湖北、四川、吉林共12个省市区
高能源强度区域	云南、辽宁、河北、新疆、甘肃、内蒙古、山西、青海、贵州和宁夏共10个省区

6. 人均能源消费

图7－7所示是中国人均能源消费和人均生活能源消费30年变化图。从图中

可以看出，1985 年至 2001 年，我国人均能源消费量保持稳步增长；从 2001 年开始直到 2013 年，人均能源消费迅速增加，主要是我国经济的发展带动了能源消费总量的增加；近年来，人均能源消费变化趋于平缓。此外，从 1985 年至 2003 年，人均生活能源消费较为稳定，主要是由于电力与煤炭消费变化相互抵消所致。从 2004 年开始，随着家用电器的普及，人均生活能源消费开始逐年增长。同时也可以看出，大众对于能源消费的模式也开始发生转变，由一开始的煤炭到电能，近几年，天然气等清洁能源快速发展，也成为大众选择的一种重要能源消费方式。

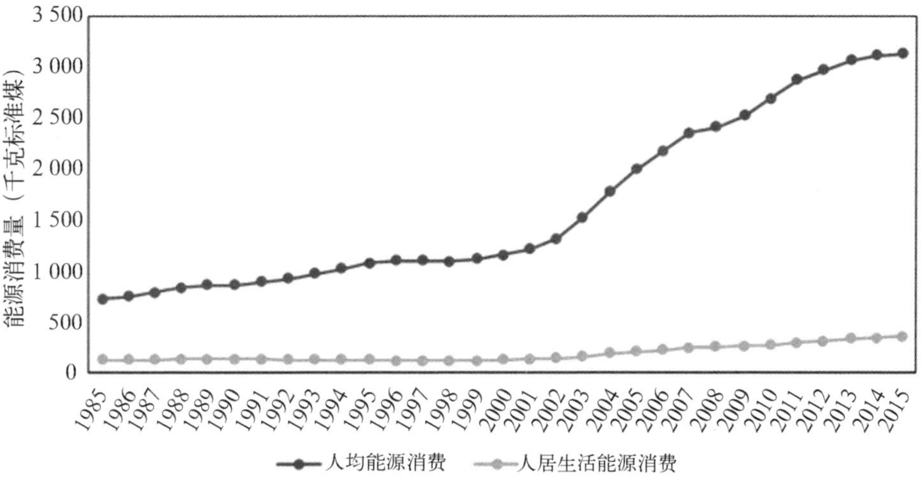

图 7－7 1985—2015 年中国人均能源消费和人均生活能源消费

（数据来源：《中国统计年鉴 2017》）

（三）中国能源消费趋势

当今社会，能源消费在政府政策、新科技和社会偏好的影响下，正发生着巨大变革。这就需要我们对能源消费趋势进行科学预测，积极应对能源消费变化。

《BP 能源展望 2018》中，预计中国能源需求增长在展望期（至 2040 年）会降缓至年均 1.5％，不到过去 20 年年均增速（6.3％）的三分之一。虽然能源需求增速放缓，2040 年中国在全球能源消费中的份额仍占约四分之一，对比历史年均降幅为 2.5％，同时能源强度也以年均 1.7％的速度下降。

总体看来，能源需求的不断增加，呈现以下特点：

第一，传统能源行业会在技术上不断改进，提高能源效率。

第二，新能源、可再生能源的利用度、占有率将不断增加，天然气需求增速将会远高于煤炭和石油。

第三,能源结构将会更加多元化。

从具体能源消费相关数据角度分析,结合 BP 能源展望,对我国能源消费行业做出以下预测:

2016—2040 年间,能源产量增长 45%(全球增长 34%),能源消费增长 41%,(全球增长 35%);中国在全球能源需求中的占比从 2016 年的 23%升至 2040 年的 24%,占全球净增长量的 27%;中国的能源结构持续演变,其中煤炭的占比从 2016 年的 62%下降至 2040 年的 36%,天然气比重翻了近一番至 13%,可再生能源占比从 2016 年的 3%增至 2040 年的 18%。石油需求增加 28%,天然气需求增加 194%,而煤炭需求下降 18%。可再生能源发电(增加 789%)、核电(增加 574%)和水电(增加 32%)均快速增长;煤炭需求在 2013 年达到峰值。然而,在展望期间内中国仍是全球最大的煤炭消费国,占 2040 年全球煤炭需求的 41%;能源产量在消费中的占比从 2016 年的 80%上升至 2040 年的 82%;2016—2040 年间,核电年均增速为 8%,且到 2040 年,中国占全球核电发电量的 36%;到 2040 年,中国将成为仅次于美国的第二大页岩气生产国,产量增至 220 亿立方英尺/日;石油进口依存度从 2016 年的 63%升至 2040 年的 72%;天然气进口依存度从 34%升至 2040 年的 43%;2016—2040 年间,随着中国经济增长 115%,中国的能源强度下降 34%;碳排放于 2026 年达到峰值;可再生能源迅速扩张,到 2040 年年均增长 9.5%,届时占全球可再生能源的 31%。

图 7-8 所示为 2040 年我国一次能源消费量占比预测,显而易见,煤炭占比将大大减少为 36%,煤炭所提供的工业能源比例将从现在的接近三分之一下降到不足四分之一。石油占比变化不明显,天然气及可再生能源、水能、核能占比将增加,天然气和电力将成为三分之二的工业能源供应来源。

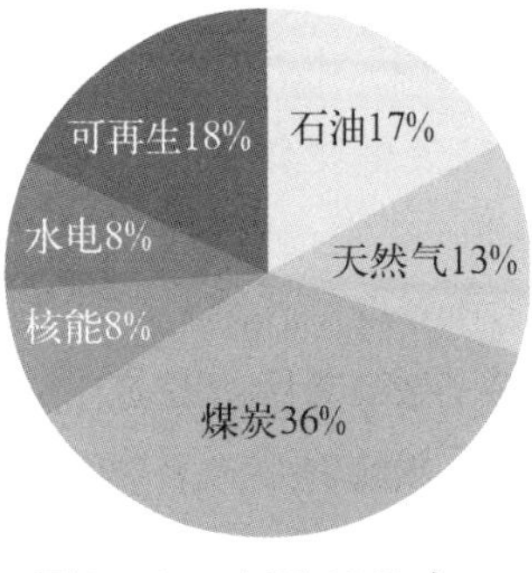

图 7-8 中国 2040 年一次能源消费量结构预测

(数据来源:《BP 能源展望 2018》)

未来,我国工业能源消费增速将逐渐放慢,主要原因有以下几点:

第一,我国经济由能源密集型工业行业如钢铁、水泥向较低能源密度的服务行业和面向消费者的行业转型。

第二,随着我国城镇化进程的推进,建筑行业能源消费总量也将增加。城市空间降温(空调)、供暖能源消费将继续增长。与此同时，经济发展后，照明和电器使用需求上升，共同驱动能源消费增加。

第三，石油依然是交通运输业的主导能源，但可替代能源尤其是天然气和电力的使用逐渐增长。在渐进转型情况下，石油占能源消费比例将会有所下降，随着电动汽车等新型动力汽车的经济性、运行稳定性的提升，未来将会增加其交通行业能源消费占有量。

三、推动能源消费革命的障碍

（一）能源市场机制尚需健全

随着国内外形势的变化，以及能源产业的快速发展，我国能源市场机制还不是很健全，现有能源市场体制的不足和不适应主要体现在三个方面：

1. 能源法律体系建设滞后

能源法律体系的构建必须遵循其法律原则。而所谓能源法律体系的法律原则是指能源法律体系中作为能源法律规则的指导思想、基础或本源的、综合的、稳定的法律原理和准则，它对能源法律体系的创制和实施具有重要作用。当前，我国能源立法还存在着许多问题，主要有以下几点。

(1) 能源法律体系结构尚不健全。现行能源法律法规主要以专业性单项能源法规为主，配套的法规还相当不完整。

(2) 我国能源立法中内容不够完善，主要表现为能源法基本制度的缺失，包括能源规划制度、能源安全制度。

(3) 结构不完整，能源法缺位。中国目前仅制定出了《能源法》(征求意见稿)，但尚未正式推出。

(4) 各种法律缺乏必要的衔接，法律执行效果不佳。

(5) 制定的规范缺乏一定针对性。

2. 市场机制建设进展缓慢

随着市场经济的推进，电力行业开始进行市场化改革，能源领域的市场化推行大多处于理论阶段，主要是既有模式根深蒂固，市场化机制推进遇到各种障碍，主要包括以下几个方面：

(1) 政府对能源经济活动干预较大。不同所有制经济实体不能平等竞争，缺乏统一的市场准入标准。

（2）中国能源价格机制尚未理顺。除了煤炭外，其他能源产品都尚未建立起合理透明的能源产品价格形成机制。

（3）政府政策的波动性影响新兴能源产业的发展。鉴于一些新兴的能源产业作为我国能源发展转型的重要方向，如光伏发电、天然气分布式能源项目等。作为能源消费革命的重要角色，政府对于这些项目应形成相对完善、稳定的支持政策，确保行业持续发展。

3. 市场有效监管缺位

中国能源行业目前正处在国家发改委、工信部、商务部等多头分散监管模式之下，这种监管模式存在以下两方面的问题：

（1）综合协调能力不强。各个部门之间、中央与地方政府之间在监管目标、利益及步调上不一致，进而导致部门间的综合协调能力不强。

（2）重审批、轻监管。政府监管的重点集中在项目审批环节，项目中及项目后监督与管理则相对较弱，导致社会性监管不足。

（二）能源技术水平有待提升

当前，新一轮能源技术革命正在孕育兴起，新的能源技术成果不断涌现，正在并将持续改变世界能源格局。近年来，虽然我国能源技术水平有了长足进步和显著提高，但与世界能源科技强国和引领能源革命的要求相比，还有较大的差距。

2015年我国吨钢综合能耗为571.85 kgce/t，与国际先进水平相比仍存在10%左右的差距。在汽车能耗标准上，美国计划到2020年轿车单车油耗将降低到4.3升/百千米；日本计划到2010年轿车单车油耗将降低到6.6升/百千米；而我国2014年出台的《乘用车燃料消耗量限值》规定提出，2015年我国生产的乘用车平均燃料消耗量要降至6.9升/百千米，2020年要进一步降至5.0升/百千米。若可以实现的话，也低于发达国家的水平，差距仍然很大。分布式能源、综合能源、能源微网作为未来能源消费革命的几种模式方向，长期以来，其推广一直深受关注。国家在各地推出了一些示范项目，可具体运营仍然有困难，主要原因之一即为设备的国产化问题。

（三）能源消费意识亟须转变

古人曾说过“勿以善小而不为”，节能也应该如此。近年来，各地的单位GDP能耗指标普遍降低，这与企业强烈的节能降耗意识和行之有效的相关措施是分不开的。相比之下，居民的节能意识并不是很强，随着居民可支配收入提高，家中各种电器设备日益齐全，而这些居民用电本身不直接增加 GDP，但是它却直接消耗了电力，给节能增加了新的难度。

在现实生活中，不少人的节能意识并不是很强，长明灯、长流水现象时有所见。特别是在一些公共场所，能源浪费严重，空调夏天温度调得很低，冬天又将温度调得很高，这既不节能又影响自己的身体健康。

因此，从个体角度来说，能源消费意识的改变会促进全社会节能降耗的推进。比如，从拥有型消费转向功能型消费，当前，共享单车、共享汽车等共享型经济模式的兴起也促进了全社会的节能减排。

四、推动能源消费革命的途径

（一）中国能源消费革命的总体目标

2017 年 4 月，国家发展改革委对外发布了《能源生产和消费革命战略（2016—2030）》，明确了能源消费革命的战略目标：

1. 到 2020 年，能源消费总量控制在 50 亿吨标准煤以内，非化石能源占比 15%。单位国内生产总值二氧化碳排放比 2015 年下降 18%；单位国内生产总值能耗比 2015 年下降 15%。能源自给能力保持在 80%以上。

2. 2021—2030 年，能源年消费总量控制在 60 亿吨标准煤以内，非化石能源占能源消费总量比重达到 20%左右，天然气占比达到 15%左右；单位国内生产总值二氧化碳排放比 2005 年下降 60%—65%；单位国内生产总值能耗（现价）达到目前世界平均水平，主要工业产品能源效率达到国际领先水平；自主创新能力全面提升，能源科技水平位居世界前列；现代能源市场体制更加成熟完善；能源自给能力保持在较高水平，更好利用国际能源资源；初步构建现代能源体系。

3. 展望 2050 年，能源消费总量基本稳定，非化石能源占比超过一半，建成能源文明消费型社会；能效水平、能源科技、能源装备达到世界先进水平；成为全球能源治理重要参与者；建成现代能源体系，保障实现现代化。

概括来看，我国能源消费革命的历程就是减少对不可再生能源的依靠，鼓励支持提高非化石能源的消费占比，同时改善环境现状，构建能源消费可持续发展体系，为我国的现代化建设提供能源保障。

(二) 能源消费革命的关键领域

能源消费可谓涉及生活的方方面面,本部分从工业、交通、民用三个角度分述能源消费革命的关键领域。

1. 工业领域能源消费革命

工业是我国能源消费的主要领域,也是推动能源消费革命的主战场。工业领域能源消费革命有利于推动工业企业降本增效,主要通过实施结构节能、强化技术节能、提升管理节能等几个方面推进,具体可归纳为以下几个方面。

(1) 扩大绿色能源供应使用

在企业厂房屋顶、公共建筑幕墙、停车棚等可利用区域大力推动分布式光伏发电系统和微风发电系统建设。在工业园区制定区域能源系统规划,开展基于清洁能源为主的能源微网系统建设,形成电网、天然气网、冷/热网等多能联动互补的能源网络,以终端能源利用效率为导向,构建与城市能源网络有机链接的智能化区域能源生产、调度、控制系统。以园区型售电区域为突破口,对接国家售电侧专项改革,降低企业用电成本。

(2) 调整优化产业结构

加快调整淘汰落后产能。梳理工业园区高耗能、高污染、高危险的产品、工艺和不符合绿色发展要求的企业,制定推进产业能级提升、转型发展和节能环保的园区产业结构调整方案。同时,实施工业园区循环化改造。以土地节约集约利用、产业集聚和循环链接、公共基础设施共享为导向,优化企业、产业和基础设施的空间布局。

(3) 提高终端能源利用效率

加快节能装备推广使用。大力推广磁悬浮技术、工业冷却塔用混流式水轮机、LED 智能照明、纳米纤维保温、分布式热管冷却等成熟技术和产品,开展智慧节能的推广应用。对照国家发布的高耗能落后产品淘汰目录,全面淘汰低效变压器、风机、水泵、压缩机、电动机、机床等设备。同时,推行市场化绿色服务机制。引入第三方专业服务公司对企业进行节能环保咨询、评估、审核。鼓励企业采用合同能源(合同节水)管理模式对新(扩)建项目、既有项目进行节能(节水)改造。

(4) 推进绿色产品生产采购

着力打造绿色产品。推进产品绿色设计试点示范,在设计中综合考虑节能、运输物流、可再生能源等各种因素,积极支持符合“节能产品认证”“低碳产品认证”等标准的产品研发生产；开展典型产品绿色设计水平评价试点，面向已有评价标准的产品，从资源消耗、能源消耗、环境影响、人体健康等角度开展产品绿色设计水平评价。同时，全面推行绿色采购。对于原材料的采购，应优先选用符合环境标准和节能要求、具有低能耗、资源利用率高、可回收再利用等各种良好性能的材料。积极推动各企业从节能减排等方面对供应商进行绿色伙伴认证、选择和管理。

（5）建设绿色在线监管平台

推进在线监控平台系统建设。加快工业企业和园区绿色在线监控平台建设。平台应具有完备的数据采集系统、计算机网络支撑系统、业务分析处理系统、数据传输和存储系统；应预留数据接口，保证监测数据的接入和互联共享。同时，构建绿色大数据服务平台。加快构建科学合理的绿色产业监测监控体系，聚焦重点企业、重点区域、重点设备及大型公共建筑，针对能源消费、污染物排放、环境质量、节能环保设施运行等不同要求布局实时监测点位，实现数据实时传输。利用云计算技术，为监管部门、园区管理机构、企业提供实时数据的分析、诊断服务，建立绿色预警预报发布机制，对异常数据实现监测与监管有效联动。

2. 交通领域能源消费革命

交通领域也是能源消费的重要一环，未来相当长时间内，我国交通能源仍以汽柴油为主，在不断提高油品质量、减少排放的基础上，降低单车油耗、推广节能型汽柴油车是传统汽柴油车的发展方向。同时，随着电池储能技术的不断进步，电动汽车单次充电行驶里程已达到传统汽油车的30%—50%，加上国家新能源汽车鼓励政策的到位，近年来电动汽车发展很快，构建以电能为基础的交通能源体系已逐步成为可能，电能在交通燃料中的比例已在加速上升。

（1）提高单车燃油效率

对于传统汽柴油车辆来说，提高单车燃油效率对于我国汽车行业技术进步，促进汽车产品结构调整和节能减排具有重要意义。提高单车燃油效率主要针对乘用车和商用车。2017 年下发的《关于 2016 年度、2017 年度乘用车企业平均燃料消耗量管理有关工作的通知》明确了在燃料消耗量上对不达标乘用车企业的惩罚措施。

（2）发展新能源汽车

从图 7－9 看出，中国 2017 年新能源（纯电动和插电式混合动力）乘用车市场销量首次突破 60 万辆，同比增长 70%，市场份额高达 2.1%，远高于 2016 年 1.5%的水平，也高于美国的 1.2%和欧洲的 1.9%。中国能在短期内发展成为电动汽车大国，主要是政府提供了强有力的政策扶持，消费者和企业均得到补贴。由于不断降低的电池成本和技术演进，各国减少汽车碳排放的政策法规压力，以及在电动化、智能化、轻量化、共享化的变革趋势下，汽车制造商所作出的承诺和战略等，预计未来电动汽车市场将继续保持乐观增长。

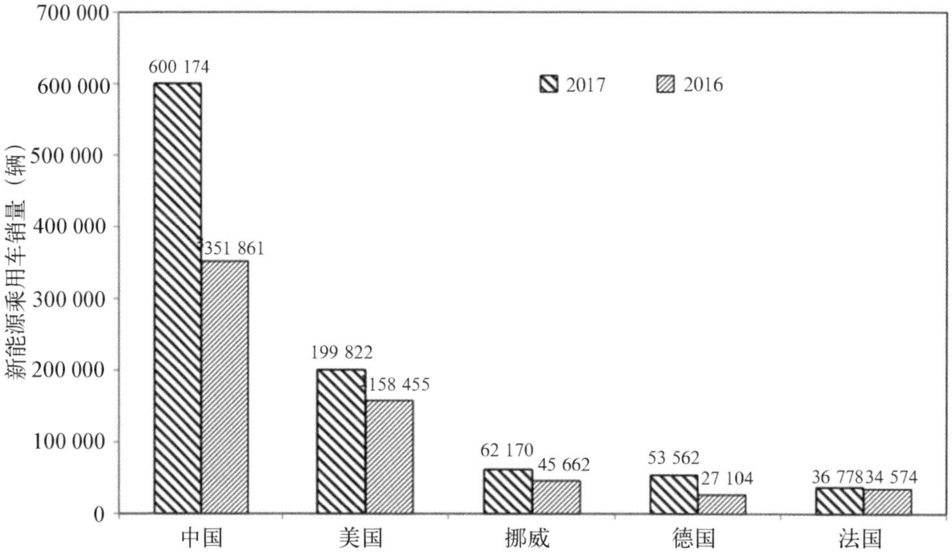

图 7-9　五国 2017 年与 2016 年新能源乘用车销量对比

（资料来源：第一电动研究院）

从新能源汽车的发展现状看，目前主要是发展纯电动汽车与混合动力汽车。2015 年 2 月 16 日，科学技术部发布了《国家重点研发计划新能源汽车重点专项实施方案（征求意见稿）》，计划在现有技术基础之上，到 2020 年建立起完善的电动汽车动力系统科技体系和产业链，为 2020 年实现新能源汽车保有量达到 500 万辆提供技术支撑。该实施方案提出，今后需要不断提高电池蓄电能力，轿车动力电池的单体比能量 2020 年计划达到 300 Wh/kg，提高驱动电机技术水平，提高续时里程和电池使用寿命；解决废旧电池回收问题。同时，加快充电站建设，形成完善的产业链，实现商业模式创新。

（3）推进港口岸电

船舶用能也是交通能耗的重要组成部分。通常，船舶靠泊后需要开启辅机发电，为船舶提供日常电力需求。大型船舶特别是油船和集装箱船使用燃油发电，燃油燃烧过程中产生大量硫化物和氮氧化物，对周边环境造成污染。国际海事组织（IMO）数据表明：全球以柴油为动力的船舶每年向大气排放 1 000 万吨 NO_x、850 万吨 SO_x。此外，船舶使用燃油发电机产生的噪声也会对环境造成污染。因此，为减少污染物排放量，船舶岸基供电技术应运而生。

一方面，港口利用储能技术实现峰谷电能的转移，能够在港口内部供电网络中实现对负荷用电功率的控制，不会影响到上级电网的稳定性，同时能够降低港口装机容量，节约大量成本。另一方面，通过岸基供电减少污染物的排放，促进港口节能减排目标的实现。

3. 民用领域能源消费革命

民用能源体系的能源消费，应立足于能源利用方式和组织模式的优化，主要包括：深入推进民用建筑节能，积极开发低品位未利用能源，探索构建以人为本的终端能源管理平台等。

（1）深入推进民用建筑节能

随着人民生活水平的提升以及城乡建设的推进，民用建筑相关能耗占全社会总能耗的比例还将进一步上升，因此，控制建筑领域能源消耗的总量与增量已成为我国节能减排工作的重中之重。提高建筑能效标准、实施建筑用能限额管理被认为是控制建筑领域能源消耗总量与增量的行之有效的重要手段。同时，除了继续加强传统被动式与主动式建筑节能技术的开发外，可再生能源的应用效率提升也是建筑节能的重点内容。结合具体的生态环境、地域特征、建筑特征和运营效果对可再生能源技术适宜性进行研究，形成可再生能源适宜技术选择方案，建立可再生能源建筑应用运行管理、系统维护的模式，最终促进太阳能发电等新能源和可再生能源建筑规模化应用。

此外，预制装配式建筑具有绿色、低碳、安全和标准化的优势，将建筑信息模型(BIM)技术与物联网技术应用于预制装配式建筑中，代表着未来建筑建造的新模式，值得在未来建筑节能领域进行重点研究、应用与推广。

（2）积极开发低品位未利用能源

在一般服务型城市的终端能耗中，电能、热能的比例约各占半壁江山，热能的合理、高效利用是城市节能减排不可忽视的主要环节。为此，在努力创造新兴能源与充分挖掘虚拟能源的同时，我们还可以关注大量可以被利用而没有被利用的能源，这里称之为“未利用能源”。

未利用能源主要以热能为主，从产生源的角度大致可分为两类：一类为工厂、发电厂、垃圾焚烧厂等排出的废热，称之为排热能；另一类为河水、海水等地表水所赋存的热能，称之为温差能。低温发电技术、热泵技术和蓄热技术是未利用能源高效利用的三大核心技术。高温排热型未利用能源大多远离城市负荷中心，需要由远而近建立供需间快捷通道;而低温温差型未利用能源则是以低密度广域分布于城市内部,需要由外而内建立能量收集与管理系统。为了破解未利用能源利用过程中供需间的时空脱节问题,对于高温热源,可基于"Off-line"型移动供热模式;对于低温热源,可基于"Pipe-line"型总线供热模式,从而充分挖掘城市未利用能源的潜力。

(3) 探索构建以人为本的终端节能体系

民用能源的消费其最终目的都是为了满足人类的生活、休闲等各方面需求。同时,考虑到能源资源的社会属性,并结合"以人为本"的生态设计准则,非常有必要将能源生态链上的各主体融入整个网络体系,并让他们积极主动地参与到"节能减排"等各项生态活动中,达成"环境友好"和"生活舒适"的多元共生型能源、社会体系。

另外,要促使人们更好地管理、节约、监控和使用能源,需要将能源使用的决定权交给消费者,由他们决定何时、何地以及如何使用何种能源。为此,可以通过双向的信息传递、分时电价、动态电价等,改变终端用户的用能行为。为实现上述目的,可以充分应用移动互联、大数据、人工智能等现代信息技术、先进通信技术,实现能源系统各环节万物互联、人机交互,构建具有状态全面感知、信息高效处理、应用便捷灵活特征的智慧用能、节能体系。

(三) 能源消费革命的基本途径

纵观世界重大的变革,其主要途径大致分为自上而下与自下而上两个角度,这样,改革的成效才能彻底。就能源消费革命而言,主要包括以下环节:转变能源消费意识、研发与推广节能技术、实施高效节能管理、促进行为节能等。

1. 转变能源消费意识

从保障供给到控制消费是我国能源战略一次思想观念上的转变。当前我国重新审视"能源安全"的实质,应当摆脱"安全=加大供应"的理念,即依靠粗放供给满足过快增长需求的习惯思维,转变为"安全=效率",在保证供应的前提下,注重需求侧的预测,按需供能可以有效提高能源消费的节能意识,即以科学供给满足合理需求的观念。

传统能源安全观认为,一国能源安全应该包括能源的可获得性、运输通道的安全和价格的可接受性三个方面,但新的理论增加了对能效与清洁能源的考量。部署能源消费革命对保障能源的长久使用、保护能源资源和环境健康有着重要的意义。目前我国经济运行能耗过高,能源结构中化石燃料比重过高。这种能源消费方式造成了高污染、低效率,雾霾天气频发及范围不断扩大,已经向我们敲响了警钟。不加节制的“敞口式”能源消费，也让我国能源资源紧张形势日益突出。

能源消费革命最重要的是要树立节约的消费观念。政府、企业和社会公众要更新观念，转变能源消费方式，进一步明确能源降耗的重要性。各地 GDP 增长冲动和以 GDP 为指标的政绩考核体系是推动煤炭消费总量快速增长的重要因素，抑制不合理消费的关键是各地要切实推动经济增长方式的转变。政府要树立正确的政绩观，不追求高于潜在增长率的速度，合理引导结构调整方向，激励和约束各级政府降低能耗和保护环境。

社会公众应着力改善消费模式，树立“节约光荣、浪费可耻”的消费观念，从生活中一点一滴形成节约能源的习惯，积极践行“低碳节能、绿色环保”的生活方式，加快形成能源节约型社会。

2. 研发与推广节能技术

立足我国国情，紧跟国际能源技术革命新趋势，以绿色低碳为方向，分类推动技术创新、产业创新、商业模式创新，并同其他领域高新技术紧密结合，把能源技术及其关联产业培育成带动我国产业升级的新增长点。

研发能源技术，要立足我国国情，同时也要紧跟国际能源技术革命新趋势。近年来，我国在发展新能源汽车、推动照明节能、开发新能源等方面做出了积极探索；一大批节能和新能源技术得到应用，太阳能、风能、新能源汽车和半导体照明都得到规模化推广示范。我国将继续积极发展水电、风电、太阳能和核电等，并将进一步推进煤炭清洁利用，发展高效、洁净发电技术，研究二氧化碳捕获、资源化利用和封存技术。

根据我国能源发展总体战略，未来将主要围绕保障安全、优化结构和节能减排等长期目标，确立非常规油气及深海油气勘探开发、煤炭清洁高效利用、分布式能源、智能电网、新一代核电、先进可再生能源、节能节水、储能、基础材料等 9 个重点创新领域，明确页岩气、煤层气、页岩油、深海油气、煤炭深加工、高参数节能环保燃煤发电、整体煤气化联合循环发电、燃气轮机、现代电网、先进核电、光伏、太阳能热发电、风电、生物燃料、地热能利用、海洋能发电、天然气水合物、大容量储能、氢能与燃料电池、能源基础材料等 20 个重点技术创新方向。

3. 实施高效节能管理

实施高效的节能管理主要是从管理者角度着手，对应上文的自上而下的方式，通过一定的强制性措施来规范各个行业的用能标准，由此形成一整套的用能规范，以此带动能源消费革命。

第一,借鉴其他国家制定能源政策及能效标准的方式。一方面以立法的形式制定相关产品及设备的强制性最低能效标准;另一方面制定鼓励节能的自愿性能效标准,并辅之以相应的财政激励政策。其中,值得注意的问题有:在制定相关能源法规及政策时应该充分考虑其可操作性,并加大能源政策的基础研究工作;因为完善节能法规体系需要一个过程,所以目前应该首先出台相关领域的强制性最低能效标准,并确保其能够很好地被实施。

第二,不断完善基于市场的节能新机制,建立良好的市场机制,维护良好的市场环境,同时配套制定相应的财政激励措施,使社会中每一个群体都在节能工作中有合理的定位,最终做到"每个环节的责、权、利都很明晰,哪个环节有利于节约能源哪个环节就能够获益,哪个环节不利于节约能源哪个环节就要受到惩罚",这是推动节能工作的核心问题之一。进行合理的市场定位,明确各方的责、权、利,充分调动各方尤其是第三方中介机构的积极性,提高节能的积极性。重视市场机制的同时更要强调政府职能的加强,尤其对于节能这个存在市场"部分失灵"的领域政府的作用就更为重要。

第三,发挥政府的模范带头作用。我国建筑节能标准的达标率非常低,并且政府办公建筑和建筑能耗设备(包括采暖、空调、照明、办公设备等)的节能潜力非常大,浪费的能源非常多,所以我国政府机构在节能工作中应该起到带头作用,带动和促进全社会的节能工作。

4. 促进行为节能

对于一般居民而言,正确、科学的用能行为带来的节能潜力约为15%—20%,相关统计数据表明,中国居民行为节能带来的年节能潜力约为7 700万吨标煤,相应减排二氧化碳约2亿吨,经济和环境效益十分显著。因此,行为节能广受关注。良好的行为模式对节能引发的社会效益和经济效益已经为很多工作证实,逐渐得到国内外许多学者和政府的重视。如欧盟科研项目"Changing Behavior",其目的就是改善用能行为,改变实际能源的应用方式和效率,为政策、市场提供建议。社会科学研究及发展实验室"ideas 42"也旨在通过科学的方法干涉用能行为,减少能源浪费。居民行为对于家庭能源消耗的影响也广受研究者关注,国内学者主要是对家庭用能行为现象进行调查分析,结果表明居民在实施节能行为时所考虑的主要是节能措施的效果和成本,居民更倾向于行为节能方式,即通过改变用能习惯实现节能;国外学者多从经济、心理、政策等角度出发,研究家庭用能行为的选择特性及其带来的节能潜力。研究结果表明:家庭能源消耗信息反馈可以使行为节能效果更显著;干涉家庭能源使用目标、信息、模型、结果的设置，可以鼓励用户减少家庭能源消耗；家庭能耗账单以及用户需求侧管理都对用户用能行为造成一定的影响。

（四）能源消费革命的典型案例

1. 案例一：电能替代

（1）技术原理

所谓“电能替代”，主要是指利用电力能源代替煤、油、气等常规终端能源，通过大规模集中转化来提高燃料使用效率、减少污染物排放，进而达到改良终端能源结构、促进环保的效果。

（2）实施方案

电能替代的主要实施方案包括“以电代煤、以电代油、以电代气、电从远方来”等几种能源消费的新模式。其中，“电从远方来”是指“建设特高压电网”；而“以电代煤”“以电代油”“以电代气”这种新的能源消费模式的推广，与各行业息息相关。

① 以电代煤是将以煤为能源动力的项目改为以电为能源的项目，以减少污染排放。以电代煤的前提是必须有充足、可靠的电能作保障。目前，在我国“西电东输”用电格局初步形成的大背景下，不仅解决了东部地区的缺电问题，而且全国电力总体富余。大力实施“电能替代”，提高电能在各行各业的消费比重，为防治大气污染做出贡献，已是大势所趋。

针对煤炭在各领域的使用情况，“以电代煤”工作应当找准对象，发掘潜在客户，因地制宜地推进。主要任务包括以下几点：推进家庭及餐饮行业的电气化；实施电采暖；推广电锅炉。

② 以电代油是将以油为动力的项目改为以电为动力的项目，以减少石油依赖和燃油污染物排放。以电代油中的油，指的是汽油、煤油、柴油等石油产品。它们广泛使用于汽车、轮船、航空、农业机械、工程机械等领域。研究表明，PM2.5 成分中，20％—30％来自燃油。另外，我国已成为世界上最大的石油进口国，这将对我国的能源安全造成威胁。因此，大力推广电能替代，实施以电代油，不仅具有现实意义，更具有战略价值。当前以电代油的主要方向包括：大力推广电动汽车、船舶、航空等岸电项目；在工业领域不断探索实施“油改电”；提高企业生产效率，降低企业生产成本。

③ 以电代气，就是指以电能使用替代天然气、液化气、煤气等燃烧气体能源的利用方式，减少气体能源污染物排放，提高能源利用安全水平，缓解气体能源供应紧缺的局面。以电代气是转变能源消费模式、提高城乡电气化水平的有效手段。

总体来看，推广以电代气，从基层供电企业立场出发，重点应在减缓燃烧气体能源的主要使用领域、提高供电服务水平、增强高质量电能供给、加强与当地政府合作、增强政府干预等方面下功夫。具体措施如：应重点减缓城乡对燃烧气体能源的依赖，基层供电企业应紧密围绕以电代气开展电力服务，增强高质量的电能供给，基层供电企业应加强与政府合作，增强政府对电能替代的调控。

（3）推广意义

电能替代对优化能源布局、保障能源安全、促进节能减排、保护生态环境、提高人民生活质量具有重要意义。同时，推进电能替代对提高人民生活质量，也有相当大的作用。

（4）发展趋势

就现阶段电能替代发展来看，在电能替代发展初期，主要替代领域集中在电能替代散烧煤炭、燃煤锅炉、电采暖替代燃煤采暖等技术相对较为成熟的领域，中后期的电能替代主要集中在家庭电气化、电动机替代内燃机，实现电动车替代燃油汽车。出台电能替代相关政策扶持一方面能够提高电能替代的经济性，有效引导社会选择低碳、高效的电能替代化石能源；另一方面能够扩展电能替代领域，通过对电能替代相关项目的支持来加速提高技术水平，从而提升电能替代潜力。

（5）典型案例

上海松江区大力开展燃煤锅炉改造，截至 2014 年 10 月，已完成 60 台电锅炉改造，电能替代总量超过 7 400 万 kWh。通过电能替代，松江区能源结构正日益优化，以电为主的清洁能源占比已高达 87%。

国网河北省电力公司把推广运用船用岸电技术作为“以电代油”电能替代项目的重要突破口，加强技术攻关，服务绿色低碳港口建设，推进社会节能减排。

国网甘肃省电力公司积极推广电能替代，以“气改电”为切入点，大力推广电蓄冷蓄热和电锅炉的工作方案，做到“排查一户、协商一户、确定一户、实施一户”。

2. 案例二：需求侧响应

（1）概念原理

需求响应（Demand Response，简称 DR）即电力需求响应的简称，是指当电力批发市场价格升高或系统可靠性受威胁时，电力用户接收到供电方发出的诱导性减少负荷的直接补偿通知或者接收到电力价格上升信号后，改变其固有的习惯用电模式，减少或者推移某时段的用电负荷而响应电力供应，从而保障电网稳定，并抑制电价上升的短期行为。它是需求侧管理（DSM）的解决方案之一。

（2）实施方案

需求侧响应策略实施主要分为两种：基于价格和基于激励。其中基于价格的需求侧响应策略分为分时电价、尖峰电价和实时电价。分时电价是国内较为常见的一种电价策略，能有效反映电网不同时段供电成本差别的电价机制，其措施主要是在高峰时段适当提高电价，在低谷时期适当降低电价，降低负荷峰谷差，改善用户用电，达到削峰填谷的作用。

负荷管理是需求侧响应中的一个重要方面，可以通过对需求侧负荷的调控改善用户用电习惯，达到降低电网最大负荷、降低系统装机容量、减少运行费用的目标。负荷管理通常的管理形式分为三种，即削峰、填谷和移峰填谷。削峰指的是减少高峰时期电网负荷需求，填谷指的是增加系统闲时发电容量利用水平，移峰填谷指的是调整峰谷时期负荷使用方式。需求侧负荷一般分为以下三种类型：重要负荷，可平移负荷，可调整负荷。这是根据负荷的重要性进行划分的，重要负荷是指在特定时段不可以断电的负荷；可平移负荷指的是在允许的一定范围内，可以将负荷的使用时间从一个区间转移到另一个区间，转移负荷不能超过最大允许转移量；可调整负荷是用户使用的直接结果，提前预测客户使用负荷量具有一定的困难性，所以通常采用历史数据进行评估处理。而实际上由于重要负荷的固定性和不可中断性，使其无法更改使用时间，同时可调整负荷的数量及类型的难以预测性，需求侧负荷着重考虑的是可平移负荷。

（3）推广意义

通过实施需求响应，可以移峰填谷，降低高峰时段的电力需求，提升电网运行的稳定性和效率；可以优化发电厂的运行方式，增强电网消纳更多间歇性分布式能源的能力；可以提高电网与电力用户的互动水平，为用户提供多样化的增值服务等。

（4）发展趋势

在国家能源局下发《关于推进“互联网＋”智慧能源发展的指导意见》、工业和信息化部下发《工业领域电力需求侧管理专项行动计划（2016—2020 年）》中，支持工业园区通过能效电厂建设、供需互动响应、源网荷储协同调控、能源互联网建设、分布式电源建设、充电设施建设、配电网升级改造、电能替代等实施电力需求侧管理，且鼓励需求响应与智慧用能、光伏电站和新能源消纳结合开展。今后，在传统的需求响应负荷控制的基础上，应该将新能源消纳、电动汽车充电桩和储能设备纳入需求响应下一步研究范畴，并着力构建 DR 的“一体系两机制”，即技术支撑体系、投资促进机制和经济补偿机制，进一步夯实 DR 的支撑技术，确保 DR 资源充裕性，提高用户参与积极性。

(5) 典型案例

2003 年,江苏、上海、浙江、福建、河北、山西、湖南等省市的日最大移峰负荷都在 100 万 kW 以上,其中江苏省达 280 万 kW。国家电力监管委员会统计预测,2004 年全国缺电 3 000 万 kW,通过削峰填谷的方式,可以降低高峰负荷 1 000 多万 kW。事实证明,我国节电潜力和负荷分配灵活性很大,电力需求侧管理作为一种重要资源在很大程度上缓解了电力供应的紧张局面,有效地保障了人民生产和生活。

2014 年,上海启动需求响应试点,实现降低峰荷 5.5 万 kW。2015 年,广东、江苏和北京都通过省级电力需求侧管理平台实施了需求响应项目。2016 年 7 月底,江苏成功实施了全省范围的需求响应,规模创全球单次最大,实际减少负荷达 352 万 kW,居民用户也首次参与响应。

3. 案例三:分布式能源

(1) 概念原理

分布式能源是指分布在用户侧的能源梯级利用和可再生能源及资源综合利用设施,通过在现场对能源实现温度对口梯级利用,尽量减少中间输送环节的损耗,实现对资源利用的最大化和系统与投资的最优化的能源系统。分布式能源系统与集中发电、远距离输电和大电网供电的传统电力系统相比,克服了传统系统的一些弱点,突出了节省投资、降低损耗、提高系统可靠性、能源种类多样化、减少污染等优点,成为传统电力系统不可缺少的有益补充。

(2) 实施方案

① 冷热电三联供

天然气分布式能源就是在用户终端实现冷热电三联供,也叫 CCHP(Combined Cooling, Heating & Power),它主要是利用燃气轮机或燃气内燃机燃烧洁净的天然气发电,对做功后的余热进一步回收,用来制冷、供热和提供生活热水,就近供应。

② 分布式可再生能源

分布式可再生能源技术包括太阳能光伏发电、太阳能热发电、太阳能热利用,以及风能、生物质能、地热能利用等。它将可再生能源的生产和消费结合在一起,生产的电力首先满足本地用户的需要,富余部分通过智能电网提供给邻近用户。

③ 多能互补

多能互补分布式能源系统是传统分布式能源应用的拓展,是一体化整合理念在能源系统工程领域的具象化,使得分布式能源的应用由点扩展到面,由局部走向系统。具体而言，多能互补分布式能源系统是指可包容多种能源资源输入，并具有多种产出功能和输运形式的区域能源互联网系统。它不是多种能源的简单叠加，而是在系统高度上按照不同能源品位的高低进行综合互补利用，并统筹安排好各种能量之间的配合关系与转换使用，以取得最合理能源利用效果与效益。

(3) 推广意义

① 分布式能源技术是未来世界能源技术的重要发展方向，它具有能源利用效率高、环境负面影响小、提高能源供应可靠性和经济效益好的特点。

② 分布式能源是缓解我国严重缺电局面、保证可持续发展战略实施的有效途径之一，发展潜力巨大。它是能源战略安全、电力安全以及我国天然气发展战略的需要，可缓解环境、电网调峰的压力，能够提高能源利用效率。

③ 由于分布式能源可用发电的余热来制热、制冷，因此能源得以合理的梯级利用，从而可提高能源的利用效率(达 70%—90%)。由于分布式电源的并网，减少或缓建了大型发电厂和高压输电网，缓建了电网而节约投资。同时，使得输配电网的潮流减少，相应地降低了网损。

④ 因其采用天然气做燃料或以氢气、太阳能、风能为能源，故可减少有害物的排放总量，减轻环保的压力；大量的就近供电减少了大容量远距离高电压输电线的建设，由此不但减少了高压输电线的电磁污染，也减少了建设高压输电线的征地面积和线路走廊，减少了对线路下树木的砍伐，有利于环保。

(4) 发展趋势

随着行业发展以及社会需求的提升，分布式能源将结合现代信息技术朝着综合能源微网、区域能源互联网方向发展。

综合能源微网是以分布式能源产消者为节点，以电、气、冷、热能源网络为纽带，连接能源生产、输配、储存和使用等诸环节而形成的多元、立体能源网络系统。综合能源微网可以看成是传统单体分布式能源系统与以区域供热供冷系统为主体的区域供能系统的耦合与集成。其提出的根本动因是破解区域内供能侧与用能侧存在的多元能源的实时匹配与平衡问题。在区综合能源微网中，每个节点均为分布式能源产消者，其起源于常规能源用户，通过配置分布式供能设备而兼具能源(特别是电力)供应功能。多元产消者借助连接彼此的能源网络进行能量融通，将产生的余电、余热在区域内消化，实现电力和热力的互联互通、互相补偿，提升区域整体能效。

多种能源的源、网、荷深度融合、紧密互动确立了综合能源微网的本质属性，有望成为未来城市能源的主要承载形式。另一方面，终端消费层面能源体系的自我革新也正自下而上倒逼上层能源供给侧变革。国内外发展实践均表明，随着能源体制改革的深入推进，传统能源企业将逐步向区域综合能源服务商转型，以城市和区域为基本立足点，以终端用户需求为导向，提供电、气、冷、热全方位、一站式综合能源服务。

（5）典型案例

① 上海虹桥商务区分布式能源项目

项目采用冷热电三联供系统与水蓄冷技术，供冷能力为 70 MW，供热能力为 41 MW，总发电量为 5.6 MW。项目建成后年平均能源综合利用率超过 80%。相比传统供能，节能率不低于 15%，二氧化碳排放量减少 36%。项目将每年为商务区节省近 3 万吨标准煤，减排二氧化碳超过 8 万吨，减排氮氧化物超过 200 吨。

② 上海瑞金医院北院天然气分布式供能系统

上海瑞金医院北院天然气分布式供能系统由一台 334 kW 的 SCHMITT 内燃机和两组换热器组成。与常规分供系统相比，瑞金北院天然气分布式供能系统年节能量为 119 吨标准煤，节能率 34.7%；年二氧化碳减排量为 518.8 吨，减排率 58.5%。

4. 案例三：生态积分

（1）概念原理

“生态积分”的概念最初始于日本，2009 年 5 月，日本政府为鼓励居民使用节能环保型家电以应对气候变化问题，给予响应这一号召的居民“生态积分”奖励。凡符合“生态积分”奖励条件的家电包括节能型空调、电冰箱，以及能够收看数字电视节目的电视机等。对于购置此类环境友好型家电产品的消费者，政府都将给予相应的“生态积分”奖励。消费者可以用所获得的积分兑换产品或者相关服务。其设计理念是通过“积分制度”，巧妙借用市场力量，把强化环保、刺激消费和鼓励节能进行深度融合并使之发挥功效。

（2）实施方案

以建筑领域为例，住宅生态积分通过对购买节能环保建材开展积分奖励政策，同时积分可以获取其他利益，虽然生态住宅的价格相对高，但是住宅的隔热性提高后，冷气和暖气的效率也将提高，电、石油、天然气等能源的使用量将减少，从长远来看，可以达到削减煤电费等经济上的好处。

（3）推广意义

该制度的设计和实施是以崇尚自然和保护生态等为特征的新型消费行为和过程，是一种避免或减少对环境破坏的绿色消费和环保选购。在环保积分制度实施的过程中不仅推广和宣传了“统一标签制度”，还进一步提升了消费者的环保意识。该制度引导消费者养成了把产品是否“节能”作为选购产品的决定因素之一的习惯，并向消费者宣传了如何认识和利用“统一节能标签”上所提供的信息，渐渐实现国民的理性购物和绿色购物。

（4）发展趋势

随着“生态积分”节能效果的显著增加，我国也积极采取类似的方式，2016 年 3 月，国家发改委、中宣部、科技部等十部委出台了《关于促进绿色消费的指导意见》，对绿色产品消费、绿色服务供给、金融扶持等进行了部署。在建立健全绿色消费长效机制方面，意见明确，对符合条件的节能、节水、环保等项目或产品，可以按规定享受相关税收优惠。高耗能、高污染产品及部分高档消费品纳入消费税征收范围。金融业将积极开展绿色消费信贷业务，研究建立绿色消费积分制。

（5）典型案例

以日本的“生态积分”运作方案为例，凡是贴有“环保积分制度产品”标签的产品，均适用于该制度。即：节能性能相当于或优于贴有“统一节能标签”的获得四星以上的空调、冰箱和电视。购买符合要求的商品后，根据具体的规格就能获得相应的积分。其积分一般为该商品价格的 5%—10%，1 个积分相当于 1 日元。用获得的积分可换购指定的节能产品或服务共计 271 项，具体有以下 3 类：商品券、乘车卡等 207 项，地方特产 55 项，达到环保标准的家电电器 9 项。

思考题

1. 论述世界与我国能源消费构成特点及差别。
2. 论述能源与经济脱钩发展的可能性。
3. 论述工业、交通和民用领域节能的发展趋势。
4. 思考生活中常见的节能小妙招及其原理。
5. 通过经济手段促进能源消费革命有哪些典型方法？

参考文献与续读书目：

[1] 代剑萍.低碳生活[M].南京：凤凰出版社，2010.
[2] 国务院发展研究中心.高质量能源支持高质量发展：新时代的中国能源革命[M].国务院发展研究中心，2018.
[3] 宣能啸.我国能效问题分析[J].中国能源，2004，26(10).
[4] 国家统计局.中国统计年鉴[M].1998—2016.北京：中国统计出版社，1999—2017.

[5] 国家统计局.中国能源统计年鉴[M].北京：中国统计出版社，2017.
[6] 吴金星.工业节能技术[M].北京：机械工业出版社，2014.
[7] 国家发展和改革委员会应对气候变化司.国家重点推广的低碳技术实施指南（第一册）[M].中国财政经济出版社，2015.
[8] 胡杰，李振宇，黄格省.低碳时代我国加快天然气利用的机遇分析与发展建议[J].化工进展，2013，32(10).
[9] 王星光，柴国生.中国古代生物质能源的类型和利用略论[J].自然科学史研究，2010，29(4).
[10] 李立.令人叹奇的古代节能智慧[J].智慧中国，2018(6).
[11] 英国石油公司.BP 能源展望 2018[M].英国石油公司，2018.
[12] 刘宝华，王冬容，曾鸣.从需求侧管理到需求侧响应[J].电力需求侧管理，2005(5).
[13] 邹京希，曹敏，颜庭乔.我国需求响应实施现状及发展展望[J].新型工业化，2016，6(11).
[14] 路甬祥.大力发展分布式可再生能源应用和智能微网[J].中国科学院院刊，2016，31(2).
[15] 蓝建中.日本的生态消费[J].金融博览，2010(6).
[16] 王维兴.钢铁生产可以更绿色[N].中国冶金报，2016－06－30(5).
[17] 住房和城乡建设部.建筑节能与绿色发展“十三五”规划网站，2017.
[18] 文殿元，邵连新，翟洪良，等.倡导船舶岸基供电推进船舶节能减排[J].中国海事，2014(10).
[19] 刘兰巧.浅谈民用建筑节能的意义与技术措施[J].建筑工程技术与设计，2014(29).
[20] 任洪波，吴琼，高伟俊.基于未利用能源的城市广域节能体系构建研究[J].中外能源，2015(2).

第八章　能源强国——中国电力何以世界第一

尽管我国能源发展取得了巨大成绩，但也面临着能源需求压力巨大、能源供给制约较多、能源生产和消费对生态环境损害严重、能源技术水平总体落后等挑战。我们必须从国家发展和安全的战略高度，审时度势，借势而为，找到顺应能源大势之道。

——习近平：《在中央财经领导小组第六次会议上的讲话》(2014年6月13日)

世界范围内的输电网形成迄今已经有100多年历史，输电技术从低电压到高电压等级提升的过程中，西方国家曾一直领先，直到2009年中国建成特高压输电工程，从此实现了超越，确立了我国在世界特高压输电领域的引领地位。特高压输电技术，是迄今难度最大、最复杂的一项电力技术成就。特高压给了中国电力一次跨越式发展与自主创新的历史性机会。

一、电力是如何从产生到用户的

(一) 中国能源分布状况

我国能源与生产力布局呈逆向分布，76%的煤炭资源分布在北部和西北部，80%的水资源分布在西南部，陆地风能主要集中在西北、东北和华北北部，而70%以上的能源需求来自东中部。由于运输成本高、土地资源紧张、环境压力大，东部地区不适宜再大规模建设燃煤电厂，这就要求电力发展模式要由就地平衡转变为"西电东送、北电南供"。建设以特高压电网为骨干网架的坚强智能电网，可以充分利用其输送距离远、容量大、损耗低、效率高的特点，把能源资源就地转化为电力，让"煤从空中走、电送全中国"，解决能源运输长期紧张的难题，推动能源资源在全国范围内优化配置和高效利用。早在2004年，国家电网公司就提出发展特高压电网。

(二) 电力的传输

1880年12月，美国纽约提供了真正意义上的公用照明电力服务，由Brush

Electric Company's 建设的输电线路，供电距离在曼哈顿的几条街道之间，只有 3.2 千米；1889 年，俄勒冈波特兰通用电气创造了 14 千米的输电距离，额定输送功率 4 kW，创造当时世界范围电力传输的“高压”奇迹。

125 年后的今天，我国已经建成世界上输送距离最远、输送容量最大、电压等级最高和技术最先进的昌吉—古泉±1 100 kV 特高压直流输电工程，途经新疆、甘肃、宁夏、陕西、河南、安徽六省区，线路全长 3 293 千米，输送容量 1 200 万兆伏安，每年能向东中部送电约 660 亿 kWh。

电力科学家们怎样把输电距离从 3.2 千米提升到 3 000 千米以上？或者未来的 5 000 千米？技术秘诀是提升输电电压。为此，科学家们为提高既看不见也摸不着的输电电压等级进行了不懈努力。电网建设历史记录，百年来输送电压从 10 kV、35 kV、110 kV、220 kV、330 kV、500 kV、750 kV，直到 1 000 kV。

（三）特高压输电与能源

在我国，特高压是指±800 kV 及以上的直流电和 1 000 kV 及以上交流电的电压等级。

1. 特高压是应对环境危机的产物

我国能源生产和消费总量大，化石能源使用多，环境污染、气候变化等问题日益严峻。因此，摆脱化石能源依赖，实现清洁能源消费，是大势所趋。立足基本国情和资源禀赋，国家电网制定实施了“一特四大”战略，即加快实施特高压电网建设，促进大煤电、大水电、大核电、大型可再生能源基地集约开发，着力于“以电代煤、以电代油、电从远方来、来的是清洁电”，实现电能替代、清洁替代。因此，特高压是应对环境危机的产物。

2. 特高压是保障能源安全的产物

能源是现代化建设的动力，是长期影响经济社会发展的重大因素，作为能源消费大国，中国只有立足独立自主解决能源问题，才能保证能源安全，才能保证经济社会可持续发展。建设特高压电网，加大输电比重，实现输煤输电并举，形成能源输送方式相互保障格局，可以促进能源输送方式多样化，减少煤炭运输压力，提高能源供应安全和高效经济运行。

3. 特高压是应对当今世界面临的三大严峻挑战的举措

资源紧缺、环境污染和气候变化也是当今世界面临的三大严峻挑战。数据显示，全球化石能源消费每年排放二氧化碳高达 320 亿吨，二氧化硫 1.2 亿吨，氮氧化物1亿吨。据统计，按照目前的开采强度，2014年全球煤炭、石油和天然气探明储量分别仅能开采110年、53年和54年。与化石能源相比，清洁能源储量丰富，全球水能资源超过100亿kW，陆地风能资源超过1万亿kW，太阳能资源超过100万亿kW，仅开发其中万分之五就可以满足未来人类社会的能源需求。特高压输电以及建立在特高压网架基础之上的智能电网、能源互联网可以将清洁能源在更广泛的范围内输送与分配，成为解决三大挑战的良好措施之一。

(四) 中国电力的众多第一

到2013年年底，全国发电装机容量高达12.3亿kW，世界第一。2012年，中国风电装机容量世界第一，超过美国成为全球第一风电大国。2015年底，中国超过德国，全球光伏发电装机容量世界第一。

此外，我国在特高压输电领域更是创出更多第一，遥遥领先世界。如，我国拥有特高压输电的第一发展速度；同塔双回直流试验线段世界最长；试验线段可升压至+1 200 kV电压，等级世界最高；悬链形两厢式直流电晕笼世界最大；庞大的门型直线塔其活动的横梁在垂直、水平向可以自动控制，是世界首创；使用4联×530 kN最大吨位合成绝缘子等均属国内首创，等等。中国建成第一个示范工程以来，共完成180项关键技术研究课题，形成专利429项，建立包含七大类79项标准的特高压交流输电标准体系，涵盖系统研究、设备制造、调试试验和运行维护等环节，特高压输电的行业标准也是采用中国标准。我国是世界上唯一一个掌握特高压自主知识产权关键技术、关键装备和标准体系，并实现大规模工程应用的国家。

二、我国电力何以成世界之最

(一) 中国电力工业的起点

1. 晚清

清末时局动荡，洋务运动、被迫开埠、外国资本的涌入、民族工商业资本的萌芽兴起，催生了中国早期电力工业的雏形。

中国第一盏电灯、第一个发电厂在上海问世。

2. 民国

民国时期战乱动荡，苦难中国的民族工商业的逐渐发展，在核心城市初步形成了中国电力工业的摇篮。不少主要工商业城市兴建了电厂及电网，如上海、南京、武汉、重庆、北平、天津等。

而此时国外主要资本主义国家的电力工业相对完善，积贫积弱的中国在苦难中蹒跚前行。

（二）新中国电力工业的发展

1. 1950—1960 年代

开国之初一穷二白，在苏联的支援下，以国家重点工程为依托，我国逐步开始建立电力工业，包括电站、电力设备制造业、大型电力工程等，新中国电力工业建设由此起步。

2. 1960—1970 年代

受国际政治、国内政治环境影响，西方封锁、中苏交恶、十年浩劫，中国电力依然步履蹒跚，但走上了一条独立自主发展电力工业之路，以典型的中国电力设备、工程及项目为代表，如国产 300 MW 燃煤火力单元机组。

3. 改革开放的 1980 年代

国际政治格局的缓和变化，我国改革开放政策的引领，使我国电力工业看到了与国际先进水平的差距。

受国内电站设备制造水平和能力的限制，我国大量直接引进电站设备，虽然一定程度上满足了国内电力发展的需要，但也不可避免地造成对国家自主电力工业的冲击和影响（电力工业对于西方主要发达资本主义国家而言，已逐步进入夕阳产业的窘态，而我国庞大的新兴电力需求，极有可能成为其倾销对象）。

以国家的名义，依托我国已有的电力工业基础，引入西方先进电站设备制造管理技术，生产同时代技术水平的电力设备，运行新时代技术的电网，是我国独立自主快速发展电力事业的必经之路。

4. 1990 年代的快速发展

电力为改革先行，引进技术、消化吸收、独立开发，产能释放，遍地开花，欣欣向荣。

5. 2000 年代，世界第一的发展速度

紧跟世界技术发展潮流，无论是在发电侧，如我国的燃煤火电、水电、核电、风电、太阳能发电等，还是在供电侧，如我国的超高压电网、智能电网等输配用环节，都是世界最快发展速度，具备世界一流的技术水准。

6. 2010年代，世界第一

2015年前后，从宏观总量而言，我国的电力装机总容量、总发电等多项综合指标一举超越美国，成为世界电力第一强国；就综合电力装备技术而言，我国的燃煤火电、水电、核电、风电、太阳能发电等都居世界前列，我国的电网输配电技术，也雄踞世界第一。

（三）如何成为世界之最

1949年，全国仅装机185万kW，发电量43亿kWh。每人年平均电量仅8 kWh，而且技术水平相当落后，唯有东北装有50 MW以上的机组和220 kV的高压线路。

新中国成立后，政府对电力工业发展非常重视，保持了电力工业的增长高于国民经济其他行业1.3—1.5个百分点的速度发展。

1978年我国200 MW及以上机组只有18台，2000年200 MW以上机组已有545台，是1978年的30倍。在大机组和大电厂已成为我国电力工业主力机组和电源单位的同时，我国电网的规模也进一步扩大和加强。在跨入21世纪之前，全国已经形成华北、东北、华东、华中、西北和南方6个跨省区电网，全国发电设备容量1997年达2.5亿kW，年发电量达11 320亿kWh。

到2000年全国装机容量达到3.19亿kW，年发电量达14 000亿kWh，均居世界第二位。

2001—2005年期间，我国电力工业建设和发展的成绩显著。电力装机容量和发电量均居世界第二位，保持了较高的增长速度。发电装机年均增长10.11%，发电量年均增长12.8%，基本上满足了经济和社会发展的需要。

截至2005年年底，全国220 kV及以上的输电线路达到25.2万千米，变电设备容量达到8.7亿kVA。

新中国成立初期，也就是1949年，我国的发电装机容量只有185万kW，到1987年装机总量才达到1亿kW，然后用8年时间，1995年实装机容量2亿kW，此后再用5年时间，到2000年实现了装机3.19亿kW，2004年装机是4亿kW，2005年净增1.1亿kW，2006年统计新投产1.12亿kW，就是说到2006年年底装机规模已实现6.22亿kW。这样快的增长速度在世界电力工业发展史上是绝无仅有的。截至2017年底，我国发电设备装机容量达到17.77亿kW。

三、中国电力还能实现新超越吗

电压等级是电网发展水平的重要标志之一，主要体现在以下两个方面：一是为实现输电技术的升级换代，满足远距离、大容量、低损耗输电的要求，输电通道的电压等级必须相应地逐步提高；二是为实现电网结构的升级换代，满足负荷增长和电网规模扩大的需求，主网的电压等级必须相应地逐步提高。

这如同要实现大客流和高效率的运输，需要实现铁路运输的提速，发展高铁技术；要满足广大人民的居住要求，住房需从平房发展到低层楼房、再到高层楼房。

（一）西方发达国家电压等级的发展历程

19世纪末至20世纪中期，世界电力工业经过数十年的发展，形成了以交流技术为主的电网，该阶段电压等级最高为220 kV，电网规模以城市电网、孤立电网和小型电网为主，规模不大。第二次世界大战后，全球经济快速发展推动了电力工业的发展，电源与用户之间的距离逐步加大，电网规模和容量也不断加大，该阶段世界电网电压等级发展有如下几个标志性事件：

从1952年开始，瑞典、美国、苏联等先后建成400 kV级（含345 kV、380 kV等）输电线路；

1959年苏联建成500 kV输电线路；

1965年，加拿大建成735 kV的输电线路；随后苏联和美国等相继建成750 kV和765 kV输电线路；

此后美国、苏联、日本等均开展了1 000 kV及以上输电线路的试验研究。

1985年苏联曾建设哈萨克斯坦火电基地向欧洲部分输电的1 150 kV输电工程（后因社会经济原因而中止）。

美国、苏联电压等级具体发展历程如表8-1所示。

在交流输电技术发展的同时，直流输电技术也逐步突破技术瓶颈，开始快速发展，标志性事件如下：

1954年，瑞典采用汞弧阀换流技术建成世界上第一个工业性高压直流输电工程（±100 kV，20 MW）；

表 8-1　西方发达国家交流电压等级发展历程

美　　国	苏　　联	其他国家
1908 年，建成了世界第一条 110 kV 输电线路； 1923 年，第一条 230 kV 线路投入运行； 1954 年，建成第一条 345 kV 线路； 1964 年，建成第一条 500 kV 线路； 1969 年，建成了 765 kV 线路	1952 年建成第一条 330 kV 线路； 1956 年建成 400 kV 线路； 1967 年建成 750 kV 线路； 1964 年建成完善的 500 kV 输电系统； 1985 年，苏联建成世界上第一条 1 150 kV 特高压输电线路	1952 年，瑞典建成世界上第一条 380 kV 超高压线路； 1965 年，加拿大建成世界第一条 735 kV 超高压线路

1972 年，加拿大建成世界上首个全部采用晶闸管阀的直流工程，直流输电工程的电压逐步提高至 ±400 kV、±500 kV 和 ±660 kV，输电容量也逐步达到千兆瓦级。

综上所述，100 多年来世界电网的发展历史，是一部电网规模不断扩大、电压等级不断提升的历史，这是电网发展的客观规律。

（二）曾经长时间落后于西方的中国电压等级发展

我国有电的历史几乎与国外同步，但在 1949 年前电力工业发展缓慢，全国只有少数大中城市有电，电网规模很小，电压等级低，除东北有一部分 154 kV 输电线路外，京津唐地区最高电压为 77 kV，上海地区最高电压为 33 kV。

1949 年新中国成立后，遵循电网发展的客观规律，我国的电网技术取得了举世瞩目的进步，电压等级发展有如下一些标志性事件：

1. 交流电压

- 1954 年，第一条 220 kV 线路（丰满电厂—抚顺）建成，满足丰满电厂送出；
- 1972 年，第一条 330 kV 线路建成，将刘家峡水电站电力送往关中，西北电网开始形成。
- 1981 年，第一条 500 kV 线路（平顶山—武汉）建成，并启动 500 kV 电网建设。
- 2005 年，第一条 750 kV 线路（官亭—兰州东）建成，满足青海大型水电送出，西北电网开始构筑 750 kV 电网。
- 2009 年，第一条 1 000 kV 输电线路（晋东南—南阳—荆门）建成，这是当时世界上电压等级最高的输电工程。标志着我国占据了世界输电技术和电工设备制造领域的制高点。

2. 直流电压

与此同时，直流输电在我国也取得了快速发展：

- 在1989年建成葛洲坝—上海±500 kV直流输电工程；此后，又相继建设了一批±500 kV直流输电工程；
- 从2010年开始由±500 kV提升至±660 kV和±800 kV；
- 目前正在规划建设±1 100 kV的直流输电工程，在直流输电领域也占据了世界的制高点。

交流特高压(UHV)指1 000 kV及以上的电压。1 000 kV交流特高压已纳入我国国标规定的电压等级系列，并已成为国际标称电压。

直流特高压(UHVDC)通常指±800 kV及以上电压等级。直流特高压已纳入我国国家标准，并已为国际标准组织采纳。

中国电压等级具体发展历程如表8-2所示。

表8-2 中国电压等级发展历程

交流电压		直流电压
1949年前	1949年后	1949年后
1908年建成22 kV石龙坝水电站至昆明线路； 1921年建成33 kV石景山电厂至北京城的线路； 1933年建成抚顺电厂的44 kV出线； 1934年建成66 kV延边至老头沟线路； 1935年建成抚顺电厂至鞍山的154 kV线路； 1943年建成110 kV镜泊湖水电厂至延边线路	1952年建成110 kV输电线路，逐渐形成京津唐110 kV输电网； 1954年建成丰满至李石寨220 kV输电线路，随后迅速形成东北电网220 kV骨干网架；1972年建成330 kV刘家峡—关中输电线路，全长534 km，随后逐渐形成西北电网330 kV骨干网架； 1981年建成500 kV姚孟—武昌输电线路，全长595 km，开始形成华中电网500 kV骨干网架； 2005年9月，中国在西北地区(青海官亭—甘肃兰州东)建成了一条750 kV输电线路，长度为140.7 km	1989年建成±500 kV葛洲坝—上海高压直流输电线，实现了华中—华东两大区的直流联网； 2010年开始由±500 kV提升至±660 kV和±800 kV； 目前正在规划建设±1100 kV的直流输电工程

(1) 在输电技术领域，20世纪中国与发达国家的差距有多大？

从世界电网的发展历程看，输电网已经有100多年历史了。但是，就输电技术从低电压到高电压等级提升的过程看，西方国家一直领先，中国比世界发达国家首次出现更高电压等级输电网的时间晚了 20 多年。1972 年 6 月 16 日，我国自行设计、自行制造设备、自行施工安装的第一条 330 kV 超高压输变电工程——刘(刘家峡)—天(天水)—关(关中)线路投入运行，而瑞典早在 1952 年就已经建成 380 kV 的输电工程了。不仅如此，750 kV 输电技术我们则晚了 40 年。1965 年加拿大最早建成麦尼夸根—魁北克市—蒙特利尔 735 kV 的输电工程，而我国首次全面掌握 750 kV 电网建设及运行技术是在 2005 年，建成青海官亭至甘肃兰州东输变电工程。

(2) 从规律上看，输电网电压等级提升的周期一般是多长时间?

在用电负荷持续增长的前提下，从低电压等级向高电压等级的提升周期一般是 10 年到 20 年左右。低电压等级时间相对短一些，而高电压等级从研发到运营一般的时间尺度都要在 20 年左右，而从超高压到特高压则经历了近 20 年的时间。

(3) 为什么中国以前电网的建设会有 20—40 年的差距呢?

1882 年 7 月 26 日，上海首次点燃 15 盏电灯，距 1879 年 10 月 27 日世界第一盏电灯的诞生时间不算长，只晚三年。但是，输电技术发展及电网建设与一个国家的经济发展水平密切相关。改革开放以来，我国电力工业发展迅速。到 2013 年年底，全国发电装机容量高达 12.3 亿 kW，超过美国成为世界上发电装机容量最大的国家。电力生产不仅与经济增长呈正相关的关系，电力的发展与经济发展的轨迹吻合。由此看来，长时间以来西方国家经济较发达，对电力生产传输的升级换代需求较旺，技术发展自然也比较快，直到 2009 年中国建成特高压输电工程，才开始改变这个格局。

(三) 奠定中国电力行业世界领先的关键——特高压输电工程

从高压到超高压，中国电力技术一直在走跟随式的发展路线，中国特高压输电工程的成功，开启了特高压为最高电压等级电网建设的新纪元，在电网科技领域完成了从追赶到超越的历史性转变。国家电网从最初建设的特高压示范工程到如今在建在运 20 条特高压交/直流工程，技术上持续提升、理念上不断突破、视野上越来越开阔，展现出强大的生命力。

四、为何特高压技术成为能源强国的发展重点

(一) 世界强国对特高压的探索

20 世纪 70 年代以来，为解决经济快速发展对负荷需求增长的预期以及大容量长距离输电问题，西方工业国和苏联均纷纷制定了本国发展特高压输电的计划。美

国电力公司(American Electric Power,AEP)、美国邦那维尔电力公司(Bonneville Power Administration,BPA)、意大利 ENEL、苏联电力部和日本东京电力公司均于 20 世纪七八十年代分别建设了特高压输电试验基地或试验线段,共计 14 项,进行了大量特高压前期和工程科研工作。课题涉及特高压绝缘、环境影响、监控保护、系统设计和工程规划。一些制造厂商(如瑞典 ASEA、法国 ALSTHOM、美国 GE)配合美国的电力运行单位进行了特高压输变电设备的研制,美国 AEP 在瑞典制造厂商的配合下完成了 1 500 kV 输电的试验研究工作;意大利 ENEL 完成了 1 000 kV 的成套设备带电试运行工作;苏联和日本分别建成了百万伏级输变电工程。

1. 苏联 1 150 kV 特高压线路

苏联幅员辽阔,能源和负荷分布很不均衡。负荷中心在西部欧洲地区,大量水力资源在东部西伯利亚,距欧洲地区 4 500 千米,煤炭集中在南部哈萨克斯坦,距莫斯科约 2 500 千米。这就需要实行大规模的"东电西送和南电北送",通过特高压输电线路,把西伯利亚的水电和哈萨克斯坦的煤电输送到莫斯科地区。

苏联从 1981 年起开始建设特高压输电系统,共建成车里雅宾斯克—库斯坦奈—科克切塔夫—埃基巴斯图兹—巴尔脑尔—伊塔特 1 150 kV 特高压线路 2 362 千米。其中埃基巴斯图兹—科克切塔夫—库斯坦奈最先建成并投运,线路长度约 900 千米,特高压变电站 3 座,累计运行时间 5 年,运行性能良好。苏联解体后,送端电源未能按预定目标建设,导致特高压线路负载过轻,输送容量仅为额定容量的 20%,从 1994 年起降压运行。

2. 日本 1 000 kV 输电网架

日本 1973 年开始研究特高压输电,是世界上第 2 个建成特高压线路的国家。日本东京电力公司决定在已有 500 kV 网架之上发展 1 000 kV 输电网架,建设东西和南北两条 1 000 kV 输电主干线,目的是把位于东部太平洋沿岸的福岛第一和第二核电站(装机共 910 万 kW)和装机为 812 万 kW 的柏崎核电站的电能,用中等距离的输电线穿过人口稠密地带,输送到东京湾的用电负荷中心。

日本从 1992 年以来,共建有 1 000 kV 同杆并架线路 427 千米,1996 年投入使用了新榛名特高压设备实物验证站,做了多项试验,设备通过了 9 年的 1 000 kV 带电运行考核,初步验证了特高压技术的可行性。

日本根据本国的国情,采用气体绝缘设备、高性能 C 型避雷器、高速接地开关、装设合闸和分闸电阻等多种措施,有效解决了过电压和潜供电流的问题。由于电力需求增长减缓和核电建设计划推迟,日本特高压线路建成后一直按 500 kV 降压运行,1 000 kV 升压计划也大幅推迟。

3. 意大利 1 050 kV 试验工程

20 世纪 70 年代,意大利和法国受西欧国际发供电联合会的委托进行欧洲大陆选用交流 800 kV 和 1 050 kV 输电方案的论证工作。之后意大利特高压交流输电项目在国家主持下进行了基础技术研究、设备制造等一系列的工作,并于 1995 年 10 月建成了 1 050 kV 试验工程,至 1997 年 12 月,在系统额定电压(标称电压)1 050 kV 电压下运行了 2 年多时间,取得了一定的运行经验。

该试验工程位于意大利 Suvereto 1 000 kV 试验站内,包括两部分:1 050/400 kV 变电站和 2.8 km 1 050 kV 输电线路。

(二) 国外特高压技术的发展现状与困境

1. 世界首条特高压输电线路为什么没有长期运行

20 世纪的 60 到 90 年代,美国、日本、苏联、意大利等国家经济快速增长,电力需求旺盛,建设特高压电网有很大的动力。只有苏联建成工程,但后来降低电压运行。其他国家都没有建成完整的工程。

苏联于 1985 年建成从埃基巴斯图兹—科克切塔夫—库斯坦奈 1 150 kV 特高压线路,线路全长 900 千米,但是仅断续运行了 5 年的时间,1991 年苏联解体以后特高压工程下马了,由原来 1 150 kV 降到 500 kV。有三个原因:其一是政治原因,苏联的解体导致这条线路已经不在俄罗斯本土,而是在哈萨克斯坦境内;其二是经济原因,苏联解体后,15 个加盟国经济快速下滑,对电力的需求大大下降;其三是技术原因,不仅是设备,包括输电线路方面的技术,如电磁环境控制不好。综合因素迫使使其降压运行。

2. 美国技术领先但为什么没有工程应用

美国于 1967 年开始对 1 000 kV 特高压输电的特性进行研究,当时主导这项技术研究的有美国电力公司(AEP)和美国邦那维尔电力公司(BPA),建实验设施,规划工程,但是没有实施,因遇到 1970 年代的石油危机。另外,美国的能源需求的不平衡性不是很突出,对特高压远距离、大能量的传输需求随着经济增速的放缓和产业结构调整,原来所规划的特高压电网的建设和技术的应用就都搁置了。客观地说,20 世纪美国在世界上研究特高压输电技术算是比较领先的,但是美国没有工程应用。

3. 日本特高压线路为什么一直降压运行

日本是一个多岛国,国土面积只有 38 万平方千米,对特高压远距离、大能量输送的诉求客观上没有大国的需求旺盛。但是20世纪日本的经济高速发展，面对日本资源短缺，20世纪六七十年代曾规划千万kW的核电群项目，其负荷中心在东京湾，如果用500 kV输送，输电线路将比较密，占用的走廊面积大；如提升输电电压等级，可提高输电效率、节约土地资源。日本基于这样的需求也研究特高压输电。

日本研发出特高压输电相关的设备，还建了2条同塔双回路的特高压交流线路，其中一条就是从福岛送往东京的线路。2条输电线路长约430千米，分别于1992年和1999年建成。虽然建成了2条线路，设备也有了，但并不是完整的工程，因为变电站还是500 kV设备。日本1 000 kV特高压线路传输一直降压至500 kV等级。其原因仍然是受经济危机影响需求下降，原来所规划的大规模核电未付诸实施。在福岛核电站没有出事故之前，我们曾经询问日本东京电力的同行究竟是否上特高压，当时他们还说尽快要上马，但是福岛核电事故以后，日本投运特高压的可能性就更小了。

（三）技术和经济的思考

意大利在欧洲算得上工业基础强国。通常欧洲国家的最高电压等级为380 kV，最高运行电压是400 kV。意大利当时工业比较发达，想把南部的煤电送到北部，为此研究特高压输电技术。他们当时选的标称电压是1 050 kV，并建立了实验站，对绝缘与电磁环境特性做了一些研究，也建成了几十千米的试验线段，但是原来规划的工程没有上，还是因为经济的原因。

1988年国际大电网委员会成立了一个工作组，对世界范围内特高压输电技术的开发做过一个调研总结，其结论是：特高压交流输电技术没有不可逾越的障碍，已经基本上达到可以应用的程度。正是鉴于上述国家的实践，特高压在技术方面已经没有障碍。

美国、日本加上意大利都曾经研究开发过特高压，最终由于经济原因停滞或者暂缓，或者是降低输电等级。

这些国家在20世纪70年代开展的特高压输电的研究，前提是预测未来电力需求急骤增长，如果不上新的电压等级，电网可能满足不了需要。但是实际上70年代末这些国家经济发展变缓，电力需求量年增长只有1%—2%，因此特高压输电研究搁置，特高压计划取消，这倒是印证了经济学的生产可能性曲线原理。

发达国家虽然研究了特高压输电技术，但是由于需求不迫切产生了技术的闲置，未能完成经济资源和生产技术最大限度的组合。而中国恰恰是存在经济增长的潜力，即存在生产可能性—市场的需求。同时，20 世纪的特高压输电技术和设备均不成熟，也没有技术标准和规范。

五、中国特高压技术如何实现自主突破

（一）我国成功建设特高压电网

1. 特高压技术的难点与挑战

每一次提高电压都面临电力传输技术的障碍。每提高一个输电电压等级，都面临技术极限的突破与挑战。

（1）难题之一：提高电压与抑制电压

特高压，顾名思义就是用高等级的电压传输电能，科学家们千方百计提高传输电压等级，为何首要考虑的却是如何控制电压？“电压控制”是输电技术领域的重要概念，是指电源电压超过其额定值时的电压控制，包括三个方面：第一是运行电压控制，第二是内部过电压控制（包括暂时过电压、操作过电压以及特快速瞬态过电压），第三是雷击过电压控制（外部过电压）。

当电网正常运行时，线路 50 赫兹正弦波的电压是运行电压，比如 1 000 kV 特高压线路，正常运行的线电压是 1 000 kV；500 kV 超高压线路，运行电压就是 500 kV，运行电压也被称为稳态电压。而过电压则是一种瞬态电压，只在某个瞬间突然出现，而不像正弦波那样反复不变。过电压要比运行电压高很多，如果以音响设备比喻，播放正常音量时可视为运行电压，而当插拔信号线瞬间发出的“砰砰”巨响可以视为过电压。电网里日常的线路、变压器、并联电抗器的投切、分合闸，乃至线路故障等都会引起线路的过电压，统称为内部过电压。而线路、杆塔、地线避雷线遭到自然雷击引起的过电压称为雷击过电压。

从超高压 500 kV 到特高压 1 000 kV，电压等级翻了一番，控制电压的允许值是简单的倍数关系吗？显然“不是的”。实际上，特高压允许运行电压升高的过电压裕量反而变小了。以运营电压做基础是 1 倍，在 110 kV、220 kV 时过载电压有 3 倍的裕度，当电压为 500 kV 时是 2.0 倍，750 kV 是 1.8 倍，到 1 000 kV 特高压时只有 1.6 倍的裕度。裕度，是指留有一定余地的程度。

特高电压输送的能量大、距离长，但是从技术的要求上看，越是高电压等级，操作过电压允许的倍数越小，意味着电压控制更加困难。使用什么手段抑制特高压内

部过电压与雷击过电压呢？从2004年开始，中国电力科学研究院先后有几十位科研人员做1 000 kV特高压交流输电系统过电压的研究，研究课题包括标准电压选择、过电压与绝缘配合、防雷防护、同塔双回路系统断路器瞬态、稳态过电压与电磁暂态优化等十多项研究。这些工程急需的科技成果，特别是相关参数经过仿真计算以及试验验证后，有力支撑了特高压设备研发与选型。

（2）难题之二：污秽环境下外绝缘子的配置

环境的恶化，对哪个行业影响最大？如果说是电网并不夸张。我国大气污染日益严重，工业生产排出的含盐废气，包括钠、钾、钙等，随时对输电线路绝缘进行攻击。

如果注意观察，在高压输电塔上悬挂一串串多盘伞状的绝缘子，它的下端就拴着高压线。日积月累飘落在绝缘子上的污秽灰尘，当遇到水分，包括雾、积雪融化和毛毛雨时，灰尘溶解瞬间变成了导电体，在电场作用下出现强烈的放电现象，此时电网容易出现短路事故。绝缘子短路导致电网断电的重要原因，不是绝缘子本身被“击穿”，而是沿着绝缘子表面的空气被高压电“击穿”，电学中称为“闪络”，俗称“污闪”。20世纪90年代北京办亚运会前，华北500 kV电网就曾发生过大面积“污闪”事故。

为了确保线路的安全运行，以往国际上通常采用停电清扫、不停电清扫和带电水冲洗方法。以200 kV以上高压输电线路为例，据美国能源信息署（EIA）统计，2012年美国200 kV以上高压输电线路只有30.7万千米，而中国达到51.4万千米，是美国的1.68倍。假设以高压输电两塔之间档距50米估算，约有1 000万个输电塔需要人工经常清扫。20世纪80年代以来空气污染日益严重，电力科学家寻找到一种叫硅油的憎水性涂料，把它涂到陶瓷绝缘子表面，以增加绝缘子的憎水性。

随着各国的输电网向特高压、大容量、远距离输送方向的发展，传统绝缘子面临着巨大的挑战，一方面由于输电线路经过的绝大部分地区面临难以解决污秽的问题，另一方面沿用瓷绝缘子增加片数会增加塔的承重。使用复合材料绝缘子，不仅抗污闪性能好，也可减小塔头尺寸，同时减轻线路运行维护的工作量和停电次数，为电网带来巨大的经济效益。

使用复合绝缘子在超高压、特高压输电线路上的运行，国外积累了一些经验，比如加拿大、美国、苏联均在高电压等级输电线路上部分采用了复合绝缘子。中国建设特高压电网，工程技术人员也瞄准了具有高抗张强度和高抗冲击性且重量轻的硅胶复合绝缘材料。但是，在特高压电网使用复合材料绝缘子，最大的约束条件是环境污染对绝缘子的影响，这是上述国家没有遇到的，也是中国的国情。我们的环境条件与日本和俄罗斯有很大的差别，他们的参数不能套用。我国 1 000 kV 交流输变电工程，绝缘子在整个工程造价中约占 7%，在设计和设备选型阶段，绝缘子污秽外绝缘配置问题是输电线路设计的重大问题之一。

目前，我国新建输电线路中，复合绝缘子的使用比例达到了 43.7%；在特高压线路中，这一比例高达 2/3。复合绝缘子为我国大电网的建设和运行提供了可靠保障，技术处于世界领先水平。

（3）难题之三：控制电磁环境与控制电场

设想一下，如果一条上千千米的特高压输电线全线处处发生频闪的蓝色晕光，并伴随发出“嘶嘶”的声音，会是个什么情形？

蓝色晕光被称为电晕，英文词是 corona，与日冕共用，与日冕产生高温和辐射同理，发生电晕会出现放电现象，它产生的高频脉冲电流以及多高次谐波，将对无线电通信造成干扰。输电线路所经之地，无线电信号接收质量下降，尤其在雨、雪、雾天状况下会引起电晕损耗，造成电能的极大浪费。所以，控制导线导体表面的电场，抑制产生电晕，成为建设高电压等级输电网的第三个难题。

苏联是世界上最早开展特高压输电技术研究的国家之一，也是迄今为止世界上唯一有过特高压输电工程运行经验的国家。1985 年 8 月，世界上第一条 1 150 kV 线路（埃基巴斯图兹—科克契塔夫—库斯坦奈）在额定工作电压下带负荷运行，但是，放电声和电晕光环一直困扰着科学家。苏联特高压输电线路自建设初始，可听噪声与电晕指标就稍高于规定值，但由于线路大部分处于地广人稀地段，加之后来降压到 500 kV 运行，对环境影响有限，实际上特高压的电磁环境控制，是个尚未被攻克的难题。

中国与当时的苏联经济资源地理分布状态不同，中国特高压线路的输送终端是沿海工业发达与人口稠密地区，如果不能有效限制在高电压与大电流作用下产生的强电磁环境，高频脉冲电流对无线电信号的干扰及所产生的臭氧和氮氧化物将严重污染环境，更大的问题是工频磁场对人体、动物乃至植物的损害。在高压输电线路上如何限制电晕引起的能量损耗和电磁波对无线电的干扰，成为中国建设特高压输电网技术创新的另一个战场。

国际非电离辐射防护委员会（ICNIRP）与电气和电子工程师协会（IEEE）规定了工频电场和磁场的限制值：工频电场强度的限制值，线下最大电场强度为 10—15 kV/m，公众活动区或邻近民房区域电场强度小于 5 kV/m；工频磁场不得超过 100 微特斯拉（工频磁场磁感应强度单位）。当中国建设特高压试验工程的时候，上述两个指标仍是空白，此前，只有对 500 kV 以下输电网的限制值标准。在中国特高压电网参数指标设计阶段，中国选择了国际通行的限制值标准。

高压架空线路在其周边产生的工频电场强度主要取决于线路电压等级的高低，随电压等级的提高，周边电场强度呈递增现象，在特高压输电线路的设计阶段，怎样有效控制电磁环境，抑制电晕现象，导线结构、对地高度和金具优化设计是十分重要的。

科学家们花了两年的时间，通过大量的仿真计算得出结论：在其他参数不变的情况下，随导线截面的增大，输电线路的表面场强减小，电晕损失也相应减少，无线电干扰与噪声污染也大大降低。科学家们通过分析 1 000 kV 交流输电线路不同分裂形式和不同子导线直径的导线表面电位梯度、导线起晕电压、导线电晕损耗、无线电干扰和可听噪声，比较了各种导线方案的优劣，最终结合工程提出了满足电气性能和机械特性要求、适合我国特高压输电的导线截面及分裂形式，900 平方毫米大截面钢芯铝绞线和扩径线最终研制成功。

如果细心观察特高压输电塔上的导线，这种超大截面的导线被固定在有 8 个孔径的间隔棒中，高等级电压正是通过八分裂的导线传输电流。到 2020 年，我国规划将建设 2 万多千米特高压线路，为今后特高压输电线路更大输送容量考虑，国家电网正在进行更大截面(1 000、1 050、1 120 平方毫米)的架空导线选型方案的研究。新型导线产品的研制已经成为特高压输电工程建设中迫切需要解决的问题。

(4) 难题之四：特高压设备的研制

武汉的两个变电站：其一是建于 1982 年的凤凰山变电站，这是我国第一座 500 kV 变电站；其二是荆门变电站，它是我国首个 1 000 kV 特高压交流试验示范工程三个变电站之一。仅就感官上体验，两个变电站输电等级相差一倍，但在特高压荆门变电站设备场地，只能听到微弱的电磁声，测量噪声分贝值是 36 分贝，而凤凰山变电站的场地噪声是 60 分贝。荆门特高压变电站所有的设备均为中国制造，而凤凰山变电站主要设备都是从日本进口。

国际上对特高压输电线路可听噪声的限值是 50—60 分贝，日本对环境要求严格，限值为 50 分贝，美国、意大利等国可听噪声限值处于 50—60 分贝之间。

毫无疑问，变电站噪声来自变电站的各种设备，包括特高压变压器、并联电抗器、封闭开关以及特高压避雷器、电压互感器、高压绝缘子等等。为什么 1 000 kV 变电站环境噪声低于 500 kV 变电站？解释只有一个：中国电工制造技术已经达到世界领先水平。

此前，中国500 kV输电网设备需要进口大容量变压器、电抗器等，而现在中国企业已建成世界同行中产能最大、水平先进、主辅配相对完整的交直流输变电成套设备制造体系，这是输变电设备制造业近十年来的巨变，标志我国特高压设备制造处于世界领先的地位。

相关数据显示，目前，国内企业已占据我国输变电设备市场主导地位，并进军国际市场，实现了高端产品出口零的突破。国内企业在高端产品市场(500 kV及以上)份额，已从2005—2008年的42%上升至2009—2010年的63%。2009年以来，在国际金融危机的不利影响下，特高压主设备制造企业出口不降反升，500 kV以上产品的出口总额达100亿元，年增长率超过50%。特高压建设不仅提升了我国高端装备制造产业——电工制造的水平，也提高了全国乃至全球市场的竞争力。

2. 中国特高压建设示范工程及远景规划

(1) 中国的特高压技术研究与建设情况

中国特高压技术研究起步于1986年，中国电力科学研究院、武汉高压研究所、电力建设研究所和有关高等院校开展了特高压输电的基础研究，利用各自特高压试验设备进行了特高压外绝缘放电特性，特高压输电对环境的影响研究，架空线下地面电场的测试研究，工频过电压、操作过电压的试验研究等。近年来，随着特高压试验示范工程的前期研究和开工建设，国家电网公司组织实施了近百项关键技术课题攻关，涵盖了换流技术、设备技术、试验技术、运行技术、电磁环境、建设工期等多个方面，在特高压输电的关键技术领域取得了一系列重要成果：确定了特高压电网的电压标准，明确了特高压电磁环境指标的限值，确定了过电压和绝缘配合方案，确定了特高压直流工程标准输电容量，论证了特高压输电的经济性，在绝缘配合、高海拔研究、防雷研究等领域已经达到国际先进水平。

在工程建设方面，根据2016年国家电网社会责任报告，在运在建的特高压工程20项，线路总长度超过3万千米，变电(换流)容量达3.2亿千伏安(亿千瓦)，累计送电超过6 150亿kWh，如表8-3所示。依托大电网发展新能源，国家电网新能源成为世界风电并网规模最大、太阳能发电增长最快的电网。

根据我国能源资源禀赋和“西电东送、北电南供”的电力流向，国家电网发展呈现东北、西北、西南为送端，华北、华中、华东为受端的基本格局。到2020年，特高压电网形成以华北、华中、华东为核心，连接各大区域电网、大煤电、大水电、大核电、大型可再生能源基地和主要负荷中心的坚强电网结构。到2020年，规划新增直流工程共计33个，其中直流输电工程30个、背靠背工程3个，送华北、华中、华东同步电网直流 29 回，其中送华北 8 回、送华中 9 回、送华东 12 回。

为落实我国“一带一路”倡议，特高压直流将率先批量走出国门，其中将建设 4 条国际互联特高压和超高压直流线路：哈萨克斯坦—南阳±1 100 kV 特高压直流工程；俄罗斯—河北霸州±800 kV 特高压直流工程；蒙古—天津±660 kV 直流工程；新疆伊犁—巴基斯坦±660 kV 直流工程。

表 8－3　国家电网在运在建特高压工程

在运“六交五直”	在建“三交六直”
1 000 kV 特高压交流输变电工程	
晋东南—南阳—荆门(1×640 千米)	榆横—潍坊(2×1 049 千米)
淮南—浙北—上海(2×649 千米)	锡盟—胜利(2×240 千米)
浙北—福州(2×603 千米)	苏通 GIL 综合管廊(6 相×5.8GIL 千米)
锡盟—山东(2×730 千米)	
淮南—南京—上海(2×774 千米)	
蒙西—天津南(2×616 千米)	
±800 kV 特高压直流输变电工程	
向家坝—上海(1 907 千米)	晋北—江苏(1 119 千米)
锦屏—苏南(2 059 千米)	酒泉　湖南(2 383 千米)
哈密南—郑州(2 192 千米)	锡盟—泰州(1 620 千米)
溪洛渡—浙西(1 680 千米)	上海庙—山东(1 238 千米)
宁东—浙江(1 720 千米)	扎鲁特—青州(1 234 千米)
±1 100 kV 特高压直流输变电工程	
	淮东—皖南(3 324 千米)

资料来源：《2016 年国家电网社会责任报告》

(2) 交流特高压示范工程简介

1 000 kV 特高压试验示范工程起于山西省长治市，止于湖北省荆门市，线路全长 640 千米。包括三站两线：1 000 kV 特高压长治站、南阳站、荆门站；长治至南阳 1 000 kV 输电线路 358.7 千米(含黄河大跨越)、南阳至荆门 1 000 kV 输电线路

281.3 千米(含汉江大跨越),铁塔 1284 基,系统额定电压 1 000 kV、最高运行电压 1 100 kV。工程连接华北、华中两大区域电网,做到水火互济,优势互补。

建设里程碑:

2006 年 8 月,国家发改委核准建设试验示范工程;

2006 年 12 月,三个变电站土建及两个线路大跨越工程开工;

2007 年 4 月,一般线路工程全面开工;

2008 年 12 月,工程全面建成;

2008 年 12 月 8—30 日,完成系统调试;

12 月 30 日 22 时,投入 168 小时试运行;

2009 年 1 月 6 日 22 时,投入运行。

① 长治站

长治站位于山西省长治市长子县石哲镇,距长治市 22 千米,围墙内占地面积 212 亩。装设 2 组 3×1 000 MVA 主变压器、1 组 3×320 Mvar 高压电抗器;1 000 kV 出线 1 回、3/2 断路器接线,采用 GIS 设备;500 kV 采用 H - GIS 设备;装设 4 组 240 Mvar 低压电抗器、8 组 210 Mvar 低压电容器。长南 1 线线路长治侧安装固定串联电容器补偿装置,补偿度 20%。

② 南阳站

南阳站位于河南省南阳市方城县赵河镇,距南阳市约 30 千米,占地 262 亩。装设 2 组 3×1 000 MVA 主变压器;长南 1 线线路南阳侧安装固定串联电容器补偿装置,补偿度 20%,总容量 1 500 Mvar;南荆 1 线线路南阳侧安装固定串补装置,串补度 40%,总容量 2 288 Mvar;110 kV 低压侧装设 4 组 240 Mvar 低压并联电抗器,8 组 210 Mvar 低压并联电容器。

③ 荆门站

荆门站位于湖北省荆门市沙洋县沈集镇,距荆门市 25 千米,占地面积 213 亩。装设 2 组 3×1 000 MVA 主变压器、1 组 3×200 Mvar 高压并联电抗器;1 000 kV 采用 3/2 接线,出线 1 回,至南阳变电站,500 kV 出线 6 回,采用 H - GIS 设备;装设 4 组 240 Mvar 低压并联电抗器,8 组 210 Mvar 低压并联电容器。

④ 1 000 kV 输电线路

铁塔采用酒杯型、猫头型、干字型和门型 4 类 49 种型式,主材采用 Q420 高强度钢,平均塔高 77.2 米、塔重 70.5t。

线路在河南孟州市跨越黄河,采用耐—直—直—直—耐方式,主跨越档 1.22 千米、耐张段长 3.651 千米；在湖北钟祥市跨越汉江，采用耐—直—直—耐方式，主跨越档 1.65 千米、耐张段长 2.956 千米。

黄河大跨越塔呼称高 112 m、全高 122.8 m、单基重 460.25 t，汉江大跨越塔呼称高 168 m、全高 181.8 m、单基重 989.5 t。

一般线路导线采用 8×LGJ－500/35、8×LGJ－630/45（猕猴保护区，3.946 千米）钢芯铝绞线，大跨越采用 6×AACSR/EST－500/230 特强钢芯高强度铝合金绞线。

（3）直流特高压示范工程

向家坝—上海±800 kV 特高压直流输电示范工程承担着金沙江下游大型水电基地的送出任务，起于四川宜宾复龙换流站，止于上海奉贤换流站，途经四川、重庆、湖北、湖南、安徽、浙江、江苏、上海等 8 省市，四次跨越长江。线路全长 1 907 千米。工程额定电压±800 kV，额定电流 4 000 A，额定输送功率 640 万 kW，最大连续输送功率 720 万 kW。工程于 2008 年 06 月开工建设，2009 年 12 月单极带电。

① 复龙换流站概况

复龙换流站交流系统设备全部为国内生产制造，双母 3/2 接线方式，9 个完整串和 1 个不完整串（GIS），9 条 500 kV 交流出线，14 小组交流滤波器，1 组高压并联电抗器。直流系统设备全部为国内首台首套，4 个阀厅，2 880 个 6 英寸电触发晶闸管，28 台换流变压器，9 台平波电抗器。

② 奉贤换流站概况

奉贤换流站是±800 kV 向家坝—上海直流输电工程的受端换流站，换流站位于上海市奉贤区，工程总用地面积 17.48 公顷，直流额定输送功率 6 400 MW，直流额定电压±800 kV，直流额定电流 4 000 A，直流线路一回，送电距离约 2 071 千米。每极采用两组 12 脉动换流器串联，换流变压器（24＋4）×297.1 MVA（其中 4 台备用）。

3. 我国特高压建设取得成功的关键

我国特高压建设取得成功的关键，在于中国经济实力的支撑，在于我国能源科研团队长期的技术跟踪，在于我国能源体制的优越性。

2004 年年底，国家电网公司正式提出发展特高压输电技术，为何在短短 5 年后就能够建成一条特高压输电示范工程？实际上，中国特高压输电技术的研究一直跟踪着国外的技术发展。过去电力部门下属的科研单位，从 1986 年起，就做一些跟踪性的可行性与实验性研究，但是研究的深度和广度都还没有达到技术适用的程度。

2004 年国家电网公司提出在中国研发和应用特高压输电技术后，组建了一支超大规模的创新团队，形成了名副其实的产学研协同攻关模式，专门成立了特高压建设部，组织上万人参与技术研发与工程建设。

除了技术跟踪之外，我们能用较短的时间就取得成功还得益于中国的体制优势，我们的体制优越性就是集中力量办大事，特别是配置资源的能力、组织协调的力度，能够真正实践产学研协同创新，这些方面俄罗斯、美国、日本、意大利同行们是无法与我们相比的。

(1) 通力协作，依靠群体力量

“特高压是个产业集群。”在业内人士看来，特高压能够走到今天，得益于大范围高水平协作，依靠群体创新的力量，一起构成具有可持续竞争力的产业生态系统。特高压输电技术，无疑是迄今为止难度最大、最复杂的一项电力技术成就。提升一个电压等级，意味着超越现有的世界电力技术、标准、建设管理经验。

(2) 引进、吸收、消化、再创新这条路，在特高压面前走不通

特高压项目启动之初，国际上没有成熟的技术和经验，没有可供借鉴的标准规范，就连国外不成熟的特高压技术也对中国人封锁严密。2006 年，国家电网公司考察组赴美国电科院考察，对方热情接待，但一到试验基地，对方不给数据、不准记录、不许拍照，保密十分严格。

(3) 联合创新、开放创新激发出强大的创造力

国家电网公司创立了一种全新、有效的机制，以国家电网公司为创新主体，立足国内自主创新，紧密联合国内科研、设计、制造等机构，按照“基础研究、设备研制、系统集成、试验验证、工程示范”的技术路线，集中优势资源，产学研用协同攻关。

(二) 中国特高压必须要自主创新

谈到特高压传输，听到最多的便是“自主创新”。但在我们之前已经有欧美国家的实践，何来自主与创新？长期以来，中国电力技术的发展，从高压到超高压输电技术研发，实际上是走了引进、吸收、消化、再创新的道路，或者叫跟踪式的发展技术路线。关于特高压，中国到底有哪些创新？如果按照过去的发展模式，我们是不是仍旧可以走引进、吸收、消化、再创新的技术路线呢？回答是否定的。

发达国家虽然开展过特高压试验研究，苏联还建设了输电工程，但是并没有形成成熟的技术和设备，更没有完整的技术标准体系可供参考。虽然国际大联网委员会认为技术上已经没有障碍，但是如果我们依旧走老路，马上便会遇到一个问题：

当中国建设 500 kV 电网时，我们还能够买到外国的设备，但是建设 1 000 kV 电网，技术与设备从哪里引进？在国际市场上买不到了。另外，虽然特高压输电技术国外已有研究，但是别人的研究并不等于我们自己完全掌握了；加之当前的科学技术已进步、更新——众多新材料的出现，计算技术的发展，特别是输电线路对环境的敏感，已经不可能照搬原来的国外技术。关键是国外的技术还存在一定的缺陷，即使苏联建成了完整的工程，但当时变电站采用敞开式布置，技术显然已经落后了。在这样的情况下，我们面临的技术挑战，采用引进、消化、吸收再创新的技术路线去攻克是走不通的，只能走自主创新之路。

这个技术路线非常独特，不同于高铁和大飞机，有点类似于原子弹以及航天技术研发的路线。无论是西门子、ABB 或者日本三大电气制造公司，都不会将其所拥有的特高压设备制造技术无偿给我们。当然，科学技术规律是无国界的，特高压技术研发的思路、方法及部分结论是可以参考的。遗憾与庆幸同在：当今世界上没有特高压输电的成熟技术和设备，关键参数与技术特性的获取，也只能立足于自主创新。所以说特高压给了中国一次跨越式发展与自主创新的历史性机会。

但是其难度也是显而易见的。中国历史上电网技术发展都是跟踪式的发展，跟踪行业发展最新动态，缩短赶上世界先进水平的时间已经很难了，而现在要超越发达国家，提升一个电压等级，这意味着要超越现有的工业基础，超越已有的技术与人才储备，全面掌握特高压的输电技术，自主研发的难度确实很大。

（三）在世界特高压输电领域确定引领地位

我国特高压电网的成功实践在世界能源领域引起极大震动，从此确立在世界特高压输电领域的引领地位。2010 年 11 月 29 日，诺贝尔物理学奖获得者、美国时任能源部长朱棣文的演讲颇有深意："中国挑战美国创新领导地位并快速发展的一个重要领域，就是最高电压、最高输送容量、最低损耗的特高压交流、直流输电。"2011 年 4 月，特高压交流试验示范工程获中国工业大奖。这项工程被国际大电网组织誉为"一个伟大的技术成就"。2013 年 1 月，特高压交流输电技术、成套设备及工程应用荣获"国家科技进步奖特等奖"，中国是拥有完全自主知识产权，同时也是世界上唯一掌握这项技术的国家。国际电工委员会认为，中国建成世界上电压等级最高、输电能力最强的交流输电工程，是电力工业发展史上的一个重要里程碑。

1. 一批世界级的创新成果

国家电网建成特高压交流、特高压直流、高海拔、工程力学四个试验基地和大电网仿真、直流成套设计两个研发中心，形成功能齐全的特高压、大电网试验研究体系，全面掌握特高压交直流输电核心技术和整套设备制造能力，在特高压交直流输变电、大电网控制保护、智能电网、清洁能源接入等领域取得世界级创新成果。

（1）武汉特高压交流试验基地

武汉特高压交流试验基地是目前世界领先的实验室，具备包括 1 000 米单回特高压试验线段、1 000 米同塔双回特高压试验线段、电磁环境实验室、环境气候实验室等试验装置的特高压交流试验手段。截至目前，实验基地共进行了 31 万多组试验，取得有效数据约 7 万组，完成特高压研究专项课题 5 项，为特高压交流试验示范工程的建设和运行提供了急需的科学数据。

（2）北京特高压直流试验基地

特高压直流试验基地位于昌平科技园区，由户外试验场、直流试验线段、电晕笼、试验大厅、绝缘子及避雷器试验室、污秽及环境试验室、换流阀试验室等组成，占地 128 亩，是我国第一座进行＋800 kV 直流输电关键技术研究的超大型试验基地，它的成功运行标志着我国特高压直流输电技术迈上了一个新台阶，技术发展方面已经走在了世界前列。该基地由中国电力科学研究院高压所筹建，华北电力设计院承担设计，2008 年投入运行。

该超大规模的特高压直流试验基地在国内是首例，这个基地在电压等级、设计规模、综合试验能力等方面均处于世界领先地位，具有多项世界第一和国内第一：包括同塔双回直流试验线段世界最长；试验线段可升压至＋1 200 kV，电压等级世界最高；悬链形两厢式直流电晕笼世界最大；庞大的门型直线塔其活动的横梁在垂直、水平向可以自动控制是世界首创；悬吊式大直径管母线的首次应用；使用 4 联×530 kN 最大吨位合成绝缘子等均属国内首创。整个基地直流实验装置的规模和水平令人震撼，不愧为世界领先水平。

（3）西藏高海拔试验基地

世界上海拔最高的电力试验研究基地——国家电网公司西藏高海拔试验基地位于拉萨当雄县羊八井镇，海拔 4 300 米，能够满足海拔 4 000 米及以上输变电线路、设备外绝缘和电磁环境特性研究的需要，增强我国高海拔地区超高压、特高压试验研究能力，形成了一批具有世界领先水平、具有自主知识产权的研究成果，填补了世界特高压高海拔试验研究的空白。该基地建设是公司积极推进“西电东送”能源基地建设，促进西藏经济社会发展的重要举措。

（4）河北特高压杆塔试验基地

国家电网公司特高压杆塔试验基地位于河北省霸州市杨芬港镇津港工业园区。占地300余亩，总投资3亿元，是中国唯一从事特高压杆塔真型试验研究的基地，是世界上试验能力最强的杆塔真型试验研究基地。它可满足交流1 000 kV同塔双回、±1 000 kV直流单回和±800 kV同塔双回线路及以下电压等级的多种类型杆塔设计、部件试验和整体真型试验需求。

基地在功能设计、设备研制、试验技术和工程应用等方面，取得多项重大技术创新，有7项主要技术装备和性能指标在该领域居世界首位。未来将使我国具备海拔2 500米、覆冰20毫米中冰区、8×1 000平方毫米交流1 000 kV特高压同塔双回线路杆塔试验能力，以及海拔5 000米、覆冰30毫米、10×900平方毫米直流±1 000 kV特高压单回线路杆塔试验能力。该基地多项主要技术装备、性能指标和综合试验能力达到国际领先水平。

特高压杆塔试验基地，是当今世界上规模最大、试验能力最强、功能最完善的杆塔试验基地。在功能设计、设备研制、试验技术和工程应用等方面，取得多项重大技术创新成果。其万能基础、加荷塔架、组装塔吊、加载控制系统、液压加载系统、部件试验室、整体试验能力等7项主要技术装备和性能指标居该领域世界领先地位。

（5）北京国家电网仿真中心

国家电网仿真中心2006年10月在北京北郊奠基，2008年上半年建成投运，总建筑面积6.1万平方米。在世界电力发展史上，它首次全面实现了特高压输电系统的物理动态模拟，首次实现了可控并联电抗器的物理动态模拟，首次实现了可控串补的物理动态模拟，首次研制了动模系统专用电子式电压、电流互感器。在电网仿真模拟技术水平上居世界领先地位。

该中心将凭借先进设施，深化研究大型复杂电网运行和控制机理，验证电网各种运行方式下的仿真模型及参数，对各级电网设备参数及运行参数进行统一管理及校核，深入开展特高压大电网和大型交/直流输电系统的规划和安全稳定运行技术研究，为特高压电网建设提供坚强的技术支持。

该中心采用边建设、边试验研究的模式，已开展一系列特高压及跨区电网技术研究，获技术创新成果27项，其中专利授权8项、申请专利12项、软件著作权8项。目前，该中心已被国家发改委正式命名为电力系统仿真国家工程实验室。

(6) 北京国家电网计量中心

国家电网计量中心由电测计量站和高压计量站组成。在无功计量、数字量仪表计量、特高压计量标准等方面填补国内空白,在国内电力计量领域保持优势地位,将争取成为国家级授权计量技术机构,逐步发展成为国际权威的计量技术机构。

2. 国际电工领域的影响力和话语权

依托特高压试验示范工程建设,国家电网把科研攻关、工程建设和标准化三位一体同步推进,目前,中国特高压交流电压成为国际标准。发布国际标准 6 项、国家标准 46 项、行业标准 61 项、企业标准 171 项。国际电工委员会有 4 个专业委员会秘书处设在国家电网公司,国家电网公司主要负责人舒印彪担任国际电工委员会副主席,显著增强了我国在世界电工标准领域的话语权和影响力。

我国特高压电网的成功实践,最重要的是推动了中国电力技术实现重大进步,大幅提升了中国在国际电工领域的影响力和话语权。自中国建成第一条示范工程以来,共完成 180 项关键技术研究课题,形成专利 429 项,建立包含 7 大类 79 项标准的特高压交流输电标准体系,涵盖系统研究、设备制造、调试试验和运行维护等环节。目前我国的特高压交流标准电压已被推荐为国际标准电压,国际大电网委员会(CIGRE)和美国电气电子工程师学会(IEEE)先后成立了由我国主导的 9 个特高压工作组,国际电工委员会(IEC)成立了特高压交流输电系统技术委员会(TC122)。我国成为继美、德、英、法、日之后第 6 个国际电工委员会常任理事国,在国际标准制定方面的话语权和影响力显著提升。标准化水平不仅是衡量一个企业核心竞争力的重要指标,也是衡量一个行业乃至国家核心竞争力的重要指标。通过制定标准抢占技术制高点,已成为世界知名企业参与全球竞争、提高核心竞争力的重要途径。

3. 进军国际市场的电工装备企业

在特高压带动下,我国电工装备企业不仅主导了国内高端市场,而且进军国际市场,打破跨国公司长期垄断高端市场的局面;带动一大批高科技企业,联合创新、开放创新,激发出强大的创造力。

(1) 特高压产业的国际竞争力大幅提升

近年来,我国 500 kV 及以上电力设备出口额年均增长超过 40%,实现了特高压反哺超高压,推动了设备出口的良性发展。

2014 年 2 月,国家电网公司中标巴西美丽山水电站外送特高压输电项目一期工程,标志着我国特高压技术实现了“走出去”。

2015 年 7 月,国家电网公司中标巴西美丽山特高压输电项目二期总承包工程,实现我国特高压技术、装备和工程总承包一体化“走出去”，特高压成为彰显中国自主创新的一张靓丽名片。

2016年1月，世界上电压等级最高、输送容量最大、输送距离最远、技术水平最先进的特高压输电工程：准东—皖南±1 100 kV特高压直流工程开工。±1 100 kV特高压直流输电距离可达5 000千米，全球各大清洁能源基地与负荷中心之间的距离都在特高压输送范围内。

国际能源署署长法提赫·比罗尔指出，电力就是能源的未来，未来的能源就是电力。中国特高压以及智能电网的发展，为全球能源互联网奠定了良好的基础，提供了现实可行的解决方案和技术保障。

(2) 一批高科技企业投身特高压市场

中国西电旗下的西高院建成了世界上唯一完整的特高压成套设备试验、检测平台。

中电普瑞电力工程有限公司研制出世界首个±800 kV/5 000 A特高压直流换流阀及阀控系统，打破了外国公司对直流换流阀核心技术的垄断，实现了产业化应用。

许继集团研制出世界首套±800 kV直流输电控制保护系统，完成世界首套±1 100 kV控制保护系统开发，总体技术达到国际领先水平。

南瑞集团研发的统一潮流控制器达到国际领先水平。

国家电网公司组织国内电工装备企业成功研制了特高压变压器、开关、高抗、串补等全部关键设备，创造了一大批世界第一。

(3) 特高压让更多“草根”崛起

国家电网公司始终坚持市场化道路，积极鼓励、广泛接纳民营企业参与到特高压建设当中。从1 000 kV特高压交流到±800 kV特高压直流工程，几乎到处都能看到民营企业的身影。

作为民营电力设备企业的优秀代表，特变电工成功跻身于特高压重要设备供货商。在电容器板块，无锡赛晶、合容电气等一批民营企业与国有企业、中外合资企业平分秋色。民营企业中标比重加大是特高压市场的一大亮点。

专利云集，百舸争流，特高压市场因此涌现出一批强者。特高压产生了强大的磁场效应。通过专业化分工和协同作战锻造出强大的竞争优势，特高压现代产业集群愈来愈呈现出蓬勃的生命力。

特高压是发动机，特高压也是品牌伞。在今天的中国国家名片里，特高压已占据重要位置。在特高压的大旗下，由产业集群走向品牌集群，中国智造在路上。

六、智能电网和全球能源互联网如何实现

(一) 什么是智能电网

美国电科院(EPRI)的定义：智能电网由多个自动化的输电和配电系统构成，以协调、有效和可靠的方式运作；快速响应电力市场和企业需求；利用现代通信技术，实现实时、安全和灵活的信息流，为用户提供可靠、经济的电力服务；具有快速诊断、消除故障的自愈功能。

欧洲技术论坛的定义：智能电网集创新工具和技术、产品与服务于一体，利用高级感应、通信和控制技术，为客服的终端装置及设备提供发电、输电和配电一条龙服务；它实现了与客户的双向交换，从而提供更多信息选择、更大的能量输出、更高的需求参与率及能源效率。

IBM 提出的智能电网解决方案：一是通过传感器提高电力设备的数字化程度，二是建立数据的整合体系和收集体系，三是提高数据分析、优化运行和管理的能力。

我们对智能电网的定义：集成新能源、新材料、新设备和先进的信息技术、电网控制技术，实现电力在发、输、配、用过程中的数字化管理、智能化决策、互动化交易，优化资源配置，充分满足用户对电力的需求，确保电力供应的安全、可靠和经济，满足环保约束，适应电力市场化发展。

国家电网公司提出的坚强智能电网概念：以特高压电网为骨干网架、各级电网协调发展的坚强电网为基础，以通信信息平台为支撑，具有信息化、自动化、互动化特征，包含发电、输电、变电、配电、用电和调度各个环节，覆盖所有电压等级，实现“电力流、信息流、业务流”的高度一体化融合的现代电网。

综上，智能电网包括智能发电、智能输电、智能变电、智能配电、智能用电、智能调度。

智能发电的发展目标是通过在常规能源、清洁能源及储能应用方面加强研究并应用各种新技术，促进电源结构优化，促进新能源发电集中并网，适应清洁能源规模化发展的需要。

智能输电是指利用特高压、柔性输电、超导输电，以及直流输电等前沿技术，完成远距离、大容量、低损耗、高效率的电能输送。柔性输电技术是用大功率电力电子装置，控制调节电力系统的运行参数或网络参数，优化电力系统的运行状态，提高输配电系统的可靠性、可控性、运行性能及电能质量的技术。

智能变电站是采用先进、可靠、集成、低碳、环保的智能设备，以全站信息数字化、通信平台网络化、信息共享标准化为基本要求，自动完成信息采集、测量、控制、保护、计量和监测等基本功能，并可根据需要支持电网实时自动控制、智能调节、在线分析决策、协同互动等高级功能的变电站。

智能配电是指以灵活、可靠、高效的配电网网架结构和高可靠性、高安全性的通信网络为基础，支持灵活自适应的故障处理和自愈，利用信息通信、高级传感和测控等技术，满足高渗透率的分布式电源和储能元件接入的要求，满足用户提高电能质量的要求。

智能用电依托坚强电网和现代管理理念，利用高级量测、高效控制、高速通信、快速储能等技术，实现市场响应迅速、计量公正准确、数据采集实时、收费方式多样、服务高效便捷构建电网与客户电力流、信息流、业务流实时互动的新型供用电关系。

智能调度具有支持系统体系结构、统一建模、电网实时监控与预警、调度预警与决策支持、节能发电调度以及安全防御等功能。智能调度综合运用各种先进科技和智能化手段，面向调度全维度业务和调度生产全过程，实现量测、建模、分析、决策、控制、计划和管理全方位智能化，形成安全防御、经济优化、高效管理三位一体的全景分布式一体化的电网调度体系。

(二)美国、欧盟和中国的智能电网的特征

1. 美国智能电网

2001年，美国电力科学研究院(EPRI)提出"Intelligrid"(智能电网)的概念，并于2003年提出《智能电网研究框架》展开研究；美国能源部(DOE)随即发布Grid2030计划，通过采用先进的材料技术、超导技术、电力电子技术，重点研究控制技术、广域测量技术、实时仿真技术、储能技术、可再生能源发电技术、微型燃气轮机发电技术等，以构建全美骨干电网、区域性电网、地方电网和微型电网(分布式电力系统)等多层次的电力网络，争取到2030年建成完全自动化、高效能、低投资、安全可靠、灵活应变的输配电系统，以保障大电网的安全性、稳定性，提高供电的可靠性及电能质量。

美国电力化建设开展较早，但对电网建设投入不足，电力系统从业人员年龄结构逐渐老化，电网设备陈旧，存在稳定性问题，急需提高电网运营的可靠性。因此其智能电网建设关注于加快电力网络基础架构的升级更新，最大限度地利用信息技术，提高系统自动化水平。

美国将智能电网的概念描述为：智能电网是一种新的电网发展理念，通过利用数字技术提高电力系统的可靠性、安全性和效率，利用信息技术实现对电力系统运

行、维护和规划方案的动态优化，对各类资源和服务进行整合重组。智能电网的范畴不仅涵盖配电和用电，还包括输电、运行、调度等方面。

美国提出智能电网要具备六大特征：自愈、互动、兼容、创新、优质和安全。

2. 欧盟智能电网

2005年，欧洲提出类似的“smartgrid”概念，2006年，欧盟智能电网技术论坛推出了《欧洲智能电网技术框架》，认为智能电网技术是保证欧盟电网电能质量的一个关键技术和发展方向，主要着重于输配电过程中的自动化技术。

欧洲经济发展水平较高，其网架架构、电源布点、电源类型臻于完善，负荷发展趋于平缓，电网新增建设规模有限。其面临的主要问题在于：一是各国电网运行模式不同，国家间电网互连需要解决一系列的问题；二是面临大力节能减排、发展低碳经济以满足《京都议定书》环保目标的压力。

欧洲智能电网建设更加关注可再生能源和分布式电源的接入，提高供电可靠性和电能质量、完善社会用户的增值服务。

欧洲智能电网发展的主要特征为：灵活、易接入、可靠、经济。

研究重点在于研发可再生能源和分布式电源并网技术、储能技术、电动汽车与电网协调运行技术以及电网与用户的双向互动技术，以便带动欧洲整个电力行业发展模式的转变。

3. 中国智能电网

2008年11月11日到13日，中美清洁能源合作组织特别会议召开，在会上开始使用“Smart Grid”，中国将之翻译为“智能电网”，并在国内统一推广这一概念，以指导相关研究的开展。

在2009年5月召开的“2009特高压输电技术国际会议”上，中国国家电网公司正式提出“坚强智能电网”的概念，并计划于2020年基本建成中国的坚强智能电网，正式拉开了中国坚强智能电网的研究与建设序幕。

我国的智能电网必须以特高压骨干输电网为基础，建立坚强的输电系统，以便于实现能源的大范围合理配置，为电力系统更高层次的智能化提供坚实的基础。

中国正处于经济建设高速发展时期，电力系统基础设施建设面临巨大压力；同时，地区能源分布和经济发展情况极不平衡：负荷中心在中东部地区，而能源中心则在西部和北部地区，其中蕴藏量极大的风能主要分布于东北、西北、华北以及沿海地区，太阳能资源主要分布在西藏、新疆和内蒙古等北部和西部地区。因此，我国的智能电网必须以特高压骨干输电网为基础，建立坚强的输电系统，以便于实现能源的大范围合理配置，为电力系统更高层次的智能化提供坚实的基础。

（三）什么是全球能源互联网

全球能源互联网是国家电网公司前董事长、党组书记刘振亚提出的重大战略构想。全球能源互联网，是以特高压电网为骨干网架、全球互联的坚强智能电网，是清洁能源在全球范围大规模开发、配置、利用的基础平台，实质就是"特高压电网＋智能电网＋清洁能源"。

全球能源互联网是集能源传输、资源配置、市场交易、信息交互、智能服务于一体的"物联网"，是共建共享、互联互通、开放兼容的"巨系统"，是创造巨大经济、社会、环境综合价值的和平发展平台。

特高压电网是关键，智能电网是基础，清洁能源是重点。全球能源互联网能够将具有时区差、季节差的各大洲电网连接起来，解决长期困扰人类发展的能源和环境问题，保障能源安全、清洁、可持续供应，让世界成为能源充足、环境优美、和平和谐的"地球村"。

全球能源互联网的战略构想，正是基于中国国家电网公司在特高压技术方面的成功实践。可以说，没有特高压，就没有全球能源互联网。

（四）从特高压到全球能源互联网

在2015年9月26日联合国发展峰会上，中国国家主席习近平向世界郑重推介全球能源互联网："中国倡议探讨构建全球能源互联网，推动以清洁和绿色方式满足全球电力需求。"在业界看来，中国"全球能源互联网"的战略构想，正是基于中国国家电网公司在特高压技术方面的成功实践。作为"中国创造"的一张国家名片，"高大上"的特高压似乎离大众有些远。但是，如果从治理雾霾和清洁发展的角度去认知特高压，认知"电从远方来，来的是清洁电"，认知"清洁替代、电能替代"，就会发现原来它就在你我身边。作为"中国创造"的一张国家名片，多年来，特高压经受了从技术到商业模式等各方面的磨砺。特高压逐渐成长为中国在世界上具有绝对竞争力的技术和产业，继而形成强大的产业集群，成为国家竞争优势，直到以其为关键的全球能源互联网登上国际舞台，成为世界应对气候变化的重要力量。蓦然间，一个重大课题亟待探究——作为一个国家创新典范，特高压的背后是一套怎样的支撑体系？

树立"大能源观"，立足国内、放眼国际、总揽全局，统筹解决能源与环境问题，破解经济社会发展瓶颈，全球能源互联网的战略构想浮出水面。通过建设跨洲特高压骨干通道，形成连接“一极一道”大型能源基地与亚洲、欧洲、非洲、北美、南美的全球能源系统，实施清洁能源跨洲配置；通过建设洲内跨国特高压线路，满足洲内国家之间大容量、远距离输电或电能交换需求，提高洲内电网互济能力；根据各国资源禀赋和需要，通过建设国家级特高压电网，形成特高压交流骨干网架和连接国内大型能源基地与主要负荷中心的特高压直流输电通道。这正是全球能源互联网构想中所描述的全球特高压骨干网架。在家里用上北极的风电、赤道的太阳能，将会伴随着全球能源互联网的建成而成为现实。

从特高压到全球能源互联网，国家电网充分体现了精神的力量，即忠诚报国的负责精神、实事求是的科学精神、敢为人先的创新精神、百折不挠的奋斗精神和团结合作的集体主义精神。中国创新推动特高压发展并引领构建全球能源互联网，体现了中国作为大国的责任和担当。国家电网提出，未来几十年是构建全球能源互联网的关键期，总体分为国内互联、洲内互联、洲际互联三个阶段。到 2020 年，加快推进各国清洁能源开发和国内电网互联、智能电网建设；到 2030 年，推动洲内大型能源基地开发和电网跨国互联；到 2050 年，加快“一极一道”能源基地开发，实现电网跨洲互联，基本建成全球能源互联网。

2004 年以来，国家电网公司全面开展特高压工作，掌握了具有自主知识产权的特高压交直流输电核心技术和全套设备制造能力，制定了完整的特高压标准体系，特高压交流电压成为国家标准和国际标准。我国成为世界首个、也是唯一成功掌握并实际应用特高压尖端技术的国家。实现了“中国制造”到“中国创造”的转变，具有划时代的意义。

随着特高压技术的全面推广，电网不仅仅是传统意义上的电能输送载体，还是强大的能源转换、高效配置和互动服务平台。通过这个平台，能够将煤炭、水能、风能、太阳能等一次能源转换为电能，实现多能互补、协调开发、合理利用；能够连接大型能源基地和负荷中心；能够与互联网、物联网等相融合。把全国、全洲甚至是全世界的能源网连接起来，实现人类的共同发展！

阅读材料：国家特高压发展政策

“十三五”特高压规划重点：

(1) 第一批“五交八直”工程：

为治理东中部地区严重雾霾，满足西部北部能源基地和西南水电基地电力外送需要，提高电网安全稳定水平，加快建设“五交八直”特高压工程。计划2016年开工建设，2018—2019年建成投产。目前，±1 100 kV淮东—皖南特高压直流工程已开工建设，预计2018年建成投运。

（2）第二批“四交两直”工程：

为加快形成东部、西部同步电网，建设东北特高压环网，东北与华北、西北与西南、华北—华中与华东特高压交流联络通道，以及金上—赣州、俄罗斯—霸州直流等特高压工程，2018年前开工，2019—2020年建成投产。

（3）第三批“三交一直”工程：

2020年以前开工建设东部电网内部网架加强工程、内蒙古特高压主网架、西部电网向新疆和西藏特高压延伸工程，以及伊犁—巴基斯坦直流等工程。

思考题

1. 你觉得中国电力未来会如何发展？
2. 对我国的特高压技术的现状你有何想法？
3. 如何实现特高压的经济社会效益？
4. 如何评价全球能源互联网？

参考文献与续读书目：

[1] 刘振亚.特高压交直流电网[M].北京：中国电力出版社，2013.
[2] 刘振亚.特高压电网[M].北京：中国经济出版社，2005.
[3] 刘振亚.中国电力与能源[M].北京：中国电力出版，2012.
[4] 刘振亚.特高压交流输电技术研究成果专辑(2005—2011年)[M].北京：中国电力出版社，2006—2012.
[5] 田建华.特高压输变电技术[M].北京：中国电力出版社，2016.
[6] 刘振亚，张启平.国家电网发展模式研究[J].中国电机工程学报，2013，33(7).
[7] 马钊，周孝信，尚宇炜，盛万兴.能源互联网概念、关键技术及发展模式探索[J].电网技术，2015，39(11).
[8] 董朝阳，赵俊华，文福拴，等.从智能电网到能源互联网：基本概念与研究框架[J].电力系统自动化，2014，38(15).
[9] 李文华，刘振亚.特高压和智能电网技术创新　为世界能源电力转型提供重要启示[N].中国能源报，2016-12-12.

后　　记

本书是上海电力大学多位教师集体智慧的结晶。作为一所能源行业特色明显的大学，上海电力大学一直致力于培养能源电力领域的先进人才，近年来正努力建设能源电力特色鲜明的高水平大学。我们结合学校实际，在充分调研、多次研讨的基础上，确定了编写框架，着手编写本书。参与编写的老师采用专题组式教学方式，一边认真备课开展教学，一边完善讲义并编写教材，教学相长。

本教程主要编写人员及分工为：三位主编负责整体规划、人员分工协调、教材框架确定与审核定稿；张贵红负责第一章的编写，以及文字汇总和格式调整；李琦芬负责第二章的编写；孔庆宝负责第三章的编写；仇中柱负责第四章的编写；欧阳元煌负责第五章的编写；曾芬钰负责第六章的编写；任洪波负责第七章的编写；张周胜负责第八章的编写，具体内容由各章的编写人员负责。此外，焦娅敏、唐忠、李康弟、徐信艳、孙书洋等人也都为本书的出版做出了贡献。

囿于时间仓促，加之编者水平所限，书中难免有不妥之处，恳请同行专家批评指正，提出宝贵意见。最后要感谢上海市教委上海高校“中国系列”思政课选修课择优出版项目和高水平应用型大学建设教改项目的支持，以及上海教育出版社邹楠编辑的大力支持，使得本书能够顺利出版！

编　者

2019 年 10 月 20 日